高等学校应用型特色规划教材

法学概论

(第 2 版)

刘金同　付晓玫　主　编

李玉梅　尹会霞　刘金萍　薛英芹　副主编

清华大学出版社

北　京

内 容 简 介

“法学概论”是我国大学生必修的公共法制教育课。本课程以“依法治国”思想为指导，对大学生进行我国社会主义法的基本理论、宪法和有关法律的基本精神和内容的教育。

本书内容由三部分(十二章)构成：法的基本理论，包括法的产生和发展、法的本质和类型、法的作用、法的创制和实施、法律意识及民主政治建设、依法治国和以德治国、民主法制建设等理论；我国宪法和有关法律，包括行政法、民法、经济法、劳动法、合同法、知识产权法、刑法、诉讼法等部门法的基本精神和内容；国际法，包括国际公法、国际法律责任和世界贸易组织法等的基本原则和规范。为方便学习，每章都设有“学习目标”和“思考与练习”，有些章节还配有“案例分析”。

本书适用于高等院校各专业法律基础课程的教学，也适用于企事业单位对员工进行法律知识普及的培训，还适合于广大社会人士阅读。

图书在版编目(CIP)数据

法学概论/刘金同，付晓玫主编．—2版．—北京：清华大学出版社，2017（2019.8重印）
(高等学校应用型特色规划教材)
ISBN 978-7-302-48407-3

Ⅰ. ①法…　Ⅱ. ①刘…　②付…　Ⅲ. ①法学—高等学校—教材　Ⅳ. ①D90

中国版本图书馆 CIP 数据核字(2017)第 219909 号

责任编辑：秦　甲
装帧设计：常雪影
责任校对：张彦彬
责任印制：宋　林
出版发行：清华大学出版社
网　址：http://www.tup.com.cn, http://www.wqbook.com
地　址：北京清华大学学研大厦 A 座　　邮　编：100084
社 总 机：010-62770175　　邮　购：010-62786544
投稿与读者服务：010-62776969, c-service@tup.tsinghua.edu.cn
质量反馈：010-62772015, zhiliang@tup.tsinghua.edu.cn
课件下载：http://www.tup.com.cn, 010-62791865
印 装 者：三河市金元印装有限公司
经　销：全国新华书店
开　本：185mm×260mm　　印　张：15　　字　数：364 千字
版　次：2006 年 8 月第 1 版　2017 年 9 月第 2 版　　印　次：2019 年 8 月第 2 次印刷
定　价：36.00 元

产品编号：072143-01

本书编委会

主　　任　李昌武

主　　编　刘金同　付晓玫

副 主 编　李玉梅　尹会霞　刘金萍　薛英芹

编　　者　刘金来　刘晓晨　刘学斌　李玉萍

第2版前言

随着“依法治国”基本方略的提出，我国加快了法治化建设的进程，法学教育已成为高等教育的重要组成部分，是建设社会主义法治国家的重要基础，具有重要的战略地位。

为适应我国高等教育改革，以提高学生整体素质为目标，以培养法律素养为本位，本书在编写过程中，在考虑课程本身的体系外，更注重知识的选择，本着“必须、够用”的教学要求，力争体现本教材的特点。同时，本书在编写中紧密结合我国法制建设、密切关注我国法律的各项修订以及法学教育改革的实际，努力编写反映当代最新法律规定的法学教材。

本书包括法理学、宪法、民法、民事诉讼法、刑法、刑事诉讼法、行政法与行政诉讼法、合同法、知识产权法、经济法、劳动法、国际法等内容，共计十二章，力求系统、准确地阐明我国社会主义法律体系中的基本概念、基本原理和法律基础知识，以达到理论性、实践性与应用性统一。

“法学概论”是我国大学生必修的公共法制教育课。本课程以“依法治国”思想为指导，对大学生进行我国社会主义法的基本理论、宪法和有关法律的基本精神和内容的教育。

本书内容由三部分(十二章)构成：法的基本理论，包括法的产生和发展、法的本质和类型、法的作用、法的创制和实施、法律意识及民主政治建设、依法治国和以德治国、民主法制建设等理论；我国宪法和有关法律，包括行政法、民法、经济法、劳动法、合同法、知识产权法、刑法、诉讼法等部门法的基本精神和内容；国际法，包括国际公法、国际法律责任和世界贸易组织法等的基本原则和规范。为方便学习，每章都设有“学习目标”和“思考与练习”，有些章节还配有“案例分析”。

本书适用于高等院校各专业法律基础课程的教学，也适用于企事业单位对员工进行法律知识普及的培训，还适合于广大社会人士阅读。

本书编写分工：由潍坊科技学院刘金同教授、付晓玫副教授任主编，负责本书的体例设计、统稿及第五章的编写；由潍坊科技学院李玉梅负责第一、第二、第十一章的编写，潍坊科技学院尹会霞负责第三、第四、第八章的编写，潍坊科技学院刘金萍负责第九、第十、第十二章的编写，潍坊科技学院薛英芹负责第六、第七章的编写，担任副主编。北京航空航天大学刘学斌、中泰宝石学院刘晓晨、李玉萍、刘金来等负责本书校对工作。

在新教材出版之际，清华大学出版社给予了大力的支持，在此表示感谢。

尽管编者做了很大的努力，不足之处在所难免，敬请读者批评指正。

编　者

目　录

第一章 法 理 学

学习目标

了解法的定义、要素及法律关系；明确立法、司法及守法的基本概念、原则；理解法的作用、效力及我国的法律监督体系；了解法律解释的基本分类；掌握法与政策、法与道德的关系。

第一节 法 学 导 论

一、法的起源和发展

(一)法的起源

法的起源即法的起始和发源。在长期的社会发展过程中，对法的起源问题，存在过神创说、暴力说、契约说、发展说等。马克思主义认为，法是随着生产力的发展、私有制和阶级的产生、国家的出现而产生的。

由于生产力和社会分工的发展，私有制、阶级和国家的出现，必然产生法。国家和法都是社会矛盾不可调和的产物。

在原始社会末期，由于生产工具的改进，尤其是金属工具的使用，使生产力水平有所提高，家庭和个人劳动代替了集体劳动，公有制解体，私有制产生。同时，生产的发展也引起了社会分工和交换的出现，在氏族内部开始出现贫富分化，氏族首领及后来的富人开始逐渐脱离劳动，成为统治阶级，而战俘、穷人等共同构成了社会上的被统治阶级。在这种情况下，原来的氏族习惯已不能调和他们之间的矛盾。统治阶级为了维护自身的统治地位，开始把自己的阶级意志制定为法，以此来约束被统治阶级，调整统治阶级内部矛盾。可见，法是统治阶级为了维护和调整一定阶级关系的需要而产生的，是阶级矛盾不可调和的产物。

(二)法的发展

法的发展是指一定历史时期内与社会发展相适应的法的进步。历史上出现过以下类型的法。

1. 奴隶制法和封建制法

奴隶制法是人类历史上最早出现的法，也是最早的私有制类型的法。奴隶制法的本质

和特征是由奴隶制社会的经济基础决定的。奴隶制法是奴隶主阶级意志和利益的体现，其目的在于维护有利于奴隶主阶级的社会关系和社会秩序。

奴隶制法的特征是：①否认奴隶的法律人格，公开确认对奴隶的人身占有；②刑罚种类繁多，惩罚方式极其残酷，执行带有任意性；③明显带有原始习惯的某些残余。

封建制法是继奴隶制法之后出现的又一种私有制类型的法。封建制法赖以建立和存在的经济基础是地主或封建领主占有土地和部分占有农民、农奴，依靠封建土地所有制和经济剥削迫使农民、农奴依附于封建阶级。

封建制法的特征是：①维护地主阶级的土地所有制，确认农民对封建地主的依附关系，严格保护封建地主的土地所有权；②确认和维护封建等级特权，皇帝(君主)享有最高的立法、司法、行政等特权；③封建等级森严；④刑罚严酷，野蛮擅断。

2. 资本主义社会的法

资本主义法孕育、萌发于封建时代的后期，最终通过资产阶级革命而确立。资本主义法以资本主义私有制为基础，它所体现的国家意志来自于占社会少数的资产阶级。因此，与奴隶制法和封建制法一样，资本主义法也属于剥削阶级类型的法。

资本主义法的一个总体特征是按照资本主义市场经济和民主政治的本质要求，建立资本主义的法治国家。这一特征集中表现为以下三点。

(1) 维护以剥削雇佣劳动为基础的资本主义私有制。

(2) 维护资产阶级代议制民主。

(3) 确立资产阶级自由、平等和人权。

3. 社会主义社会的法

社会主义国家是建立在社会主义经济基础之上的，由工人阶级以及广大的人民群众当家作主。所以，社会主义社会的法律与奴隶制国家、封建制国家和资本主义国家的法律有本质的区别。

社会主义的法律制度的本质特征体现为以下三点。

(1) 社会主义法是阶级性和人民性的统一。

(2) 社会主义法是意志性和规律性的统一。

(3) 社会主义法是国家强制性与自觉遵守性的统一。

二、法学的基本方法

对于马克思主义法学来说，其基本的研究方法大致可分为三大类，即阶级分析方法、价值分析方法和实证分析方法。

(一)阶级分析方法

阶级分析方法就是用阶级的观点去观察和分析阶级社会各种社会现象的方法。它广泛应用于各门社会科学和人文科学，在法学研究中占有重要的地位。只有运用阶级分析方法，我们才能深入认识和把握法的内在本质、普遍联系和发展规律。

在如何对待阶级分析方法上，必须防止两种错误倾向：一是以教条主义的态度来理解和运用阶级分析方法，把科学的阶级分析片面地归结为阶级斗争之学；二是以虚无主义的态度对待阶级分析方法，有意或无意地贬低、轻视，甚至否认阶级分析方法的理论意义。

(二)价值分析方法

价值分析方法就是通过认知和评价社会现象的价值属性，从而揭示、批判或确证一定社会价值或理想的方法。法学中的价值分析包括价值认知和价值评价，它们是价值分析过程的两个不同的阶段或方面，二者既相互区分又相互联系，共同构成了价值分析方法的基本内容。

(三)实证分析方法

实证分析方法的主要特点是通过对经验事实的观察和分析来建立和检验各种理论命题。经验事实是指通过人们的直接观察或间接观察而发现的确定的事实因素。

在法学中运用的实证分析方法有许多具体形态，其中最主要的有社会调查的方法、历史考察的方法、比较的方法、逻辑分析的方法及语义分析方法等。

第二节 法 的 本 体

一、法的定义

(一)法的概念

什么是法？法的本质究竟是什么？对于这个问题，一切剥削阶级的思想家、法学家都没有作出过正确的回答，只有马克思主义对法这个十分重要而又复杂的社会现象，给予了科学的解释。

根据马克思主义经典作家对法的概念的阐释，以及国内外法学的研究成果，我们可以把法定义为：法是由国家制定、认可，并由国家保证实施的，反映由特定物质生活条件所决定的统治阶级意志，以权利和义务为内容，以确认、保护和发展统治阶级所期望的社会关系、社会秩序和社会发展目标为目的的行为规范体系。

(二)法的特征

众所周知，法是一种社会规范。但与道德规范、宗教规范等其他社会规范相比，法的特征可归结为以下几点。

(1) 法是由国家制定或认可的社会规范。社会规范的种类很多，除了法之外，还有道

德规范、宗教规范、风俗习惯、职业规范等。但在所有的社会规范中，只有法是由国家制定或认可的。所谓国家制定，就是国家机关按照特定的程序，创制出各种不同的具有法律效力的规范性文件；所谓国家认可，就是国家赋予某些已经存在的社会规范以法律效力，或者赋予先前的判例所确认的规范以法律效力。由国家制定或认可的法律规范，对全社会成员具有普遍的约束力，任何人的合法行为都将无一例外地受到法律保护，任何人的违法行为也都将无一例外地受到法律制裁。

(2) 法是规定人们权利和义务的社会规范。作为一种行为规范，法通过规定人们的权利和义务来影响人们的行为动机，指引人们的行为，调整社会关系。法律上的权利，通常表现为法律允许人们做或不做某种行为。法律上的义务，则通常表现为要求人们必须做或不做一定的行为，如纳税的义务。法以权利和义务的方式来规范人们的行为，调整社会成员之间的相互关系，使有利于统治阶级的社会关系和社会秩序得以建立和发展，从而实现统治阶级的意志。

(3) 法是以国家强制力保证实施的社会规范。任何社会规范的实施都依赖于某种强制力，法这种社会规范也以国家强制力来保证实施。法的国家强制性，既表现为国家对违法行为的否定和制裁，也表现为国家对合法行为的肯定和保护。是否具有国家强制性，是衡量一项规则是否是法的决定性标准。

法的国家强制性，不是说法的每一个实施过程、每一个法律规范的实施都要借助于国家暴力，也不是说国家强制力是保证法的实施的唯一力量，而是说在法的实施过程中，国家暴力常常是备而不用，“无所在，无所不在”。

二、法的要素

(一)法律规则

法律规则是采取一定的结构形式具体规定人们的法律权利、法律义务以及相应的法律后果的行为规范。

法律规则通常有严密的逻辑结构。对法律规则的结构，法学界有不同的看法，主要有三要素说和二要素说。三要素说认为，每一法律规则通常都由假定条件、行为模式和法律后果三部分构成；二要素说认为，法律规则由行为模式和法律后果两部分构成。目前三要素说是占主导地位的学说。

假定条件是法律规则中指出适用这一规则的前提、条件或情况的部分，即法律规则在什么时间、空间，对什么人适用的问题。它包括两个方面：①法律规则的适用条件，其内容是有关法律规则在什么时间生效、在什么地域生效以及对什么人生效；②主体的行为条件。

行为模式是法律规则中具体要求人们做什么或禁止人们做什么的部分。法律规则中的行为模式部分可分为三种：①可为模式，指在什么假定条件下，人们可以行为的模式；②应为模式，指在什么假定条件下，人们应当或必须如何行为的模式；③勿为模式，指在

什么假定条件下，人们禁止或不得如何行为的模式。这一部分的内容是一切法律规则的核心部分。

法律后果是法律规则中指出行为要承担的法律上的后果的部分。根据人们所作出的实际行为的不同，法律后果又分为两种：①合法后果，又称肯定式的法律后果，它表现为法律规则对人们行为的保护、许可或奖励；②违法后果，又称否定式的法律后果，是法律规则中规定人们不按照行为模式的要求行为而在法律上予以否定的后果，它表现为法律规则对人们行为的制裁、撤销等。

(二)法律原则

法律原则，是为法律规则提供某种基础或本源的综合性、指导性的价值准则或规范，是法律的基础性真理、原理。法律原则可以是非常抽象的，也可以是非常具体的。依据不同的标准，法律原则可以分为公理性原则和政策性原则、基本原则和具体原则、实体性原则和程序性原则等。

法律原则的作用是法律规则所不能替代的。二者主要有以下区别。

(1) 在内容上，法律规则的规定是明确具体的，它着眼于主体行为及各种条件的共性。与此相比，法律原则的着眼点不仅局限于行为及条件的共性，而且关注它们的个别性，其要求比较笼统、模糊，它不预先设定明确、具体的假定条件，更没有设定明确的法律后果，它只对行为或裁判设定一些概括性的要求或标准，故在适用时具有较大的余地供法官选择和灵活应用。

(2) 在适用范围上，由于法律规则具体明确，所以只适用于某一类型的行为。而法律原则对人们的行为及其条件有更大的覆盖面和抽象性，具有宏观的指导性，其适用范围比法律规则更宽广。

(3) 在是否适用的确定性方面，原则较为模糊，而规则较为明确；当原则与原则、规则与规则相互冲突时，选择的方式不同。冲突的规则的适用常常是要么无效，要么有效，确定相互冲突的原则的适用时，常常要对冲突的原则所代表的利益作出权衡，相互冲突的原则必须平衡。

(4) 在变化的速率方面，法律原则通常是社会重大价值的积淀，有较强的稳定性，不会轻易改变。相比之下，法律规则的改变要容易得多。

(三)法律概念

法律概念是有法律意义的概念，是对各种有关法律的现象或法律事实加以描述、概括所形成的法律术语。它不同于日常生活中的概念。当然，法律概念与非法律概念的界限是相对的。

法律概念，根据其内容可以分为基本的法律概念和非基本的法律概念；根据所涉及内容的不同，可以分为涉人概念、涉事概念、涉物概念。根据法律概念涵盖面大小可以将其划分为一般法律概念和部门法律概念，等等。

法律概念对于法律的运作与法学研究具有重要意义。只有借助法律概念，立法者才能

制定立法文件；只有借助法律概念，司法者才能对事物进行法律分析，作出司法判断；只有借助法律概念，民众才能认识法律，法律研究者才能描述法律、评价法律、改进法律。

三、法的作用

法的作用泛指法对社会发生的影响。

根据法在社会生活中发挥作用的形式和内容，法的作用可以分为法的规范作用和社会作用。从法是一种社会规范看，法具有规范作用，规范作用是法作用于社会的特殊形式；从法的本质和目的看，法又具有社会作用，社会作用是法规范社会关系的目的。这种对法的作用的分类使法与其他社会现象相区别，既突出了法律调整的特点，同时又明确了各个时期法律目的的差异。

法的规范作用可以分为指引、评价、教育、预测和强制。法的这几种规范作用是法所必备的，是任何社会的法律都具有的。但是，在不同的社会制度下，由于法律的性质和价值不同，法的这几种规范作用的实现程度也有所不同。

(1) 指引作用是指法对本人的行为具有引导作用。在这里，行为的主体是每个人自己。对人的行为的指引有两种形式：一是个别性指引，即通过一个具体的指示形成对具体的人的具体情况的指引；二是规范性指引，是通过一般的规则对同类的人或行为的指引。从立法技术上说，法律对人的行为的指引通常采用两种方式：一种是确定的指引，即通过设置法律义务，要求人们作出或抑制一定行为，使社会成员明确自己必须从事或不得从事的行为界限；另一种是不确定性指引，又称选择性指引，是指通过宣告法律权利，给人们如何行为以一定的选择自由。

(2) 评价作用是指法律作为一种行为标准，具有判断、衡量他人行为合法与否的评判作用。在这里，行为的对象是他人。在现代社会，法律已经成为评价人的行为的基本标准。

(3) 教育作用是指通过法的实施使法律对一般人的行为产生影响。法的教育作用首先表现在通过把国家或社会的价值观念和价值标准凝结为固定的行为模式和法律符号而向人们灌输占支配地位的意识形态，使之渗透于或内化在人们的心中，并借助于人们的行为进一步广泛传播；其次表现为通过法的实施而对本人和他人今后的行为产生影响。法的教育作用对于提高公民法律意识，促使公民自觉遵守法律具有重要作用。

(4) 预测作用指凭借法律的存在，可以预先估计到人们相互之间如何行为。法的预测作用的对象是人们相互之间的行为的预测，包括公民之间、社会组织之间、国家、企事业单位之间以及它们相互之间的行为。法的预测作用可以减少行动的偶然性、盲目性，提高行动的实际效果。总之，由于法具有预测作用，人们就可以根据法来合理作出安排，用最小的代价和风险取得最有效的结果。

(5) 强制作用是指法可以通过制裁违法犯罪行为来强制人们遵守法律。在这里，强制作用的对象是违法者的行为。法的强制作用是法的其他作用的重要保障。离开了强制性，法律就失去了权威，也就无法实现制定法律的目的。

与法的规范作用相比，法的社会作用是一个更为复杂的问题。法的社会作用是从法的本质和目的这一角度出发确定法的作用。如果说法的规范作用取决于法的特征，那么，法的社会作用主要是由法的内容决定的。在阶级对立社会，法的社会作用大体上可以归纳为维护阶级统治和执行社会公共职能两种作用。

当然，法律不是万能的，我们要看到法在作用于社会生活的范围、方式、效果及实施等方面存在一定的局限性，只有把法的调整机制与其他社会调整机制有机结合起来，才能建立良好的社会秩序。

四、法的效力

法的效力，即法的约束力，指人们必须服从法律，按照法律规定来行为。

法的效力可以分为规范性法律文件的效力和非规范性法律文件的效力。法理学所称法的效力，通常是指规范性法律文件的效力，即法在适用对象、空间、时间三方面的效力范围。

法的对象效力，是指法的适用对象有哪些，对什么样的人和组织有效，也可以称为法对人的效力。在世界各国的法律实践中先后有四种法的对象效力原则：①属人原则，即法律只适用于本国公民，不论其身在国外还是国内，非本国公民即使身在该国内也不适用。②属地原则，以地域为标准，一国的法只对它管辖地区内的人适用，不论该人是本国人还是他国人。③保护原则，即以维护本国利益作为是否适用本国法律的依据。任何侵犯了本国利益的人，不论其国籍和所在地域，都要受到该国法律的追究。④综合或折中原则，即以属地主义为主，与属人主义、保护主义相结合。当今世界绝大多数国家采用这种原则，我国也是如此。

根据我国法律，法的对象效力包括两个方面。

(1) 对中国公民的效力。中国公民在中国领域内一律适用中国法律，在中国境外的中国公民也应遵守中国法律并受中国法律的保护，当与所在国法律对同一问题的规定不一致时，按国际条约或惯例处理。

(2) 对外国人和无国籍人的效力。包括两种情况：一种是对在中国领域内的外国人和无国籍人，除法律另有规定外，都适用中国法律；另一种是对在中国领域外的外国人和无国籍人，按《中华人民共和国刑法》规定，外国人在中国领域外对中国国家或公民犯罪，最低量刑为 3 年以上有期徒刑的，可以适用中国刑法，但是按照犯罪地的法律不受处罚的除外。

法的空间效力，指法在哪些地域有效力。一般来说，一国法律适用于该国主权范围所及的全部领域，包括领土、领水和领空，以及作为领土延伸的本国驻外使馆、在外航行的船舶和飞行器。

法的时间效力，指法何时生效、何时失效以及法对其生效前的行为和事件有无溯及力。法的生效时间，指法从何时起开始具有约束力。法律的生效时间主要有三种情形：自法律公布之日起生效；由该法律规定具体的生效时间；公布后经过一段时间生效。

法终止生效，即法被废止，又称为法的废止或失效。通常有明示的废止和默示的废止

两种情况。明示的废止即在新法或其他法律文件中明文规定废止旧法。默示的废止指不明文规定终止旧法的效力，而在实践中当新法与旧法冲突时，采用新法。

法的溯及力，也称为法溯及既往的效力，是指法对其生效前的事件和行为是否适用。如果适用，就具有溯及力；如果不适用，就没有溯及力。法是否具有溯及力，各国立法者针对本国的具体情况，往往有不同的规定。大致有这样几种情况：①从旧原则，即新法没有溯及力；②从新原则，即新法有溯及力；③从轻原则，即比较新法与旧法，哪个处理轻些就按哪个法处理；④从新兼从轻原则，即原则上按照新法溯及既往，但旧法对人的行为处罚较轻时，则适用旧法；⑤从旧兼从轻原则，即原则上不按照新法溯及既往，但新法对人的行为处罚较轻时，则适用新法。目前世界上大多数国家采用“从旧兼从轻原则”，我国也采用这一原则，但在某些有关民事权利的法律中，特殊情况下法律也具有溯及力。

五、法律关系

法律关系是法律在调整人们行为的过程中所形成的权利、义务关系。法律关系是社会关系的一种特殊形态，与一般的社会关系相比，有三个最重要的特征。

(1) 法律关系是根据法律规范建立起来的一种社会关系，具有合法性。没有法律的存在，也就不能形成与之相应的法律关系。因此，凡纳入法律调整范围的社会关系都可以称为法律关系。

(2) 法律关系是以法律上的权利、义务为内容而形成的一种社会关系。法律关系与其他社会关系的重要区别在于，它是法律化了的社会关系。

(3) 法律关系是以国家强制力作为保障手段的社会关系。因此，一种社会关系被纳入法律调整范围之内，就意味着国家对它的保护。

在法学上，由于根据的标准和认识的角度不同，可以对法律关系作不同的分类，基本有这几种分类：按照法律关系产生的依据、执行的职能和实现规范的内容不同，可以分为调整性法律关系和保护性法律关系；按照法律主体在法律关系中的地位不同，可以分为纵向(隶属)的法律关系和横向(平权)的法律关系；按照法律主体的多少及其权利义务是否一致，可以分为单向法律关系、双向法律关系和多向法律关系；按照相关的法律关系作用和地位的不同，可以分为第一性法律关系和第二性法律关系等。

法律关系是由主体、客体和内容三个要素构成的。

法律关系的主体即法律关系的参加者，在法律关系中是享有权利或承担义务的人。通常又称权利主体、义务主体或权义主体。法律上所称的“人”包括自然人和法人。自然人指有生命并具有法律人格的个人，包括公民、外国人和无国籍人。法人是与自然人相对称的概念，指具有法律人格，能够以自己的名义独立享有权利和承担义务的组织，有时也被称为拟制人。法人一般可分为企业法人、事业法人、机关法人、社团法人，有时国家也以特殊的法人身份参加民事法律关系或国际法律关系。法律关系主体参加法律关系有资格的限制，即须具有权利能力或行为能力。参加任何法律关系都必须具有权利能力，某些特定类型的法律关系，除了须具有权利能力外，还必须具有行为能力。

权利能力，就是由法律所确认的法律关系主体享有权利或承担义务的资格，是参加任何法律关系都必须具备的前提条件。公民的权利能力分为一般权利能力和特殊权利能力两种。一般权利能力始于公民出生，终于死亡，所有公民普遍享有。特殊的权利能力须以一定的法律事实出现为条件才能享有，例如公民参加选举的权利能力须达到法定年龄。

法人的权利能力从法人成立时产生，到法人终止时消灭。

行为能力是法律所确认的，由法律关系主体通过自己的行为行使权利和履行义务的能力。自然人的行为能力分为三类：①完全行为能力人，即已经成年且神志正常的人；②限制行为能力人，即尚未成年但已满一定年龄的人和患有某种精神疾病但尚具有一定识别能力的人，他们只能独立处分与其能力相适应的权利；③无行为能力人，即尚未达到一定年龄的儿童和完全失去控制和识别能力的精神病人，他们的行为一般情况下不能被视为法律行为。

法律关系客体是指权利和义务所指向的对象，又称为权利客体、义务客体或权义客体。它将法律关系主体间的权利和义务联系在一起，没有法律关系的客体作为中介，就不可能形成法律关系。因此，客体是构成任何法律关系都必须具备的一个要素。

成为法律关系客体应满足三个条件：①必须是一种资源，能够满足人们的需要，因而被认为具有价值；②必须具有一定的稀缺性，不能被需要它的人无代价地获得；③具有可控制性，因而能被需要它的人加以占有和利用。

在现代社会，同时符合以上三个条件的事物是非常多的，因而法律关系客体的数量和种类难以一一详述，概括地讲主要包括四类：①物，法律上所说的物包括一切可以成为财产权利对象的自然之物和人造之物；②行为，指权利和义务所指向的作为或不作为；③智力成果，指的是人们在智力活动中所创造的某种精神财富，是知识产权所指向的对象；④人身利益，包括人格利益和身份利益，是人格权和身份权的客体。

法律关系的内容，是指法律关系主体间在一定条件下依照法律或约定所享有的权利和须承担的义务，是法律规范的指示内容在实际的社会生活中的具体落实，是法律规范在社会关系中实现的一种状态。

第三节 法的运行

一、立法

立法又称法的制定，是由特定主体依据一定职权和程序，运用一定技术制定、认可和变动法这种特定社会规范的活动。立法有狭义和广义之分。广义的立法指享有法律规范创制权的国家机关创制各种具有不同法律效力的规范性文件的活动；狭义的立法专指国家最高权力机关及其常设机构依照法律规定的程序制定法律的活动。

具体而言，立法的特征有：①是由特定主体进行的活动；②是依据一定职权进行的活动；③是依据一定程序进行的活动；④是运用一定技术进行的活动；⑤是制定、认可和变

动法的活动。立法在国家的法律制度建设中具有重要地位，是执法、司法和守法的前提和基础。

立法原则是指立法主体据以进行立法活动的重要准绳，是立法指导思想在立法实践中的重要表现。中国立法总的基本原则中，法治原则、民主原则、科学原则尤为重要。

(1) 法治原则。立法的法治原则要求一切立法活动应当以宪法为根据，符合宪法精神；立法主体、立法权限、立法程序都应当符合法律的精神；立法机关必须从国家整体利益出发，维护社会主义法制的统一和权威。

(2) 民主原则。立法应当体现广大人民的意志和要求，确认和保障人民的利益；应当保障人民通过各种途径参与立法活动；立法过程和立法程序应当具有开放性、透明度，坚持群众路线。

(3) 科学原则。立法应当实事求是，从实际出发，反映客观规律的要求；应重视立法的技术、方法，提高立法质量。

中国现行立法权限的划分，实行中央统一领导和一定程度分权、多级并存、多类结合的立法权限划分体制。最高国家权力机关及其常设机构统一领导，国务院行使相当大的权力，地方行使一定权力。

我国的立法程序主要有 4 个步骤：法律议案的提出、法律草案的提出、法律草案的表决和通过、法律的公布。

二、法的实施

法的实施是指使法律规范的要求在社会生活中得到实现的活动，是将法律规范的要求转化为人们的行为、将法律规范中的国家意志转化为现实关系的过程，是将法律规范的抽象规定具体化，由可能性转变为现实性的过程。法的实施包括执法、司法和守法。

执法即法律执行，有广义和狭义两种理解。广义上的执法，是指国家行政机关、司法机关和法律授权、委托的组织及其公职人员，依照法定职权和程序，贯彻实施法律的活动，包括一切执行法律、适用法律的活动。狭义上的执法是指国家行政机关和法律授权、委托的组织及其公职人员在行使行政管理权的过程中，依照法定职权和程序，贯彻实施法律的活动。此处所说的执法仅指行政执法。

执法具有以下特征。

(1) 执法的主体包括国家行政机关及其公职人员和法律授权、委托的组织及其公职人员。

(2) 执法内容具有广泛性。

(3) 执法具有主动性和单方面性。

(4) 执法是以国家名义对社会进行的管理行为，具有国家权威性。

执法的原则是指行政执法主体在执法活动中应当遵循的基本原则。我国的行政执法要求遵循合法性原则、合理性原则、讲求效率原则和正当程序原则。

司法，是国家司法机关依据法定职权和法定程序，具体应用法律处理案件的专门活动。司法是实施法律的一种方式，对于实现立法目的、发挥法律的功能具有重要意义。司法公正成为社会正义和一国法治的最后保障，所以，必须对司法提出严格的要求。在我国的司法实践中对司法的基本要求主要有正确、合法、及时三方面。所谓正确，是指处理案件过程中要求司法机关做到认定事实正确、适用法律正确和处理结果正确；合法是指案件审理要合乎法律，做到程序合法、裁判合法；及时是指司法活动的各个环节和步骤都要遵守时效规定，提高办案效率，及时审案、及时结案。

司法不同于其他国家机关、社会组织和公民实施法律的活动，它有自身的一些特点，即职权的法定性、程序的法定性和裁决的权威性。

守法是指国家机关、社会组织和公民个人依照法的规定，行使权利和履行义务的活动。守法是法的实施的一种基本形式。我国宪法规定，一切国家机关和武装力量、各政党和各社会团体、企事业组织都必须遵守宪法和法律，一切违反宪法和法律的行为，必须予以追究，任何组织和个人都不得有超越宪法和法律的特权。这表明，在我国所有人都是守法主体，任何组织都有义务守法，都要遵守宪法和法律。

三、法律监督

法律监督有广义、狭义两种。狭义的法律监督指有关国家机关依法定职权和程序对立法、执法、司法等法制运作过程的合法性进行的监察和督导；广义的法律监督是指一切国家机关、政治或社会组织和公民对法的全部运作过程的合法性所进行的监察和督导。这里在广义上使用法律监督这一概念。

一般来说，实现法律监督必须具备 5 个要素，即法律监督的主体、法律监督的客体、法律监督的内容、法律监督的依据和法律监督的方式。法律监督的主体是指由谁来实施监督，法律监督的主体包括国家机关、政治或社会组织和公民三类。法律监督的客体是监督谁或谁被监督，在民主政体下，所有国家机关、政党、社会团体、社会组织和公民既是监督的主体，也是监督的客体。法律监督的内容，包括与监督客体行为的合法性有关的所有问题，主要指监督对象的行为和结果的合法性，一定范围内也指行为和结果的合理性。法律监督的依据是宪法和法律。法律监督的方式因监督对象的不同而有所区别，在此不一一论述。

法律监督体系，是一国不同种类的法律监督有机结合的统一体。我国历经半个世纪法制建设建立起来的法律监督体系，呈现出纵横交错、多层次的特点，依照监督主体的不同，可以分为国家法律监督体系和社会法律监督体系两大系统。

(一)国家法律监督体系

国家监督，包括国家权力机关、行政机关和司法机关的监督。我国宪法和有关的法律明确规定了国家监督的权限和范围，国家监督是我国法律监督体系的核心。

国家权力机关的监督是指各级人民代表大会及其常务委员会为全面保证国家法律的有效实施，通过法定程序，对由它产生的国家机关实施法律的监督。国家行政机关的监督，是指由国家行政机关进行的法律监督，既包括国家行政系统内部上下级之间以及行政系统

内部设立的专门机关的法律监督，也包括行政机关在行使行政权时对行政相对人的监督。国家行政监督可以分为4类，即：一般行政监督、专门行政监督、行政复议和行政监管。司法机关的监督是我国监督体系的重要组成部分，包括检察机关的监督和审判机关的监督两种。

(二)社会法律监督体系

社会监督，即非国家机关的监督，指由各政党、各社会组织和公民依照宪法和有关法律，对各种法律活动的合法性进行的监督。根据社会监督主体的不同，可以分为政治或社会组织的监督、社会舆论的监督和公民的监督。社会监督具有广泛性和人民性，因此在我国法律监督体系中具有重要意义。

四、法律解释

法律解释有广义和狭义之分。广义的法律解释是指国家机关、组织或公民个人对现行法律规范或法律条文的内容、含义等所作的说明；狭义的法律解释是国家机关的专有活动，只有被授权的国家机关才能在职权范围内进行法律解释。

按照不同的标准，可以对法律解释作出不同的分类。

(1) 根据法律解释效力的不同，法律解释可分为正式解释和非正式解释。

正式解释也称法定解释、有权解释或官方解释，是指被授权的国家机关在其职权范围内对法律规范所作的具有法律效力的解释。

根据解释主体的不同，正式解释可分为立法解释、行政解释和司法解释。从狭义上说，立法解释专指国家立法机关对法律所作的解释。从广义上说，立法解释泛指所有依法有权制定法律、法规的国家机关或其授权机关，对自己制定的法律、法规进行的解释，其解释主体包括全国人大常委会，国务院及其主管部门，省、自治区、直辖市和其他有权制定地方性法规的地方的人大常委会等。行政解释是指国家行政机关在依法行使职权时，对有关法律、法规如何具体应用的问题所作的解释。司法解释是指国家最高司法机关在适用法律、法规的过程中，对如何具体应用法律、法规的问题所作的解释，包括审判解释、检察解释及审判、检察联合解释。

非正式解释也称无权解释，是指未经授权的国家机关、社会组织或公民个人对法律规范所作的没有法律效力的解释，包括学理解释和任意解释。

(2) 根据法律解释的方法不同，法律解释可分为语法解释、逻辑解释、系统解释和历史解释。

语法解释，又称文法、文义和文理解释，是指根据语法规则对法律条文的含义进行分析，以说明其内容的解释方法。逻辑解释是指运用形式逻辑的方法分析法律规范的结构、内容、适用范围和所用概念之间的关系，以保持法律内部统一的解释方法。系统解释是指将需要解释的法律条文与其他法律条文联系起来，分析该法律条文与其他法律条文的关系、该法律条文在所属法律文件中的地位和作用，以揭示其内容和含义的解释方法。历史解释

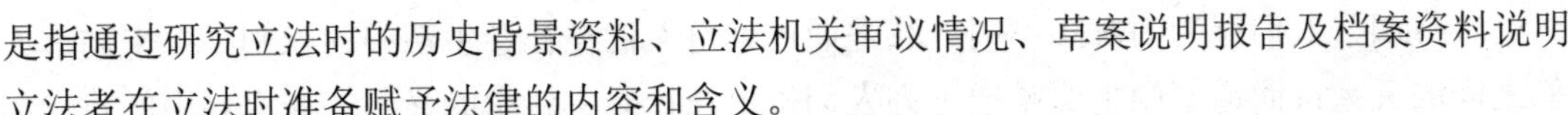

是指通过研究立法时的历史背景资料、立法机关审议情况、草案说明报告及档案资料说明立法者在立法时准备赋予法律的内容和含义。

(3) 按照解释尺度的不同，法律解释可以分为字面解释、扩充解释和限制解释。

字面解释是指对法律所作的忠于法律条文含义的解释，既不扩大也不缩小法律的字面含义。扩充解释是指当法律条文的字面含义过于狭窄，不足以表现立法意图、体现社会需要时，对法律条文所作的宽于其字面含义的解释。限制解释是指法律条文的字面含义较之立法意图明显失之过宽时，对法律条文所作的窄于其文字含义的解释。

第四节　法与政策和道德的关系

一、法与政党政策

政党的政策是政党在政治生活中为实现一定的目的而作出的政治决策。执政党的政策对法律的制定和实施能够产生重要的影响。在我国，共产党的政策和国家的法律是两种最重要的社会调整机制。政策和法律在阶级本质、经济基础、指导思想、基本原则和社会目标等方面是一致的，但两者有明显的区别：①党的政策是党的意志的体现，表现为党的文件，这些文件可以是公开的，也可以是不公开的；而法律则是国家意志的体现，表现为由立法机关依照法定职权和程序制定的规则，法律必须是公开的。②政策主要靠宣传教育和党纪来保证实施，但党纪只能在党内部适用；而法律则是依靠国家强制力来实施的，具有普遍适用性。③政策较为灵活，更多地带有方向性、指导性、号召性，便于执行者根据各种具体情况灵活运用；而法律不仅规定权利和义务，还规定对违法行为的法律处罚，其规定明确具体，便于严格遵守和执行。

上述联系和区别表明政策和法律各有自己的优势，各有自己的调整方式和范围。一种社会关系，究竟是由政策来调整还是由法律来调整，要由其性质和特点来决定。

二、法与道德

道德是社会调整体系中的一种调整形式，是人们关于善与恶、美与丑、正义与非正义、光荣与耻辱、公正与偏私的感觉、观点、规范和原则的总和。

法与道德有着十分密切的联系，都表现为社会的行为规范，二者互相渗透、相辅相成。法律的规范和原则处处体现着道德的准则，同样，在道德规范中也有守法的内容，二者互相补充，共同规范着社会生活。但法与道德是上层建筑的不同部分，是性质不同的两种规范体系，各有自己的特征。它们的区别主要有以下 4 点。

(1) 表现形式不同。法是以国家意志的形式出现的，表现在政权机关制定的宪法、法律等规范性法律文件中；而道德是以社会意志的形式出现的，其主要表现形式是社会舆论。

(2) 违反的后果不同。违反法律的后果是承担相应的法律责任；而违反道德通常受到社会舆论的蔑视、谴责。

(3) 调节人们行为的方式不同。法是通过确定人们在社会生活中的权利义务来调节人们之间的关系；而道德则主要是通过为人们指出在社会生活中的义务，在人们中间建立起以义务为纽带的道德关系而调整人们之间的关系。

(4) 调整的范围不同。法律规范侧重于调整人们的具体行为；而道德规范除了调整人们的具体行为外，还调整许多涉及观念范畴的问题。因此，道德的调整范围更广一些。

法与道德的区别说明，法不是万能的，需要由道德来补充。我们要充分利用法和道德这两种不同的调整机制，以形成和维护有序、公正、自由的社会生活方式。

思考与练习

1. 法的定义是什么?
2. 简述法的特征。
3. 简述法的作用。
4. 简述立法的原则。
5. 比较法律与政策、道德的关系。

第二章　宪　　法

学习目标

了解我国宪法的立法现状；熟悉中华人民共和国宪法及其修正案；树立正确的法制观念，对现实生活中的问题能够用宪法的思维去审视；明确宪法的指导作用。

第一节　宪 法 概 述

一、宪法概念

在中国古代的典籍中，曾出现过“宪”“宪法”“宪令”“宪章”等词语，主要是指一般的法律、法规，或指颁布法律，实施法律。在西方，宪法一词的原意是组织、结构、规定的意思，主要是指有关规定城邦组织与权限方面的法律，或皇帝的诏书、谕旨，或指有关确认教会、封建主以及城市行会的特权，以及他们与国王等的相互关系的法律。

由此可见，尽管在中国的古代和西方的古代都出现过宪法这个词，但都不是今天根本法意义的宪法。在中国，将“宪法”一词指称国家根本法始于 19 世纪 80 年代，当时的改良主义思想家基于国内外形势，明确提出“立宪法”“开议院”，实行君主立宪。郑观应在《盛世危言》中首次使用“宪法”一词。在西方，作为根本法意义的宪法是近代资产阶级革命的产物。

二、宪法的特点

(一)宪法是法律的一种

法是一个统称，宪法是其中一门具体的法，它具有法的共性。这些共同特征是：它们都是代表统治阶级的意志；都是由国家制定或者认可的，具有国家强制力的行为规范；都是通过对社会关系参加者的权利义务的确认、保护和发展来形成对统治阶级有利的社会关系和社会秩序，是统治阶级治理国家的重要工具；宪法规范的内容与其他法律规范一样，归根到底取决于相应社会的物质生活条件。

(二)宪法是国家的根本法

宪法与普通法律的区别就在于宪法的根本法属性，即它是国家的根本法，是母法。具体表现在以下三个方面。

1. 宪法的内容比普通法律要广泛、全面、重大

宪法的内容涉及一个国家的政治、经济、文化、社会、外交等各方面的重大的原则性问题，涉及国家的根本制度、基本制度及根本任务问题。其内容具有根本性、宏观性和全面性的特点。而普通法律所规定的内容只涉及国家生活或社会生活的某一方面的问题，它是宪法某一方面规定或某一项规定的具体化，其内容具有具体和微观的特点。

2. 宪法的效力高于普通法律

首先，宪法是普通法律的立法依据或立法基础。宪法是一个国家的根本大法，是法律的法律，普通法律没有宪法的依据就无从产生，因此人们也形象地称宪法为“母法”。国家立法机关在制定普通法律的时候必须以宪法作为依据，有的法律明确宣称“根据宪法制定本法”；有的法律不明确宣称，但也是以宪法作为立法基础。

其次，普通法律与宪法不相抵触。如果普通法律的规定、原则、精神同宪法的规定、原则、精神相抵触，那么普通法应该被撤销、改变或宣布无效。在一个多级立法的国家里，依据宪法产生的各个级别的立法都应该以宪法作为标尺，以保证国家法律体系的统一性与一致性。我国宪法第五条就规定，一切法律、行政法规和地方性法规都不得与宪法相抵触。

最后，一切宪法主体都必须以宪法为最根本的活动准则。宪法是一国最高的和最根本的活动准则，一切宪法主体都必须遵守，将其奉为行动的最高准则。我国宪法序言规定，全国各族人民、一切国家机关和武装力量、各政党和各社会团体、各企事业组织，都必须以宪法为根本的活动准则，并且负有维护宪法尊严、保证宪法实施的职责。

3. 宪法的制定和修改程序比普通法律严格、复杂

由于宪法所规定的内容是一个国家最根本的制度、原则，是其他法律赖以建立的依据，为了保证宪法的尊严和相对稳定性，绝大多数国家在制宪和修宪程序上作了严格的要求。

我国宪法的修改，由全国人民代表大会常务委员会或者 1/5 以上的全国人民代表大会代表提议，并由全国人民代表大会以全体代表的 2/3 以上的多数通过。法律和其他议案由全国人民代表大会以全体代表的过半数通过。

三、宪法作用

(一)宪法确认各阶级的政治地位

宪法是阶级斗争最直接的总结和结果，宪法是统治阶级利益和意志的集中体现，宪法的内容和形式受阶级力量对比关系的决定和影响，是各阶级社会政治地位的动态反应。

(二)宪法是公民权利的保障书

宪法最主要、最核心的价值在于，它是公民权利的保障书。从历史上看，宪法或宪法性文件最早是在反对封建专制制度的斗争中，为了确认取得的权利，以巩固胜利成果而制定出来的。从宪法的基本内容来看，即从国家权力的正确行使和公民基本权利的有效保障

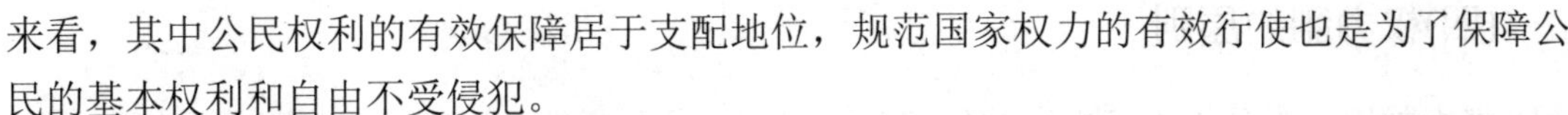

来看，其中公民权利的有效保障居于支配地位，规范国家权力的有效行使也是为了保障公民的基本权利和自由不受侵犯。

(三)宪法是民主事实法律化的基本形式

宪法与民主紧密相连，民主主体的普遍化或者民主事实的普遍化是宪法得以产生的前提。而且基于宪法在整个国家法律体系中的根本法地位，以及宪法确认的基本内容主要是国家权力的正确行使和公民权利的有效保障，因此可以说宪法是民主事实法律化的基本形式。正如毛泽东同志指出：“世界上历来的宪政，不论是英国、法国、美国或者苏联，都是革命成功有了民主事实以后，颁布一个根本大法，去承认它，这就是宪法。”

四、宪法的指导思想和原则

我国现行宪法在序言中明确规定，中国人民在马克思列宁主义、毛泽东思想、邓小平理论和“三个代表”重要思想指引下，进行社会主义建设，同时，它们也是我国宪法的指导思想。

宪法的基本原则是指人们在制定和实施宪法过程中必须遵循的最基本的准则，是贯穿立宪和行宪的基本精神。

(一)人民主权原则

人民主权是指国家中绝大多数人拥有国家的最高权力。主权是国家的最高权力，法国布丹首创这个概念，并认为主权在君；洛克则提出议会主权；真正的人民主权的学说由法国的卢梭创立。人民主权学说的出现是国家学说发展史上的一大飞跃，是资产阶级反对封建阶级的锐利武器，胜利后的资产阶级纷纷在宪法中确认人民主权原则。社会主义国家宪法一般表述为“国家的一切权力属于人民”的原则，是无产阶级在创建无产阶级政权过程中，批判性地继承资产阶级民主思想的基础上，对人民主权原则的创造性运用和发展。

(二)基本人权原则

人权是指作为一个人所应该享有的权利。人权在阶级社会里具有鲜明的阶级性，但就其原创意义而言，人权属于应有权利、道德权利。社会主义国家建立后，同样也在宪法中确认了基本人权原则。在措辞上，社会主义宪法并未直接使用“人权”一词，但宪法中有关“公民基本权利”的规定，实质就是对基本权利的确认。

(三)法治原则

法治是相对于人治而言的，是指统治阶级按照民主原则把国家事务法律化、制度化，并严格依法进行管理的一种方式。社会主义国家的宪法不仅宣布宪法是国家的根本法，而且还规定国家的立法权属于最高人民代表机关，使宪法和法律有了广泛深厚的民主基础，为社会主义的法治原则的实现提供了前提条件。

(四)权力制约原则

权力制约原则是指国家权力的各部分之间相互监督、彼此牵制，以保障公民权利的原则，包括公民权利对国家权力的制约和国家权力对国家权力的制约。在资本主义国家宪法中，权力制约原则主要表现为分权制衡原则；在社会主义国家宪法中则表现为监督原则。

五、实施保障

宪法在现实生活中的贯彻执行是通过宪法监督保障体制来实现的。宪法监督保障体制是指特定的国家机关依据一定的法律程序，审查和裁决法律、法规和行政命令等规范性文件或特定行为是否符合宪法的规定和精神，以维护宪法权威。

我国现行宪法对宪法监督保障制度主要作了以下规定。

(1) 明确宣布了宪法的根本法地位和最高法律效力。宪法序言最后一段规定："本宪法以法律的形式确认了中国各族人民奋斗的成果，规定了国家的根本制度和根本任务，是国家的根本法，具有最高的法律效力。全国各族人民、一切国家机关和武装力量、各政党和各社会团体、各企业事业组织，都必须以宪法为根本的活动准则，并且负有维护宪法尊严、保证宪法实施的职责。"

(2) 规定了宪法监督的总的原则。现行宪法第五条规定："国家维护社会主义法制的统一和尊严。一切法律、行政法规和地方性法规都不得同宪法相抵触；一切国家机关和武装力量、各政党和各社会团体、各企、事业组织都必须遵守宪法和法律；一切违反宪法和法律的行为，必须予以追究；任何组织或者个人都不得有超越宪法和法律的特权。"

(3) 明确了宪法监督机关。现行宪法第六十二条和第六十七条分别规定全国人大和全国人大常委会拥有监督宪法实施的职权，这一规定将宪法监督权赋予最高国家权力机关，有利于宪法在现实生活中的贯彻实施。

(4) 规定了严格的宪法修改程序。现行宪法第六十四条规定："宪法的修改，由全国人民代表大会常务委员会或者五分之一以上的全国人民代表大会代表提议，并由全国人民代表大会以全体代表的三分之二以上的多数通过。"

第二节　宪法的历史发展

一、近代意义宪法的产生

(一)近代宪法的产生具有深刻的经济、思想、政治和法律条件

1. 比较发达的市场经济是近代意义宪法产生的经济条件

市场经济要求所有社会成员具有最基本的人身自由，以适应市场经济对"劳动力"的

需求，市场经济要求有统一的市场，打破封建社会地方割据的局面，市场经济要求平等，反对特权。只有商品所有者之间的平等交换、商品之间的等价交换，才能实现商品的价值和商品所有者利益的最大化，市场经济要求统一而公平的规则。

2. 民主的、大众的和科学的文化是宪法产生的思想条件

封建社会末期，在市场经济发展的基础上，资产阶级启蒙思想家如英国的洛克、法国的孟德斯鸠、美国的潘恩等提出了许多激动人心的代表资产阶级利益和要求的口号和思想，以反对和批判封建统治所赖以存在的思想体系，例如以“法治”批判“人治”，以“人民主权”取代“君权神授”，并提出“天赋人权”“自然权利论”“社会契约论”“权力分立论”“民主”“自由”“正义”等适应资本主义商品经济发展需要的口号和理论。这些学说和理论一经提出即获得了当时人们的认同和响应，唤起了人们的权利意识和民主意识。在资产阶级夺取政权后，成为资产阶级制定和实施宪法的理论基础。

3. 比较发达的民主政治是近代意义宪法产生的政治条件

资产阶级革命的胜利和资产阶级专政政权的建立是资产阶级宪法产生的政治基础。资产阶级在长期的反封建主义的斗争中建立了以普选制、代议制为核心的民主政治制度，这种政治制度适应了资产阶级以全体人民代表的名义进入议会和国家机构，反映资产阶级的政治利益和要求。资产阶级在革命胜利之后便将这种政治制度以根本法的形式固定下来，借以维护自己的统治。

4. 宪法产生的法律条件

随着资本主义市场经济的发展，社会关系日益复杂，封建社会的诸法合体的立法模式已经远远不能适应社会需要，资产阶级要求根据社会关系的不同性质制定不同的法律。当越来越多的法律出现时，不同规则之间的矛盾与冲突就会越来越明显，这时宪法应运而生，因为只有宪法才能保证法律体系的统一性与内部的和谐一致。

(二)早期主要资本主义国家宪法的产生

近代宪法是资产阶级革命后的产物。从 17 世纪至 18 世纪，英、美、法等国在资本主义发展的基础上，先后爆发了资产阶级革命。革命胜利后，取得政权的资产阶级将在革命过程中建立的民主制度以法律的形式予以确认，形成了各自的宪法。

17 世纪的英国宪法是近代宪法的先驱，被誉为“宪政之母”。英国宪法有两个特点：不彻底性、不成文性。1787 年的美国宪法是世界上第一部成文宪法。1791 年法国宪法是欧洲大陆上的第一部资产阶级成文宪法。

二、我国的现行宪法

新中国成立后先后颁布了一个宪法性文件和四部宪法，即《中国人民政治协商会议共同纲领》、1954 年宪法、1975 年宪法、1978 年宪法、1982 年宪法。1982 年宪法是我国的

现行宪法，由第五届全国人大第五次全体会议于 1982 年 12 月 4 日通过。现行宪法以四项基本原则为指导思想，继承和发展了 1954 年宪法的基本原则，全面总结了我国社会主义建设正反两方面的经验，反映了改革开放以来各方面取得的巨大成就，规定了国家的根本制度和根本任务，共 138 条。为更好地适应社会的发展，现行宪法以修正案的方式经过四次修改。

1. 1988 年宪法修正案

(1) 在宪法第十一条增加规定：“国家允许私营经济在法律规定的范围内存在和发展。私营经济是社会主义公有制经济的补充。国家保护私营经济的合法的权利和利益，对私营经济实行引导、监督和管理。”

(2) 将宪法第十条第四款修改为：“任何组织或者个人不得侵占、买卖或者以其他形式非法转让土地。土地的使用权可以依照法律的规定转让。”

2. 1993 年宪法修正案

(1) 确认建设有中国特色社会主义理论在国家生活中的指导地位；增加了“坚持改革开放”，使党在社会主义初级阶段的基本路线的表述更加完整；将建设“高度文明、高度民主的社会主义国家”，修改为建设“富强、民主、文明的社会主义国家”；

(2) 确认“中国共产党领导的多党合作和政治协商制度将长期存在和发展”；

(3) 进一步明确全民所有制和集体所有制的经济形式，确定了建设社会主义市场经济的目标；

(4) 取消“农村人民公社”，确认“家庭联产承包为主的责任制”的法律地位；

(5) 改变县级国家机关的任期，把县、市、市辖区的人民代表大会的任期改为五年。

3. 1999 年宪法修正案

(1) 将邓小平理论与马克思列宁主义、毛泽东思想并列写入宪法，确定邓小平理论在我国社会主义现代化建设中的指导地位；

(2) 确认社会主义初级阶段的长期性和“依法治国”基本方略；

(3) 把发展社会主义市场经济列入国家根本任务；

(4) 确认我国现阶段“坚持公有制为主体、多种所有制经济共同发展的基本经济制度”和“坚持按劳分配为主体、多种分配方式并存的分配制度”；

(5) 取消对个体经济、私营经济是社会主义公有制经济的“补充”规定，确认“个体经济、私营经济是社会主义市场经济的重要组成部分”；

(6) 删去“家庭联产承包为主的责任制”的提法，规定“农村集体经济组织实行家庭承包经营为基础、统分结合的双层经营体制”；

(7) 将宪法第二十八条中的“反革命活动”改为“危害国家安全的犯罪活动”；

(8) 用“普及九年义务教育”代替“普及初等义务教育”的提法。

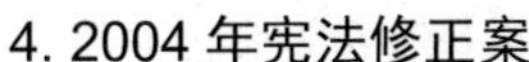

4. 2004 年宪法修正案

(1) 确立“三个代表”重要思想在国家政治和社会生活中的指导地位；
(2) 在序言中增加推动物质文明、政治文明和精神文明协调发展的内容；
(3) 在统一战线的表述中增加“社会主义事业的建设者”；
(4) 完善土地征用制度；
(5) 进一步放宽对非公有制经济的管理，增加鼓励、引导、支持等内容；
(6) 完善对私有财产保护的规定；
(7) 增加健全社会保障制度的规定；
(8) 增加尊重和保障人权的规定；
(9) 进一步完善全国人大的组成，增加“特别行政区”；
(10) 以“紧急状态”取代“戒严”的规定；
(11) 修改国家主席职权的规定，增加“进行国事活动”内容；
(12) 把乡镇人大的任期由三年改为五年；
(13) 增加对国歌的规定。

第三节 宪法基本制度

一、人民民主专政制度

(一)国体

国体亦称国家性质，即国家的阶级本质，它是由社会各阶级、阶层在国家中的地位所反映出来的国家的根本属性。不同类型国家的宪法对国体的表现方式不一致，资本主义国家宪法通常以“主权在民”“全民国家”等超阶级的字样规定国体，否认国家的阶级本质；社会主义国家则公开表明国家的阶级本质，宣布自己是无产阶级专政或人民民主专政的国家。

我国宪法总纲第一条“中华人民共和国是以工人阶级领导的、工农联盟为基础的人民民主专政的社会主义国家”表明了社会主义制度是我国的根本制度，人民民主专政是我国国家性质的具体体现。

人民民主专政是一种对人民实行民主和对敌人实行专政有机结合的一种国家制度。民主和专政是一个问题的两个方面，人民民主专政的民主方面和专政方面是辩证统一的，对人民实行民主是对敌人实行专政的基础，对敌人实行专政是对人民实行民主的保障。

(二)人民民主专政实质上是无产阶级专政

人民民主专政是无产阶级专政的具体体现，两者在精神实质和核心内容上是一致的。

(1) 领导力量一致。两者都是由工人阶级(通过中国共产党)来领导的。

(2) 阶级基础一致。工人阶级要推翻剥削阶级、建设和完善社会主义都必须与广大的农民阶级结成牢固的联盟。

(3) 专政职能一致。无产阶级专政和人民民主专政都担负着保障人民当家作主的地位，不断扩大社会主义民主的范围；维护社会主义制度；组织社会主义经济建设和精神文明建设等职能。

(4) 历史使命一致。无产阶级专政和人民民主专政的最终目的和历史使命都是要消灭阶级，消灭剥削，建设社会主义，实现共产主义。

既然人民民主专政在实质上是无产阶级专政，那么我国宪法为什么还要采用人民民主专政的提法呢？因为人民民主专政更能确切地表明我国的阶级状况和政权基础，更能直接地体现出对人民实行民主和对敌人实行专政的两个方面，更能充分地反映了我国的国情。

(三)我国人民民主专政的主要特色

1. 中国共产党领导的多党合作

中国共产党领导的多党合作制度包括以下几个方面的基本内容：坚持中国共产党的领导，坚持四项基本原则是多党合作的政治基础；“长期共存，互相监督，肝胆相照，荣辱与共”是多党合作的基本方针；坚持社会主义初级阶段的基本路线，把我国建设成为富强、民主、文明的社会主义现代化国家和统一祖国、振兴中华是各政党的共同奋斗目标；各政党都必须在宪法和法律的范围内活动。

政治协商的内容包括：国家的重要方针政策及重要部署；政府工作报告；国家财政预算；经济与社会发展规划；国家政治生活方面的重大事项；国家法律的重要法律草案；中共中央提出的国家领导人人选；外交上的重要方针政策；关于祖国统一的重要方针政策；群众生活的重大问题等。

2. 爱国统一战线

爱国统一战线是指由中国共产党领导的、各民主党派参加的，包括社会主义劳动者、社会主义事业的建设者、拥护社会主义的爱国者和拥护祖国统一的爱国者组成的广泛的政治联盟。具体包含两个范围的联盟：一个是我国大陆范围内，由全体社会主义劳动者和拥护社会主义的爱国者所组成的政治联盟；另一个是广泛团结的台湾同胞、港澳同胞和海外侨胞，以拥护祖国统一为基础的政治联盟。

目前我国爱国统一战线的任务是：为社会主义现代化建设服务；为实现祖国统一大业服务；为维护世界和平服务。

中国人民政治协商会议是中国爱国统一战线的组织形式，是实现中国共产党领导的多党合作和政治协商制度的重要机构，它既不是国家机关，也不是一般的社会团体。

二、基本经济制度和文化制度

(一)基本经济制度

经济制度是指国家的统治阶级为了反映在社会中占统治地位的生产关系的发展要求，建立、维护和发展有利于政治统治的经济秩序，而确认或创设的各种有关经济问题的规则和措施的总称。

我国《宪法》第六条规定：“中华人民共和国的社会主义经济制度的基础是生产资料的社会主义公有制，即全民所有和劳动群众集体所有制。社会主义公有制消灭了人剥削人的制度，实行各尽所能、按劳分配的原则。国家在社会主义初级阶段，坚持公有制为主体、多种所有制经济共同发展的基本经济制度，坚持按劳分配为主体、多种分配方式并存的分配制度。”

社会主义公有制是我国经济制度的基础，包括全民所有制经济和集体所有制经济。社会主义全民所有制经济，即国有经济，是国民经济中的主导力量，国家保障国有经济的巩固和发展。国有经济是指：国有企业；矿藏、水流，除法定属于集体所有的森林、山林、草原、荒地、滩涂等自然资源；城市的土地除法定属于集体的农村和城市郊区的土地。农村中的生产、供销、信用、消费等各种形式的合作经济是社会主义的劳动群众集体所有制经济，国家保护城乡集体经济组织的合法的权利和利益，鼓励、指导、帮助集体经济的发展。

劳动者个体经济、私营经济和“三资”企业等非公有制经济是我国社会主义市场经济的重要组成部分。劳动者个体经济是指城乡劳动者个人占有少量生产资料和产品，从事不剥削他人的个体劳动，收益归己的一种所有制形式。私营经济是指以雇工经营为特征、存在雇佣劳动关系的一种所有制形式。“三资”企业是依据宪法的规定，在无损于我国主权和经济独立的前提下，经我国政府批准而兴办的中外合资企业、中外合作企业、外商独资企业。

根据宪法规定，我国的分配原则是：“社会主义公有制消灭了人剥削人的制度，实行各尽所能、按劳分配的制度”；“国家坚持按劳分配为主体、多种分配方式并存的分配制度”，按劳分配是指在各尽所能的前提下，由代表人民的国家或集体经济组织按照每个公民劳动的数量和质量分配给公民应得的劳动报酬。

在我国目前现阶段，存在着多种所有制形式，在分配方式上也不可能是单一的。目前除了按劳分配这一主要分配方式外，其他分配方式还有：企业发放债券筹集资金，因此出现凭债券取得的利息；随着股份经济的产生，股份分红相应出现；企业经营者收入中，包含部分风险补偿；私营企业雇佣一定数量的劳动力，会给企业主带来部分非劳动的收入。

(二)基本文化制度

我国的文化制度主要包括两方面的内容。

1. 教育科学文化建设

发展社会主义教育事业，发展社会主义科学事业，发展卫生事业和体育事业，发展文学艺术和其他文化事业。

2. 思想道德建设

思想道德建设决定着精神文明建设的性质，保证着社会主义建设事业的发展方向。主要是指：普及理想教育，把我国建设成为富强、民主、文明的社会主义国家；普及道德教育，树立和发扬社会主义道德风尚；在人民中进行以共产主义为指导、以爱国主义为基础的思想政治教育；反对资本主义的、封建主义的和其他的腐朽思想。

三、人民代表大会制度

(一)人民代表大会制度的概念

人民代表大会制是我国人民在长期的革命斗争实践中创建的国家政权组织形式，是指我国人民在中国共产党的领导下，贯彻民主集中制的基本原则，依照法律规定的程序和原则，民主选举各级人民代表大会，再由各级人民代表大会组织对其负责，并监督的各级国家机关，组成统一协调的国家政权机关体系，共同行使国家权力，实现人民当家作主权利的一种政治制度。

(二)人民代表大会制度是我国根本的政治制度

首先，人民代表大会制度体现了社会主义民主的本质，即人民当家作主。宪法规定，我国的一切权力属于人民，人民既可以对代表进行选举和监督，也可以对由人民代表大会产生的各级国家机关及其工作人员进行罢免，充分体现了人民当家作主的社会主义民主实质。

其次，人民代表大会制直接反映着我们国家的阶级本质。中华人民共和国是以工人阶级领导的、工农联盟为基础的人民民主专政的社会主义国家，我国的政权具有统一战线的意义，人民代表大会制度充分反映了这一阶级本质。

最后，人民代表大会制是国家的其他制度赖以建立的基础，最能体现我国政治生活的全貌。人民代表大会通过行使各项职权，建立各项政治制度，充分反映了我国政治生活的全貌。

四、选举制度

(一)选举制度的概念

选举制度是指关于选举国家代表机关代表与国家公职人员的原则、程序与具体方法的

各项制度的总称。它反映了国家权力与公民权利之间的平衡关系，体现了社会主义民主政治发展的客观要求。我国的选举制度体现了人民性、民主性和科学性的特点。

(二)我国选举制度的基本原则

选举制度的基本原则是贯穿在选举制度运作过程中的、反映选举制度基本价值与功能的原理与基本精神。

1. 选举权的普遍性原则

选举权的普遍性是指一个国家内享有选举权的公民的广泛程度。根据我国宪法规定，中华人民共和国年满十八周岁的公民，不分民族、种族、性别、职业、家庭出身、宗教信仰、教育程度、财产状况、居住期限都有选举权和被选举权，但是依照法律被剥夺政治权利的人除外。

2. 选举权的平等性原则

选举权的平等性是指每个选民在每次选举中只能在一个地方享有一个投票权，每一票的效力相等，不允许任何选民享有特权，更不允许对任何选民非法加以限制或歧视。

3. 直接选举和间接选举并用的原则

在我国，不设区的市、市辖区、县、自治县、乡、民族乡、镇的人民代表大会的代表，由选民直接选举；而其余级别的人大代表的选举都由下一级人民代表大会选举。这种直接选举和间接选举并用的原则主要是根据国家的经济、政治与文化发展的实际情况而确定的，具有现实的客观基础。

4. 秘密投票的原则

秘密投票又称无记名投票，选举人在选举时只需在正式代表候选人姓名下注明同意或不同意，也可以另选他人或弃权，而无须署名，选票填好后亲手投入票箱，选举人的意愿是不公开进行的，他人无权干涉，也无从干涉。在我国，全国和地方各级人民代表大会代表的选举，一律采用无记名投票的方法。

(三)选举的程序

1. 确定选举的组织

在我国，实行直接选举的各级人大代表的选举工作由选举委员会主持，即不设区的市、市辖区、县、自治县、乡、民族乡、镇设立选举委员会，主持本级人民代表大会代表的选举。不设区的市、市辖区、县、自治县的选举委员会受本级人民代表大会常委会的领导，乡、民族乡、镇的选举委员会受上一级人民代表大会常委会的领导。实行间接选举的各级人大代表的选举由本级人大常委会主持。

2. 划分选区

选区是以一定数量的人口为基础划分的区域，是选民直接选举产生人民代表的基本单位，同时也是人民代表联系选民进行活动的基本单位。选区可以按居住地区划分，也可以按生产单位、事业单位、工作单位划分。

3. 选民登记

选民登记是指对每一个享有选举权利的公民，从法律上确认其选民资格的行为。选举委员会将符合法律规定条件的公民列入选民名单，承认其选民资格，经登记确认的选民资格“一次登记，长期有效”。

4. 代表候选人的提出

全国和地方各级人民代表的代表候选人，按选区或选举单位提名产生。各政党、各人民团体，可以联合或单独推荐代表候选人，选民或者代表10人以上联名，也可以推荐代表候选人。由选民直接选举的代表候选人名额应多于应选代表名额的1/3至1倍；而间接选举的代表候选人名额应多于应选代表名额的1/5至1/2。在直接选举的地方，由选举委员会汇总的代表候选人名单由各该选区的选民小组反复酝酿、讨论、协商，再由选举委员会根据较多数选民的意见，确认正式代表候选人名单，并在选举日的5日之前公布。在间接选举的地方，各级人民代表大会主席团将候选人名单提交全体代表反复酝酿、讨论、协商，然后由大会主席团根据较多数代表的意见，确定正式代表候选人名单。

5. 投票选举

选举人对于代表候选人可以投赞成票，可以投反对票，可以另选其他选民，也可以弃权。如果选民在选举期间外出，经选举委员会同意，可以书面委托其他选民代为投票，每一选民接受的委托不得超过3人。间接选举中，代表候选人须获得全体代表的过半数选票才能当选。

五、民族区域自治制度

(一)民族区域自治制度的概念

民族区域自治制度是指在中华人民共和国范围内，以少数民族聚居区为基础，建立相应的民族区域自治地方，并设立民族自治机关，行使宪法和法律规定的自治权的制度。

民族区域自治地方是指我国境内少数民族聚居并实行区域自治的行政区域，分为自治区、自治州、自治县三级，各民族区域自治地方都是中华人民共和国不可分离的部分。

民族自治机关是指在民族区域自治地方设立的，行使同级一般行政区域的地方国家机关职权和同时行使自治权的国家机关，包括自治区、自治州、自治县的人民代表大会和人民政府，而自治地方的审判机关和检察机关则不是自治机关，不行使民族自治权。

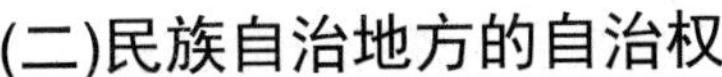

(二)民族自治地方的自治权

民族自治地方的自治机关除行使宪法规定的一般行政区域的地方国家机关的职权外，还行使宪法、民族区域自治法和有关法律规定的自治权。

(1) 民族立法自治权。自治地方的人民代表大会有权制定自治条例和单行条例，自治区制定的自治条例和单行条例，须报全国人大常委会批准后生效；自治州、自治县制定的自治条例和单行条例，须报省或者自治区的人大常委会批准后生效，并报全国人大常委会备案。同时，民族自治地方根据本地方实际情况，贯彻执行国家的法律、政策，对不适合民族自治地方实际情况的，自治机关可以报经该上级国家机关批准变通执行或者停止执行。

(2) 财政经济立法权。民族自治地方的自治机关有管理地方财政的自治权，民族自治地方依照国家财政体制的规定，财政收入多于财政支出的，定额上缴上级财政，收入不敷支出的，由上级财政补助等相关内容。

(3) 教育科学文化卫生自治权。

(4) 人口政策自治权。

(5) 组织公安部队自治权。民族自治地方依照国家军事制度和当地的实际需要，经国务院批准，可以组织本地方维护社会治安的公安部队。

(6) 语言文字自治权。民族自治地方的自治机关在执行职务的时候，依照本民族自治地方自治条例的规定，适用当地通用的一种或几种语言文字。

(7) 培养和招收民族干部自治权。

六、特别行政区制度

(一)特别行政区的概念

特别行政区是指在我国版图内，根据我国宪法和法律的规定专门设立的具有特殊的法律地位，实行特别的社会、经济制度，直辖于中央人民政府的行政区域。

我国宪法第三十一条规定：“国家在必要时得设立特别行政区，在特别行政区内实行的制度按照具体情况由全国人民代表大会以法律规定。”

(二)中央与特别行政区的关系

1. 中央管理的有关特别行政区的事务

根据基本法的规定，凡是主权范围内的事务均应由中央行使权力、负责管理。这些事务是指：负责管理与特别行政区有关的外交事务；负责管理特别行政区的防务；任命行政长官和主要官员；决定特别行政区进入紧急状态；解释特别行政区基本法；修改特别行政区基本法。

2. 特别行政权高度自治权的内容

特别行政权的高度自治权是特别行政区独特法律地位的体现。具体如下：行政管理权，

凡属于特别行政区自治范围内的行政事务，均由特别行政区政府负责管理或处理；立法权，除了有关外交、国防和其他按基本法规定不属于特别行政区自治范围的法律，特别行政区不能自行制定外，其余所有民事的、刑事的、商事的和诉讼程序方面的法律都可以制定；独立的司法权和终审权。

第四节　公民的基本权利和义务

一、公民的基本权利和义务的概述

公民的基本权利是指宪法赋予的、表明权利主体在权利体系中重要地位的权利。基本权利表明公民的宪法地位，是一国权利体系的基础，是稳定的权利体系，在一般情况下具有不可转让性，具有综合性。

公民的基本义务是指由宪法规定的公民必须遵守和应尽的根本责任。公民的基本义务是公民对于国家具有首要意义的义务，它构成普通法律所规定的义务的基础。对国家来讲，公民的基本义务就是国家的权利，国家有权要求公民按照宪法和法律的规定，作出一定行为或者不作出一定行为。

二、公民的基本权利

(一)平等权

平等权是指公民平等地享有权利，不受任何差别对待，要求国家同等保护的权利。在我国宪法中，平等权首先表现为法律面前人人平等原则。我国宪法第三十四条规定“中华人民共和国年满十八周岁的公民，不分民族、种族、性别、职业、家庭出身、宗教信仰、教育程度、财产状况、居住期限都有选举权和被选举权，但是依照法律被剥夺政治权利的人除外”。

公民在法律面前一律平等既包括公民在适用法律上一律平等，又包括守法上的平等，而不包括立法上的平等，在立法上，统治阶级与被统治阶级无法平等。另外，法律面前的平等只是法律范围内的平等，而不是事实上的平等。

(二)政治权利和自由

政治权利和自由是指公民依据宪法和法律的规定，参与国家政治生活的行为。

1. 选举权与被选举权

选举权与被选举权是指选民依法选举或被选举为代议机关代表和特定国家机关公职人员的权利。在我国，凡是年满十八周岁的公民，不分民族、种族、性别、职业、家庭出身、宗教信仰、教育程度、财产状况、居住期限都有选举权与被选举权，但是依法被剥夺政治

权利的人除外。

2. 言论、出版、集会、结社、游行、示威的自由

言论自由是公民对于政治和社会的各项问题，有通过语言的方式表达其思想和见解的自由。出版自由是公民以出版物形式表达其思想和见解的自由。集会自由是公民有为共同的目的，临时集合在一定场所，讨论问题或表达意愿的自由。结社自由是公民为一定宗旨，依照法定程序组织或参加具有连续性的社会团体的自由。游行自由是公民有在公共道路或露天场所以集会、游行、静坐等方式表达其强烈意愿的自由。

3. 批评、建议、申诉、控告、检举和取得国家赔偿权

我国宪法规定，中华人民共和国公民对于任何国家机关和国家工作人员，有提出批评和建议的权利；对于任何国家机关和国家工作人员的违法失职行为，有向有关国家机关提出申诉、控告或者检举的权利，但是不得捏造或者歪曲事实进行诬告陷害。对于公民的申诉、控告或者检举，有关国家机关必须查清事实，负责处理，任何人不得压制和打击报复。由于国家机关和国家工作人员侵犯公民权利而受到损失的人，有依照法律规定取得赔偿的权利。

(三)宗教信仰自由

宗教信仰自由是指每个公民都有按照自己的意愿信仰宗教，也有不信仰宗教的自由；有信仰这种宗教的自由，也有信仰那种宗教的自由；在同一宗教里，有信仰这个教派的自由，也有信仰那个教派的自由；由过去不信教而现在信教的自由，也有过去信教而现在不信教的自由。

宗教信仰自由作为公民的一项基本权利，受宪法和法律的保障。任何国家机关、社会团体和个人不得强制公民信仰宗教或者不信仰宗教，不得歧视信仰宗教的公民和不信仰宗教的公民。国家保护正常的宗教活动，任何人不得利用宗教进行破坏社会秩序、损害公民身体健康、妨碍国家教育制度的活动。

(四)人身自由

人身自由是以人身保障为核心而构成的权利体系，是公民参加国家生活、社会生活和享受其他权利的前提条件。

1. 人身自由不受侵犯

人身自由不受侵犯是指公民的人身(包括肉体或精神)不受非法限制、搜查、拘留和逮捕。我国宪法规定，中华人民共和国公民的人身自由不受侵犯。任何公民，未经人民检察院批准或者决定或者人民法院决定，并由公安机关执行，不受逮捕，禁止非法拘禁和以其他方法非法剥夺或者限制公民的人身自由，禁止非法搜查公民的身体。

2. 人格尊严不受侵犯

公民的人格是指公民作为人所具有的资格。从法律上讲就是指作为权利和义务主体的自主的资格。我国宪法明文规定："中华人民共和国公民的人格尊严不受侵犯，禁止用任何方法对公民进行侮辱、诽谤和诬告陷害。"

3. 住宅不受侵犯

公民的住宅不受侵犯是指任何机关、团体或者个人，未经法律许可，不得随意侵入、搜查或者查封公民的住宅。我国宪法规定，中华人民共和国公民的住宅不受侵犯，禁止非法搜查或者非法侵入公民的住宅。

4. 通信自由和通信秘密受法律保护

宪法规定公民的通信自由和通信秘密受法律保护，任何组织或个人不得以任何理由侵犯公民的通信自由和通信秘密。公民的通信，他人不得隐匿、毁弃、拆阅或者窃听。在一定条件下，公安机关和检察机关为了国家安全或追查刑事犯罪的需要，可以依法对公民的通信进行检查。宪法第四十条规定"中华人民共和国公民的通信自由和通信秘密受法律的保护，除因国家安全或者追查刑事犯罪的需要，由公安机关或者检察机关依照法律规定的程序对通信进行检查外，任何组织或者个人不得以任何理由侵犯公民的通信自由和通信秘密"。

(五)社会经济、文化教育方面的权利

社会经济权利是指公民根据宪法规定享有的具有物质经济利益的权利，是公民实现基本权利的物质上的保障。文化教育权利则是公民根据宪法规定，在教育和文化领域享有的权利和自由。

(1) 财产权。是指公民对其合法财产享有的不受非法侵犯的权利。《宪法》第十三条规定，公民的合法的私有财产不受侵犯，国家依照法律规定保护公民的私有财产权和继承权。

(2) 劳动权。是指有劳动能力的公民有从事劳动的义务并取得相应报酬的权利。宪法第四十二条规定，中华人民共和国公民有劳动的权利和义务。国家通过各种途径，创造劳动就业条件，加强劳动保护，改善劳动条件，并在发展生产的基础上，提高劳动报酬和福利待遇。劳动是一切有劳动能力的公民的光荣职责，国有企业和城乡集体经济组织的劳动者都应当以国家主人翁的态度对待自己的劳动。国家提倡社会主义劳动竞赛，奖励劳动模范和先进工作者，国家提倡公民从事义务劳动。

(3) 劳动者休息的权利。是指劳动者在享受劳动权的过程中，有为保护身体健康、提高劳动效率，根据国家法律和制度的有关规定而享有的休息和休养的权利。

宪法第四十三条规定，中华人民共和国劳动者有休息的权利。国家发展劳动者休息和休养的设施，规定职工的工作时间和休假制度。

(4) 获得物质帮助的权利。是指公民因失去劳动能力或者暂时失去劳动能力而不能获

得必要的物质生活资料时，有从国家和社会获得生活保障、享有集体福利的一种权利。宪法第四十五条规定，中华人民共和国公民在年老、疾病或者丧失劳动能力的情况下，有从国家和社会获得物质帮助的权利。国家发展为公民享受这些权利所需要的社会保险、社会救济和医疗卫生事业；国家和社会保障残废军人的生活，抚恤烈士家属，优待军人家属；国家和社会帮助安排盲、聋、哑和其他有残疾的公民的劳动、生活和教育。

(5) 受教育的权利和义务。宪法第四十六条规定，中华人民共和国公民有受教育的权利和义务。国家培养青年、少年、儿童在品德、智力、体质等方面全面发展。

(6) 进行科学研究、文学艺术创作和其他文化活动的自由。科学研究自由，是指我国公民在从事社会科学和自然科学研究时，有选择科学研究课题、研究和探索问题、交流学术思想、发表个人学术见解的自由。宪法第四十七条规定，中华人民共和国公民有进行科学研究、文学艺术创作和其他文化活动的自由。国家对于从事教育、科学、技术、文学、艺术和其他文化事业的公民的有益于人民的创造性工作，给予鼓励和帮助。

(六)特定人的权利

宪法中的特定人是指妇女、退休人员、军烈属、母亲、儿童、老人、青少年、华侨等。

(1) 保障妇女的权利。我国宪法第四十八条规定：“中华人民共和国妇女在政治的、经济的、文化的、社会的和家庭的生活等各方面享有同男子平等的权利。”

(2) 保障退休人员的权利。退休制度是指根据国家有关部门的规定，国有和集体等企业、事业组织的职工和国家机关的工作人员达到一定年龄时，离开劳动或工作岗位，进行休息或休养，并按照规定领取一定的离休金或退休金的制度。

(3) 保障军烈属的权利。我国宪法第四十五条规定：“国家和社会保障残废军人的生活，抚恤烈士家属，优待军人家属。”

(4) 保护婚姻、家庭、母亲、老人和儿童。

我国宪法第四十九条规定：“婚姻、家庭、母亲和儿童受国家的保护”，“禁止破坏婚姻自由，禁止虐待老人、妇女和儿童。”

(5) 关怀青少年和儿童的成长。

(6) 保护华侨、归侨和侨眷的正当权利。

三、公民的基本义务

(1) 维护国家统一与民族团结义务。

(2) 遵守宪法和法律。

(3) 保守国家秘密，爱护公共财产，遵守劳动纪律，遵守公共秩序，尊重社会公德。

(4) 维护祖国安全、荣誉和利益义务。

(5) 保卫祖国，依法服兵役和参加民兵组织是中华人民共和国公民的光荣义务。

(6) 依法纳税的义务。

(7) 其他基本义务。

第五节 国家机构

一、国家机构的概述

(一)国家机构的概念和分类

国家机构是指一定社会的统治阶级按照行使职权的性质和范围建立起来的、进行国家管理和执行统治职能的国家机关体系。国家机构是一整套有系统的国家机关的总和，而不是国家机关的简单相加。

按照不同的标准可以对国家机构进行不同的分类。我国国家机构的分类，从行使权力的范围来看，可分为中央国家机关和地方国家机关；从行使权力的不同职能来看，可分为国家权力机关、国家主席、国家行政机关、国家军事机关、国家审判机关和检察机关。

(二)国家结构的组织活动原则

1. 民主集中制原则

民主集中制是指在民主基础上实行集中，在集中指导下民主的一个国家机构组织和活动原则，体现民主与集中的辩证统一。

2. 社会主义法治原则

有法可依、有法必依、执法必严、违法必究是社会主义法治原则的基本要求。在国家机构中具体体现为，国家立法机关要加强立法工作，不断完善社会主义法律体系；依法组织和建立国家机关及其职能部门；所有国家机关的职权都有法律依据；并且各种国家机构都必须依法定程序行使宪法和法律赋予的职权；国家权力机关要加强法律监督，保证同级其他国家机关在宪法和法律的范围内活动。

3. 责任制原则

责任制是国家机关依法对其行使职权、履行职责的后果承担责任的原则。由于各种国家机关行使的国家权力的性质不同，我国宪法规定了两种责任制：集体负责制和个人负责制。

4. 联系群众，为人民服务原则

一切国家机关和国家工作人员必须依靠人民的支持，经常保持同人民的密切联系，倾听人民的意见和建议，接受人民的监督，努力为人民服务。

5. 精简和效率原则

一切国家机关实行精简的原则，实行工作责任制，实行工作人员的培训和考核制度，

不断提高工作质量和工作效率，反对官僚主义。

二、全国人民代表大会及其常务委员会

(一)全国人民代表大会

全国人民代表大会是最高的国家权力机关，也是最高的国家立法机关。全国人大代表由省、自治区、直辖市、特别行政区和军队选出的代表组成。全国人大代表每届任期为 5 年，在全国人民代表大会任期届满的两个月前，全国人大常委会以全体组成人员的 2/3 以上多数通过，可以推迟选举，延长本届全国人大的任期，但在非常情况结束后 1 年内，全国人大常委会必须完成全国人大代表的选举。

全国人民代表大会的职权有：修改宪法和监督宪法实施；制定和修改国家基本法律；对国家机构组成人员的选举、决定和罢免；决定国家的重大事项；对其他国家机关予以监督；其他行使的职权。

(二)全国人民代表大会常务委员会

全国人民代表大会常务委员会是全国人民代表大会的常设机关，是最高国家权力机关的组成部分，是在全国人民代表大会闭会期间经常行使最高国家权力的机关，也是国家立法机关。全国人大常委会由委员长、副委员长若干人、秘书长、委员若干人组成。全国人大常委会的任期同全国人民代表大会每届任期相同，都是 5 年。

全国人大常委会的职权有：立法权；宪法和法律解释权；监督权；重大事项的决定权；人事任免权；全国人大授予的其他职权。

三、中华人民共和国主席

(一)国家主席的性质和地位

国家元首是国家的首脑，是国家对内对外的最高代表。中华人民共和国主席是我国的国家元首，是我国国家机构的重要组成部分，对内对外代表中华人民共和国。

(二)国家主席的产生和任期

中华人民共和国主席、副主席由全国人民代表大会选举产生。在我国，“有选举权和被选举权的年满 45 周岁的中华人民共和国公民可以被选为中华人民共和国主席、副主席。”国家主席、副主席的任期与全国人大每届任期相同，都是 5 年，而且连续任职不得超过两届。

(三)国家主席的职权

国家主席一般根据全国人大常委会的决定行使职权：公布法律，发布命令；任免国务

院的组成人员和驻外全权代表；外交权；荣典权。

四、国务院

(一)国务院的性质、地位、组成和任期

中华人民共和国国务院，即中央人民政府，是最高国家权力机关的执行机关，是最高国家行政机关。国务院由总理、副总理若干人、国务委员若干人、各部部长、各委员会主任、审计长、秘书长组成。国务院的任期与全国人民代表大会每届任期相同，均为 5 年，总理、副总理、国务委员连续任职不得超过两届。

(二)国务院的领导体制

国务院实行总理负责制。总理负责制是指国务院总理对其所主管的工作负全部责任，与负全部责任相联系的是对自己主管的工作有完全的决定权。总理负责制表现在：由总理提名组织国务院；总理领导国务院的工作，副总理、国务委员协助总理的工作，国务院其他组成人员都是在总理领导下工作，向总理负责；总理主持召开常务会议和全体会议，总理拥有最后决定权，并对决定的后果承担全部责任；国务院发布的决定、命令、行政法规、提出的议案、任免国务院组成人员的决定，都得由总理签署。

(三)国务院的职权

根据宪法条文的规定，对国务院职权概括如下。

(1) 国务院有权根据宪法规定行政措施，制定行政法规，发布行政决定和命令。

(2) 对国防、民政、文教、经济等各项工作的领导和管理权。

(3) 对所属部、委和地方各级行政机关的领导权及行政监督权。

(4) 提出议案权。

(5) 行政人员的奖惩权。

(6) 全国人大及其常委会授予的其他职权。

五、中央军事委员会

中央军事委员会即中央军委是国家的最高军事领导机关，领导全国的武装力量，是国家机构的重要组成部分。中央军委由主席、副主席若干人，委员若干人组成。中央军委主席由全国人民代表大会产生并对其负责，根据中央军委主席的提名，全国人大决定其他组成人员的人选。全国人大有权罢免中央军委会主席和中央军委其他组成人员。中央军委的每届任期与全国人大相同，为 5 年。

中央军委实行主席负责制，军委主席有权对中央军委职权范围内的事务作出最后决策。中央军委是国家最高的军事决策机关，行使的职权有：统一指挥全国武装力量；决定军事战略和武装力量的作战方针；领导和管理中国人民解放军的建设，制订规划、计划并组织

实施；制定军事法规，发布决定和命令等。

六、地方国家机构

(一)地方各级人民代表大会

地方人大是地方国家权力机关，本级的地方国家行政机关、审判机关和检察机关都由人民代表大会选举产生，在本行政区域内负责与监督。地方各级人大在本级国家机构中处于首要的地位。

省、自治区、直辖市、自治州、设区的市的人民代表大会代表由下一级的人民代表大会选举；县、自治县、不设区的市、市辖区、乡、民族乡、镇的人民代表大会由选民直接选举产生，地方各级人民代表大会每届任期都为5年。

(二)地方各级人民政府

地方各级人民政府是地方各级国家权力机关的执行机关，是地方各级国家行政机关。由本级人大选举产生，并对人大负责并报告工作，人大闭会期间，对本级人大常委会负责并报告工作。

我国各省、自治区、直辖市、自治州、市、县、自治县、市辖区、乡、民族乡、镇的人民政府都实行省长、自治区主席、州长、市长、县长、区长、乡长、镇长负责制。

七、人民法院与人民检察院

(一)人民法院

我国现行宪法第一百二十三条规定：“中华人民共和国人民法院是国家的审判机关。”这一规定明确了人民法院的性质。根据这一规定，在我国，审判权必须由人民法院统一行使，即只有人民法院才有审判权，其他任何机关、团体和个人都无权进行审判活动。

我国人民法院的组织体系由以下法院组成：全国设立最高人民法院、地方各级人民法院和专门人民法院。地方各级人民法院分为高级人民法院、中级人民法院、基层人民法院；专门人民法院包括军事法院、海事法院、铁路运输法院。

最高人民法院监督地方各级人民法院和专门人民法院的审判工作，上级人民法院监督下级人民法院的审判工作。这表明上下级人民法院之间的关系不是领导关系，而是监督关系。根据这一规定，上级人民法院不能直接指挥命令下级人民法院如何进行审判，只能对下级人民法院在审判活动中是否正确适用法律进行审查监督。

(二)人民检察院

我国宪法第一百二十九条规定：“中华人民共和国人民检察院是国家的法律监督机关。”

这一规定明确了人民检察院的性质。

全国设立最高人民检察院、地方各级人民检察院和专门人民检察院。地方各级人民检察院分为省、自治区、直辖市人民检察院；省、自治区、直辖市人民检察院分院，自治州和设区的市人民检察院；县、不设区的市、自治县和市辖区人民检察院。专门人民检察院包括军事检察院、铁路运输检察院等。

省一级人民检察院和县一级人民检察院，根据工作需要，提请本级人民代表大会常务委员会批准，可在工矿区、农垦区、林区等区域设置人民检察院，作为派出机构。

最高人民检察院是国家最高检察机关。最高人民检察院领导地方各级人民检察和专门人民检察院的工作，上级人民检察院领导下级人民检察院的工作。这表明，在人民检察院系统内上下级人民检察院之间的关系是领导与被领导的关系，最高人民检察院领导地方各级人民检察院和专门人民检察院，上级人民检察院领导下级人民检察院，下级人民检察院必须接受上级人民检察院的领导和最高人民检察院的领导，对上级人民检察院负责。

思考与练习

1. 宪法的特征是什么？
2. 简述新中国宪法的历史发展。
3. 什么是人民代表大会制度？
4. 民族自治地方的自治权有哪些？
5. 中央与特别行政区的关系如何？
6. 简述我国公民的基本权利。

第三章 民　　法

学习目标

理解民法的基本原则、自然人民事权利能力和民事行为能力；明确法人的成立条件、民事法律行为的构成条件和形式；掌握代理的特征和分类、所有权的权能以及债权发生根据和诉讼时效的种类；明确婚姻法的基本原则、法定继承和遗嘱继承的条件。

第一节 民法概述

一、民法的概念和调整对象、基本原则

(一)民法的概念

民法是调整平等主体(自然人、法人、其他组织)之间的财产关系和人身关系的法律规范体系的总称。

(二)调整对象

中华人民共和国民法调整平等主体的公民之间、法人之间、公民和法人之间的财产关系和人身关系。

(1) 财产关系。是指人们基于财产的支配和交易而形成的社会关系。民法调整的财产关系是发生于平等主体之间的，主要包括财产所有关系和财产流转关系。

(2) 人身关系。是指与特定的人不可分离，没有直接财产内容的社会关系，包括人格关系和身份关系。

(三)民法的基本原则

(1) 平等原则。这是民法最根本的原则，是指主体的身份平等。任何自然人、法人在民事法律关系中平等地享有民事权利，平等地承担民事义务。

(2) 自愿、公平、等价有偿、诚实信用的原则。双方当事人进行民事活动应当取决于当事人的自愿，任何单位或者个人都不能把自己的意志强加给对方，任何人用欺诈、胁迫等手段进行的民事活动都是无效的；参与民事活动的当事人都是独立的民事主体，在民事交往中都有各自的利益，各自给予或获得的利益应该公平合理；当事人之间必须按等价交换的价值规律办事，任何一方都不能无偿占有、调拨、征用对方的财产；当事人在民事活动中要实事求是，以诚相待，讲求信用。

(3) 禁止权利滥用原则。这是指民事主体在进行民事法律活动中必须正确行使民事权利，如果行使权利损害同样受到保护的他人利益和社会公共利益时，即构成权利滥用。民事活动应当依法办事，法律没有规定的，应当遵守国家的政策和习惯，行使权利应当尊重社会公德，不得损害社会公共利益，不得扰乱社会经济秩序。

(4) 公序良俗原则。公序良俗即公共秩序与善良风俗，是一个高度抽象的法律概念，为了便于民法对该原则的贯彻，有必要将违反公序良俗的行为类型化，具体包括：危害国家公序的行为类型、危害家庭关系行为类型、违反性道德行为类型、涉性行为类型、违反人权和人格尊重的行为类型、限制经济自由的行为类型、违反公平竞争的行为类型、违反消费者保护的行为类型、违反劳动者保护的行为类型和暴力行为类型。

二、民事法律关系

民事法律关系是由民法规范所调整的、以权利义务为内容的社会关系。包括人身关系和财产关系，是由国家强制力保证实现的平等主体之间民事权利和义务的一种社会关系，由主体、内容和客体三个要素构成。

(一)民事法律关系的主体

民事法律关系的主体，简称民事主体，是指参与民事法律关系，享有民事权利和承担民事义务的当事人。享有权利的一方为权利主体，承担义务的一方为义务主体。民事法律关系主体主要是公民和法人，其他组织在一定条件下，也可以成为民事法律关系的主体。

(二)民事法律关系的内容

民事法律关系的内容，是指民事主体享有的民事权利和承担的民事义务。民事权利是法律赋予民事权利主体为一定行为或不为一定行为的资格。民事义务是义务主体依照法律或权利主体的要求为一定行为或不为一定行为。在具体的民事法律关系中，民事权利和民事义务通常是相互依存、不可分离的。

(三)民事法律关系的客体

民事法律关系的客体，是指民事主体得以结成相互关系的利益对象，主要是指一定的物、行为、智力成果等。物是指能满足人的需要，客观存在的，能够被民事主体所支配和利用，具有一定使用价值和交换价值，可以构成财产的各种物质财富；行为是指当事人行使权利和履行义务的活动；智力成果是指创造性的脑力劳动成果。

三、民事主体

(一)公民(自然人)

公民是我国民事法律关系的重要主体，我国公民指具有中华人民共和国国籍的人。公民与自然人不完全相同。自然人是指依自然规律出生而取得民事主体资格的人，包括我国公民、外国人和无国籍人。作为民事法律关系主体的自然人必须具有民事权利能力和民事行为能力。

1. 自然人的民事权利能力

自然人的民事权利能力，是指法律赋予民事主体享有民事权利和承担民事义务的资格，是民事主体参加民事活动的前提条件。民事主体的民事权利能力始于出生，终于死亡。自然人的民事权利能力一律平等。在民法上，自然人的死亡分为自然死亡和宣告死亡两种情况。自然死亡是指公民的生命的最终结束。自然死亡的时间，应以医学上公认的死亡时间为准。宣告死亡是指人民法院依照法定程序对失踪人的一种死亡推定。

2. 自然人的民事行为能力

自然人的民事行为能力，是指民事主体独立实施民事法律行为的资格。有民事权利能力，不一定就有民事行为能力，两者的确认标准不同。民事行为能力不仅是实施法律行为的能力，也包括对违法行为承担责任的能力。

自然人是否具有民事行为能力，以自然人是否具有独立判断其行为后果和理智地处理自己的事务的能力为标准。要达到这一标准，必须达到一定年龄，且具有正常的精神状态。《民法通则》把自然人的民事行为能力分为三种。

(1) 完全民事行为能力人。是指可以独立进行民事活动的公民。18 周岁以上的成年公民是完全民事行为能力人；16 周岁以上不满 18 周岁的公民，以自己的劳动收入为主要生活来源的，视为完全民事行为能力人。

(2) 限制民事行为能力人。是指只有部分民事行为能力的公民。10 周岁以上的未成年人和不能完全辨认自己行为的精神病人是限制民事行为能力人。限制民事行为能力人可以进行与他们年龄、智力或精神状态相适应的民事活动，其他民事活动由其法定代理人代理，或者征得法定代理人的同意才能进行。

(3) 无民事行为能力人。是指不具有以自己的行为进行民事活动能力的公民。不满 10 周岁的未成年人和不能辨认自己行为的精神病人是无民事行为能力人，其民事活动由其法定代理人代理。

3. 监护

监护是指对未成年人或成年精神病人设定专人保护其利益，监督其行为，并且管理其财产的法律制度。监护多在亲属间发生，监护在性质上属于身份关系，因此，监护同时适用亲属法上的规定。

《民法通则》规定，未成年人的父母是其监护人，如未成年人的父母死亡或无监护能力，则由有监护能力的祖父母、外祖父母、兄、姐等担任。无民事行为能力或限制民事行为能力的精神病人，由其配偶、父母、成年子女、其他近亲属等担任监护人。

监护依设立的方式，可分为法定监护、指定监护和委托监护。

监护人的主要职责是保护被监护人的合法权益，代理被监护人进行民事活动，参加民

事诉讼，对被监护人造成他人损害的，承担民事责任。监护人依法履行监护职责，受法律保护。监护人不履行监护职责或者侵害被监护人合法权益的，应当承担责任；给被监护人造成财产损失的，应当赔偿损失。人民法院可以根据有关人员或者有关单位的申请，撤销监护人的资格。

4. 宣告失踪和宣告死亡

自然人离开住所下落不明，达到法定期限的，经利害关系人申请，由人民法院宣告为失踪人或宣告为死亡人的法律制度。自然人以其户籍所在地的居住地为住所，经常居住地与住所不一致的，经常居住地视为住所。公民下落不明满 2 年，利害关系人可以申请人民法院宣告他为失踪人；自然人下落不明满 4 年或因意外事故下落不明、从事故发生之日起满 2 年的，利害关系人可以申请人民法院宣告其死亡。失踪人的财产由其配偶、父母、成年子女或者关系密切的其他亲属、朋友代管，其婚姻关系继续有效。自然人被宣告死亡的，其财产可以继承，其婚姻关系自然解除。宣告失踪和宣告死亡，可以消除因被宣告人长期下落不明而引起的财产关系和人身关系不稳定状态，有利于保护利害关系人的合法权益。此后，如果被宣告人重新出现或得知其下落，经本人或利害关系人申请，人民法院应当撤销原来的失踪或死亡宣告。

5. 个体工商户、农村承包经营户

个体工商户，是指经工商管理机关核准登记从事工商业经营的个体劳动者。个体工商户在开业之前必须向当地工商行政管理机关提出申请，经核准登记，并领取营业执照以后才取得经营资格。农村承包经营户，是指承包经营农村集体经济组织的土地或其他资源的成员或其家庭。

6. 个人合伙

个人合伙是指两个以上公民按照合伙协议，各自提供资金、实物、技术等，合伙经营、共同劳动。个人合伙基于合伙合同而成立，合伙财产是共同财产，合伙人对合伙的债务承担无限连带责任。

(二)法人

1. 法人的概念

法人是指具有民事权利能力和民事行为能力，依法独立享有民事权利和承担民事义务的组织。《民法通则》规定，法人应具备的条件：①依法成立；②有必要的财产或经费，拥有独立财产，是法人参加民事活动、承担民事责任的物质基础，故法人成立必须有财产和经费；③有自己的名称、组织机构和场所；④能够独立承担民事责任。

2. 法人的分类

根据《民法通则》的规定，我国法人分为企业法人、机关法人、事业单位法人和社会

团体法人。

3. 法人的民事权利能力和民事行为能力

法人的民事权利能力和民事行为能力，从法人成立时产生，到法人终止时消灭。法人终止的原因主要有依法被撤销、解散、依法宣告破产等。

法人的民事权利能力，是指法人依法独立享有民事权利和承担民事义务的资格。

法人的民事行为能力，是指法人能以自己的行为取得民事权利和承担民事义务的资格。法人的民事行为能力是通过法人机关和代表人实现的，法人的民事行为能力不受健康、精神状况的限制。

四、民事法律行为和代理

(一)民事法律行为

1. 民事法律行为的概念和生效条件

民事法律行为是公民或者法人设立、变更、终止民事法律关系的合法行为。它的生效条件为：①行为人具有相应的民事行为能力；②行为人的意思表示真实，即行为人在自觉、自愿的基础上作出符合其内在意志的表示行为；③标的须合法；④标的须可能和确定。

2. 无效的民事行为

无效的民事行为，是指欠缺民事法律行为的有效要件，不发生当事人预期法律后果的民事行为。《民法通则》规定下列民事行为无效：①无民事行为能力人实施的民事行为；②限制民事行为能力人的单方民事行为；③意思表示不自由的民事行为；④标的违法的民事行为，即以合法形式掩盖非法目的的民事行为和损害社会公共利益的民事行为；⑤违反法律禁止规定或者强行规定的民事行为；⑥标的不确定或客观不能的民事行为。

无效的民事行为的法律后果包括：①返还财产；②赔偿损失；③收归国家、集体所有或返还第三人；④解决争议条款仍有效。

3. 可变更或可撤销的民事行为

可变更或可撤销的民事行为，是指行为人的意思与表示不自由，导致非真实意思表示，法律并不使之绝对无效，而是权衡当事人的利害关系，赋予表意人撤销权的民事行为。种类包括：①因重大误解的民事行为；②显失公平的民事行为；③受欺诈、胁迫而实施的民事行为；④乘人之危的民事行为。

可变更或可撤销的民事行为须向人民法院或仲裁机构提出变更和撤销的请求。

可变更或可撤销的民事行为，自行为成立时起超过 1 年当事人才请求变更或撤销的人民法院不予保护。撤销权的行使期间为除斥期间。

4. 民事法律行为的形式

民事法律行为主要有以下几种形式：①口头形式；②书面形式；③推定形式，是指行为人并不直接用口头形式或书面形式进行意思表示，而是通过实施某种行为来进行意思表示；④沉默形式，不作为的默示只有在法律有规定或者行为人双方有约定的情况下，才可以视为意思表示。

5. 民事法律行为的分类

民事法律行为可以从不同角度，按照不同标准，可以进行不同的分类。

(1) 单方行为与双方行为。单方行为是指仅由一方当事人的意思表示就能成立的民事法律行为，如设立遗嘱、放弃继承。双方行为是指必须由双方当事人的意思表示一致才能成立的民事法律行为，如订立合同。

(2) 有偿行为与无偿行为。无偿民事法律行为是指一方当事人为对方承担民事义务时，不需要对方给付任何代价的民事法律行为，如赠与合同。有偿的民事法律行为是指当事人享有某项权利时，必须偿付一定代价的民事法律行为，如买卖合同。

(3) 诺成性行为与实践性行为。以民事法律行为的意思表示之外是否还须交付实物为标准。诺成性民事法律行为是指一方当事人的意思表示经对方承诺后即告成立的民事法律行为。实践性民事法律行为是指除了双方当事人意思表示一致以外，还要交付实物才能成立的民事法律行为。

(4) 要式行为与不要式行为。以民事法律行为的成立是否必须依照某种特定的形式为标准，要式民事法律行为是指必须根据法律规定符合某种形式才能成立的民事法律行为。不要式民事法律行为是指不需要符合某种法定形式就能成立的民事法律行为。

(二)代理

1. 代理的概念和特征

代理是指代理人在代理权限内，以被代理人的名义实施民事法律行为，其法律后果由被代理人承担的一种法律制度。代理有如下特征：①代理人在代理权限内实施代理行为；②代理人以被代理人的名义实施代理行为；③代理行为必须是有法律意义的行为；④代理行为须直接对被代理人发生效力。

2. 代理的分类

根据《民法通则》的规定，代理包括委托代理、法定代理和指定代理。

(1) 委托代理。代理人依照被代理人的委托行使代理权的，是委托代理。这种委托可用书面形式，也可用口头形式作出。书面委托应有授权委托书，授权委托书应当载明代理人的姓名或名称、代理事项、权限和期间。委托书授权不明的，被代理人应向第三人承担民事责任，但代理人负有连带责任。没有代理权、超越代理权以及代理权终止后所为的行为，只有经被代理人追认，被代理人才承担民事责任，但被代理人明知他人以本人的名义实施法律行为而未作否认表示的，视为同意其代理。代理人知道被委托代理的事项违法仍进行代理活动的，或被代理人知道其代理人的代理行为违法而不表示反对的，由被代理人和代理人负连带责任。

(2) 法定代理。代理人依法律的规定行使代理权的，是法定代理。

(3) 指定代理。代理人依照人民法院或者指定单位的指定行使代理权的，是指定代理。

第二节 财产所有权和与财产所有权有关的财产权

一、财产所有权的特征

财产所有权是所有制在法律上的表现，是指财产所有人依法对自己的财产享有占有、使用、收益、处分的权利。其特征有以下三点。

(1) 它是一种最基本的物权，是其他民事法律关系的出发点和归宿。内容包括占有、使用、收益、处分 4 项权能。所有人对属于他所有的财产，除法律规定外，享有完全的支配权。

(2) 它是一种绝对权，权利人不需要他人行为的协助就可以直接实现自己的权利。

(3) 它是一种对世权，任何人都不得妨碍和侵犯所有权人对其财产享有的占有、使用、收益、处分的权利。财产所有权的权利主体是特定的，义务主体则是不特定的。

二、财产所有权的内容和类型

1. 财产所有权的内容

财产所有权的内容(或权能)主要有 4 项，即占有权、使用权、收益权和处分权。

(1) 占有权。是指所有人对自己财产的实际控制的权利。占有权可以同所有人相分离，如借用、租赁等，但所有人并不丧失所有权。非所有人占有，只在法律规定的范围内拥有使用权，没有对物的处分权。

(2) 使用权。是指所有人按财产的性能和用途对财产进行事实上利用的权利。所有人可以依法随意使用其物，也可经过一定的法律手续，将这种权利转让给非所有人。

(3) 收益权。是指财产所有人通过对财产的占有、使用而取得经济效益的权利。收益权一般由所有人行使，也可以因法律规定或合同约定而归非所有人行使。

(4) 处分权。是指所有人依法决定财产命运的权利。买卖、转让、赠送和消耗都是处分行为。处分权一般只能由所有人行使，但在法律规定的情况下，也可以由非所有人行使。

2. 财产所有权的类型

财产所有权可分为国家财产所有权、集体财产所有权、个人财产所有权和其他财产所有权。

三、财产共有权及其形式

财产共有权，是指同一项财产有两个或两个以上的主体共同享有所有权。财产共有的特征是：①权利主体为两个或两个以上；②权利客体是同一项财产；③权利主体对该项财产都享有权利并承担义务。共有分为按份共有和共同共有，前者是按份共有人按照各自的份额，对共有财产分享权利、分担义务；后者是共同共有人对共有财产平等地享有权利和承担义务。按份共有财产的每个共有人有权要求分出或转让自己的份额，但在出售时，其他共有人在同等条件下，有优先购买的权利。

四、所有权的取得、消灭和法律保护

所有权的取得方式有两种：原始取得和继受取得。原始取得是指直接依法律规定的某种方式或行为取得的所有权，如生产、没收等；继受取得是指所有人通过某种法律行为从原所有人处取得财产的所有权，如买卖、继承、受赠等。

所有权的消灭是指因为某种法律事实的出现而引起所有权的丧失，如所有物本身消灭的事实、转让和抛弃此物权的事实等。

所有权的法律保护是指国家通过司法和行政的程序保障所有人依法对其财产行使占有、使用、收益和处分权利的制度。保护的方式主要有：请求确认所有权、返还原物、恢复原状、停止侵害、排除妨害、赔偿损失。

五、与财产所有权有关的财产权

这是指非财产所有人按照法律的规定或合同的约定，在国家、集体或他人财产所有权上设立的一种他物权。一般说，与财产所有权有关的财产权只包括占有、使用、收益的权利，不包括处分权，但在特殊情况下，根据法律规定，权利主体可享有处分权。与财产所有权有关的财产权主要有以下几种。

(1) 国有企业财产经营权。国有企业在国家法律授权的范围内，对国家交由它经营管理的财产享有占有、使用、收益和处分的权利。根据《民法通则》规定，国有企业对国家授予它经营管理的财产依法享有经营权，受法律保护。

(2) 承包经营权。是指公民、集体依法对集体所有的或国家所有由集体使用的土地、森林、山岭、草原、荒地、滩涂、水面等的承包经营权利。承包双方的权利和义务，依照法律由承包合同确定。

(3) 相邻权。是指两个或两个以上相毗邻的不动产的所有人在行使使用权时，相互之间应给予便利和接受限制而发生的权利义务关系。相邻权的行使以相邻另一方取得必要的便利为限度，不能损害相邻另一方的合法权益。相邻关系情况复杂，涉及面广，种类繁多，如因流水、用水、排水引起的相邻关系，因危害和危险而引起的相邻关系，因共同使用邻地、通道、道路、桥梁而引起的相邻关系，因采光、音响、震动而引起的相邻关系等。处

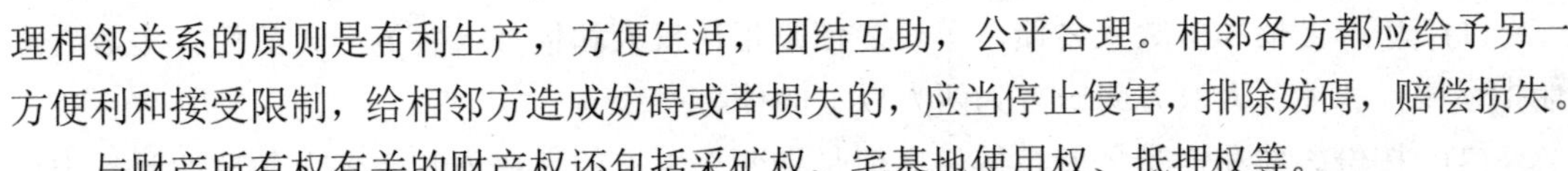

理相邻关系的原则是有利生产，方便生活，团结互助，公平合理。相邻各方都应给予另一方便利和接受限制，给相邻方造成妨碍或者损失的，应当停止侵害，排除妨碍，赔偿损失。

与财产所有权有关的财产权还包括采矿权、宅基地使用权、抵押权等。

第三节 债 权

一、债权的特征

债是指特定当事人之间请求为一定给付的民事法律关系。债权人有权要求债务人按照合同的约定或者依照法律的规定履行义务。与财产所有权相比，债权的要素包括以下三个。

(1) 债的主体。债的主体是指参与债的关系的当事人。享有权利的人是债权人，负有义务的人是债务人。

(2) 债的内容。债权是指债权人得请求债务人为一定给付的权利；债务是指债务人依约定或法定应为给付的义务。

(3) 债的标的。债的标的又称债的客体，是指债权债务所指向的对象，即行为。

二、债发生的原因

(1) 合同。合同是当事人之间设立、变更、终止民事权利义务关系的协议。基于合同产生的债的关系，是合同之债，合同是产生债的最基本的、最重要的原因。

(2) 侵权行为。侵权行为是指不法侵害他人的合法权益，应承担民事责任的行为。受害人有权请求侵权人予以赔偿，侵权人有义务赔偿受害人的损失，双方形成债的关系。

(3) 不当得利。不当得利是指没有合法根据，致使他人受有损失而取得的利益。由于该项利益没有法律上的根据，应当返还受害人，从而形成以不当得利返还为内容的债的关系。

(4) 无因管理。无因管理是指没有法定的或者约定的义务，而为他人管理事务。因无因管理在本人和管理人之间形成债的关系。

(5) 缔约上的过失。广义上的缔约过失是指当事人在缔约过程中具有过失，从而导致合同不成立、无效、被撤销或不被追认，使他方当事人受到损害的情况。过失方应赔偿对方受到的损失，由此产生缔约上的过失责任，形成债的关系。

(6) 单独行为。又称单务约束，是指表意人向相对人作出的为自己设定某种义务，使相对人取得某种权利的意思表示，如遗赠、设定幸运奖。

(7) 其他。除上述事实外，其他法律事实也可引起债的产生，如拾得遗失物。

三、债的种类

根据不同的标准，债可分为许多种类，主要有以下 4 类。

(1) 单一之债和多数人之债。单一之债是指债权人和债务人各为一人的债；多数人之债指债权人和债务人双方或一方为两人以上的债。

(2) 按份之债和连带之债。按份之债是指两个以上的债权人和债务人各自按照一定份额享有债权或者承担债务的债；连带之债是指在多数人之债中，每个债权人都有权要求债务人向其履行全部债务，每个债务人都负有向债权人清偿全部债务的义务，履行了义务的人有权要求其他负有连带义务的人偿付他应当承担的份额。

(3) 特定之债和种类之债。特定之债是指以特定物为标的的债。特定物是指具有自身单独的特征，不能以其他物代替之物。种类之债是指以种类物作为标的的债。种类物是指具有共同的特征，能以度、量、衡加以确定之物。

(4) 可选择之债和不可选择之债。可选择之债是指债的标的是两个以上可选择履行的债；不可选择之债是指债的标的是单一的，当事人不能选择。

债还可分为主债和从债、财物之债和劳务之债等。

第四节 人 身 权

一、人身权的概念和特征

人身权，又称人身非财产权，是指民事主体依法享有的与其人身不可分离亦不可转让的没有直接财产内容的民事权利。人身权有以下基本特征。

(1) 不可转让性。除法律有特别规定外，人身权既不能转让也不能继承。

(2) 非财产性。人身权没有直接的财产内容，但它与财产权密切相关，往往是发生财产关系的依据。

(3) 绝对性和支配性。人身权的权利主体是特定的人，义务主体是不特定的，任何人都负有不得侵犯权利主体人身权的义务。

(4) 不可放弃性。自然人的人身权不可放弃，也不可继承。

(5) 法定性。人身权利的取得基于法律的直接规定，而无须民事主体之间的特别约定。

二、人身权的分类

(1) 人格权。是指民事主体依法固有为维护自身独立人格所必备的，以人格利益为客体的权利。人格权主要包括生命健康权、姓名权或名称权、肖像权、名誉权、荣誉权和婚姻自主权等。

(2) 身份权。是指民事主体以特定身份为客体而享有的维护一定社会关系的权利。主要有亲权、亲属权、配偶权等。

《民法通则》规定的民事权利除了财产所有权及与财产所有权有关的财产权、债权、人身权以外，还有知识产权。此外，财产继承权也是一项重要的民事权利。

第五节 民事责任和诉讼时效

一、民事责任的概念和构成要件

1. 民事责任的概念

民事责任是指民事主体不履行民事义务，侵犯他人合法权益，依照民法应当承担的法律后果。民事责任以财产责任为主的，对受害人具有补偿性，是具有国家强制性的独立法律责任。

2. 民事责任的构成要件

构成民事责任一般必须具备以下要件：①必须有损害事实，这是构成民事责任的首要条件，损害事实可以是物质的，也可以是非物质的；②行为必须具有违法性，这是构成民事责任的决定性条件，违法行为可以是作为，也可以是不作为，它以行为人在法律上是否负有作为或不作为的义务为依据；③违法行为与损害事实之间有因果关系；④行为人必须有过错，过错是指行为人对自己的行为及其后果所持的心理状态，包括故意和过失。

二、民事责任的种类

根据侵害他人权利和不履行义务的内容不同，民事责任主要分为下列几种。

1. 违反合同的民事责任

违反合同的民事责任是指当事人不履行合同义务或者履行合同义务，但不符合约定条件而应承担的民事责任。

当事人一方违反合同的，由违反合同的一方承担民事责任。违反合同一方的赔偿责任，应当相当于另一方因此所受到的损失。当事人双方都违反合同的，应当分别承担各自应负的民事责任。

2. 侵权的民事责任

侵权的民事责任是指民事主体侵犯国家、集体或他人的合法民事权利而应承担的民事责任。常见的有以下几种情况。

(1) 侵害财产权的民事责任。侵占国家的、集体的财产或者他人财产的，应当返还财产；不能返还财产的，应当折价赔偿。损坏国家的、集体的财产或者他人财产的，应当恢复原状或者折价赔偿。受害人因此遭受重大损失的，侵害人应当赔偿损失。

(2) 侵害知识产权的民事责任。公民、法人的著作权(版权)、专利权、商标专用权、发现权、发明权和其他科技成果权受到剽窃、篡改、假冒等侵害的，有权要求停止侵害、消除影响、赔偿损失。

(3) 侵害公民生命健康权的民事责任。侵害公民身体造成伤害的，应当赔偿医疗费、因误工减少的收入、残废者生活补助费等费用；造成死亡的，并应当支付丧葬费、死者生前扶养的人必要的生活费等费用。

(4) 侵害公民的姓名权、肖像权、名誉权、荣誉权等人身权的民事责任。受害人有权要求停止侵害、恢复名誉、消除影响、赔礼道歉，并可以要求赔偿损失。

3. 特殊的侵权民事责任

这是由法律直接规定某些行为应承担的民事责任，一般在损害事实与损害结果之间有因果关系的条件下就可以构成，承担责任的主体也不限于行为人。《民法通则》规定的特殊的侵权民事责任主要有以下几种情况。

(1) 国家机关或国家机关工作人员在执行职务过程中侵犯公民、法人的合法权益造成损害的，该国家机关应当承担民事责任。

(2) 因产品质量不合格导致损害的，产品制造者、销售者应当依法承担民事责任。

(3) 从事对周围环境有高度危险的作业造成他人损害的，应当承担民事责任。

(4) 对在公共场所等处施工，没有设置明显标志和采取安全措施造成他人损害的，施工人应当承担民事责任。

(5) 建筑物或其他设施及建筑物上的搁置物、悬挂物发生倒塌、脱落、坠落造成他人损害的，其所有人或管理人应当承担民事责任。

(6) 污染环境造成他人损害的，应当依法承担民事责任。

(7) 饲养的动物造成他人损害的，饲养人或管理人应当承担民事责任。

三、承担民事责任的方式

《民法通则》规定的承担民事责任的方式有十种：①停止侵害；②排除妨碍；③消除危险；④返还财产；⑤恢复原状；⑥修理、重作、更换；⑦赔偿损失；⑧支付违约金；⑨消除影响，恢复名誉；⑩赔礼道歉。以上承担民事责任的方式可以单独适用，也可以合并适用。

四、诉讼时效

(一)诉讼时效的概念和特征

诉讼时效是指权利人在法定期限内不行使自己的权利，即丧失请求人民法院依法保护其民事权利的法律制度。其特征包括以下 4 项。

(1) 诉讼时效属于法律事实。就诉讼时效对民事法律关系的影响而言，时效能导致权利的消灭应属法律事实。时效的期间经过不受当事人意志的控制，就此而言，时效属于事件。

(2) 诉讼时效属于强制期间。诉讼时效期间由法律强行规定，当事人不得约定更改或预先抛弃，所以时效期间属法定期间。

(3) 诉讼时效的效果是期间与事实的结合。诉讼时效期间须与一定的事实状态结合才发生一定的效果，亦即无一定事实状态与之结合，无时效效果的存在。故时效法律效果的发生须与一定事实状态并存而构成法律要件。

(4) 诉讼时效仅适用于请求权。法律顾问基于不同的价值取向，对不同类型的权利规定了不同法定期间，如适用与支配型权利的取得时效，适用于形成权的除斥期间，适用于知识产权的期间等，而适用于请求权的就是诉讼时效。请求权须义务人给付才能实现，如请求权人长时间不行使权利，使法律关系处于不稳定状态，诉讼时效就有督促请求权人及时行使权利的功能。

(二)诉讼时效的种类

1. 普通诉讼时效

普通诉讼时效是指由民法通则规定的，适用于一般民事法律关系的诉讼时效期间为2年。

2. 特殊诉讼时效

这是指由民法或民事单行法规定的适用于某些民事法律关系的时效。

《民法通则》规定诉讼时效期间为1年的情况有：①身体受到伤害要求赔偿的；②出售质量不合格的商品未声明的；③延付或者拒付租金的；④寄存财物被丢失或者损毁的。此外，其他法律、法规和规章也有关于特殊诉讼时效的规定。

诉讼时效期间从知道或应当知道权利被侵害时起计算，但是，从权利被侵害之日起超过20年的，人民法院不予保护。有特殊情况的，人民法院可以延长诉讼时效期间。

第六节 婚 姻 法

一、婚姻法的概念和基本原则

(一)婚姻法的概念

婚姻是为当时的社会制度所确认的，男女两性互为配偶的社会形式。婚姻是男女两性的结合，所谓“同性婚姻”不符合婚姻的宗旨；婚姻是男女双方互具配偶身份的结合，其他非配偶身份的结合，如“同居”不属于婚姻的范畴。家庭是由婚姻关系、血缘关系(或收养关系)而形成的社会形式。一般而言，婚姻是产生家庭的前提和基础，家庭是缔结婚姻并生儿育女的必然结果。

婚姻家庭从本质上讲是反映人与人之间一种特定的社会关系，它总是要受到社会一定发展阶段的经济制度、政治制度和思想文化制度的制约，但它又是以男女两性差别和血缘关系为其构成条件，这是婚姻家庭赖以存在的自然基础。因此婚姻家庭既有社会属性又有

自然属性，社会属性是其本质属性。

婚姻关系是男女两性因结婚而产生的夫妻关系。家庭关系是以婚姻为基础的各亲属之间的关系，其中夫妻关系是最基本的，此外还有父母和子女关系、兄弟姐妹关系、祖父母与孙子女关系等。

婚姻法亦称婚姻家庭法，是调整婚姻家庭关系的法律规范的总称。婚姻法调整的对象是婚姻家庭方面的人身关系以及由此产生的财产关系，其中人身关系是主要的，财产关系则是依人身关系为转移的。

《婚姻法》与其他法律相比，其特点首先表现为普遍性，在适用上具有普遍性；其次是婚姻法的伦理性，在我国婚姻法中，特别是在对家庭成员权利和义务的规定中，都包含着社会主义道德规范的要求。

(二)婚姻法的基本原则

1. 婚姻自由原则

婚姻自由，是指公民(自然人)有权在法律规定的范围内，自主自愿地决定本人的婚姻问题，不受任何人的强制或干涉。婚姻自由的内容，包括结婚自由和离婚自由两个方面，这两个方面是相互联系、缺一不可的。保障结婚自由是为了使未婚或丧偶、离婚的男女，能够根据自己的意愿，建立以爱情为基础的婚姻关系；保障离婚自由，是为了使那些感情确已破裂，婚姻在事实上已经“死亡”的夫妻，能够依法解除婚姻关系，并使当事人有可能重新建立幸福美满的家庭。全面实行婚姻自由，仅有结婚自由是不够的，还必须有离婚自由作为补充。

婚姻自由就要禁止包办、买卖婚姻和其他干涉婚姻自由的行为；禁止借婚姻索取财物；子女应当尊重父母的婚姻权利，不得干涉父母再婚以及婚后的生活。当然，我们对婚姻自由也绝不能单纯地理解为无条件的自由，有的人渲染性自由、性解放，歪曲婚姻自由原则，要坚决反对。

2. 一夫一妻制原则

一夫一妻制是一男一女结为夫妻，任何人不得同时有两个或两个以上配偶的婚姻制度，即任何公开的、隐蔽的及变相的“一夫多妻”或“一妻多夫”关系都是违背一夫一妻制的违法行为。要坚持一夫一妻制就要禁止重婚，禁止有配偶者与他人同居。《婚姻法》第 4 条明确规定，夫妻应当互相忠实。忠实是指性的忠实，即配偶不为婚外性行为，在性行为上保持专一。这是以爱情为基础的婚姻所要求的，也是一夫一妻制的必然结果。相互尊重是男女平等的要求，夫妻之间在生活、工作各个方面要相互协商，一方不得把自己的意志强加于另一方。

3. 男女平等原则

男女平等是指男女两性在婚姻关系和家庭关系的各个方面都享有平等的权利，负有平等的义务。如夫妻在家庭中地位平等，子女可随父姓，也可随母姓；无论儿子还是女儿，都对父母有赡养义务，同时都有继承父母遗产的权利。贯彻男女平等原则就必须反对夫权思想，肃清重男轻女、男尊女卑的封建遗毒。

4. 保护妇女、儿童和老人合法权益的原则

《婚姻法》中关于保护妇女合法权益的规定，主要是在男女平等的基础上，对妇女的某些婚姻家庭权益加以特殊的确认和保护。

5. 实行计划生育的原则

所谓计划生育，就是指人类自身的生产应该有计划地进行。我国是世界上人口最多的国家，由于人口增长过快，人口过多，严重影响了我国国富民强的进程，并增加了资源、就业和环境等一系列问题解决的难度。根据这一国情，实行计划生育就成为我国的一项基本国策，也成为婚姻法的一项基本原则。

二、结婚

(一)结婚的条件

结婚是男女双方依照法律规定的条件和程序建立夫妻关系的法律行为。结婚的条件，包括法定条件和禁止条件。

1. 结婚的法定条件

(1) 必须男女双方完全自愿。《婚姻法》第 4 条规定，结婚必须男女双方完全自愿，不许任何一方对他方加以强迫或者任何第三者加以干涉。

(2) 必须达到法定婚龄。法定婚龄是指法律规定的允许结婚的最低年龄，没有达到这个年龄就不得结婚。法定婚龄只是可以结婚年龄的起点，而不是必须结婚的年龄。我国提倡晚婚，《婚姻法》第 5 条规定：“结婚年龄，男不得早于 22 周岁，女不得早于 20 周岁。”

(3) 必须符合一夫一妻制。结婚要求婚姻当事人必须是无配偶的人，一方或双方有配偶者不得再行结婚。已有配偶又与人结婚，或者明知他人有配偶而与之结婚的构成重婚罪，必须承担刑事责任。

2. 禁止结婚的条件

《婚姻法》规定了下列禁止结婚的条件。

(1) 禁止直系血亲和三代以内的旁系血亲结婚。直系血亲主要包括父母、子女、祖父母(外祖父母)、孙子女(外孙子女)、曾祖父母(外曾祖父母)、曾孙子女(曾外孙子女)等。旁系血亲是指非直系血亲而与己身出于同源的血亲。三代以内的旁系血亲是指同源于祖父母或外祖父母的非直系血亲，主要包括同胞兄弟姐妹，同父异母或同母异父的兄弟姐妹，堂兄弟姐妹，表兄弟姐妹，叔、伯、姑、舅、姨、侄(女)、甥(女)等。

(2) 禁止患有医学上认为不应当结婚的人结婚。《婚姻法》对禁止结婚的疾病作了概

括性的规定，第 6 条规定：患有麻风病未经治愈或患其他在医学上认为不应当结婚的疾病者，禁止结婚。

(二)结婚登记的机关和程序

《婚姻法》第 7 条规定：要求结婚的男女双方必须亲自到婚姻登记机关进行婚姻登记。符合本法规定的，予以登记，发给结婚证。取得结婚证，即确立夫妻关系。

结婚登记程序是指男女双方确立婚姻关系必须履行的程序，分为申请、审查和登记三个程序。

三、家庭关系

我国婚姻法调整的家庭关系包括夫妻关系、父母子女关系及其他家庭成员之间的关系。

(一)夫妻关系

1. 夫妻人身关系

夫妻人身关系是指夫妻双方在婚姻中的身份、地位、人格等多个方面的权利义务关系，是夫妻关系的主要内容。

2. 夫妻的财产关系

夫妻的财产关系具体包括：①夫妻对共同所有的财产有平等的处理权；②夫妻有互相扶养的义务；③夫妻有相互继承遗产的权利。

(二)父母子女关系

1. 父母子女间的权利和义务

我国《婚姻法》规定的父母子女之间的权利和义务包括以下 5 点。

(1) 父母对子女有抚养和教育的义务，以及父母不履行抚养义务时，未成年或不能独立生活的子女有请求父母给付抚养费的权利。

(2) 父母有管教和保护未成年子女的权利和义务，在未成年子女对国家、集体或他人造成损害时，父母有赔偿经济损失的义务。

(3) 子女对父母有赡养扶助的义务，子女不履行赡养义务时，无劳动能力或生活困难的父母有向子女要求给付赡养费的权利。

(4) 父母和子女有相互继承遗产的权利。

(5) 父母有使适龄未成年人接受义务教育的义务。

2. 非婚生子女与父母的关系

非婚生子女是指在合法婚姻关系以外所生的子女。《婚姻法》从保护非婚生子女的合

法权益出发规定：非婚生子女享有与婚生子女同等的权利，任何人不得加以危害和歧视；非婚生子女的生父，应负担子女必要的生活费和教育费的部分或全部，直至子女能独立生活为止。

3. 继父母与继子女的关系

继父母与继子女的关系，是因为父母一方死亡，他方再行结婚，或父母离婚后，一方或双方再行结婚而产生的一种法律关系。《婚姻法》规定，继父母与继子女间不得虐待或歧视。继父或继母和受其抚养教育的继子女间的权利和义务，适用《婚姻法》对父母子女关系的有关规定。

4. 养父母与养子女的关系

养父母与养子女之间的关系是因合法收养关系而产生的父母与子女间的权利义务关系。《婚姻法》规定，国家保护合法的收养关系。养父母与养子女间的权利和义务，适用《婚姻法》对父母子女关系的有关规定。养子女与生父母之间的权利和义务，因收养关系的成立而消除。

(三)其他家庭成员间的关系

其他家庭成员间的关系是指祖父母、外祖父母与孙子女、外孙子女以及兄弟姐妹间的权利义务关系。

(1) 祖父母、外祖父母与孙子女、外孙子女间的关系。《婚姻法》规定，有负担能力的祖父母、外祖父母，对父母已经死亡的或父母无力抚养的未成年的孙子女、外孙子女有抚养的义务；有负担能力的孙子女、外孙子女，对子女已经死亡或子女无力赡养的祖父母、外祖父母有赡养的义务。

(2) 兄弟姐妹间的关系。《婚姻法》规定，有负担能力的兄、姐，对于父母已经死亡或父母无能力抚养的未成年的弟、妹，有抚养的义务。由兄、姐扶养长大的有负担能力的弟、妹，对于缺乏劳动能力又缺乏生活来源的兄、姐，有扶养义务。

四、离婚

离婚是夫妻双方依照法律规定解除婚姻关系的行为。离婚在当事人的人身、财产关系方面引起一系列的法律后果，而且会对当事人双方、子女、家庭和社会产生一系列影响，因此，既要保障离婚自由，又要反对轻率离婚。

(一)离婚的条件和程序

依据《婚姻法》规定，离婚分为协议离婚和诉讼离婚两种方式。

(1) 协议离婚。协议离婚又叫登记离婚，是指夫妻双方依照法律规定自愿达成离婚的协议即可解除婚姻关系的行为。协议离婚的条件为：双方自愿离婚；对子女抚养、夫妻一方生活困难的经济帮助、财产及债务处理等事项已达成协议；一方或双方均为有完全民事

行为能力的；办理过结婚登记的。

当事人协议离婚，必须双方亲自到一方户口所在地的婚姻登记机关申请离婚登记。申请时，应当持户口证明、居民身份证、离婚协议书、结婚证等证件和证明。婚姻登记管理机关自受理申请之日起 1 个月内，对符合离婚条件的，应当予以登记，发给离婚证。当事人从取得离婚证起，解除夫妻关系。离婚的当事人一方不按照离婚协议履行应尽义务的，另一方可以向人民法院提起民事诉讼。

(2) 诉讼离婚。诉讼离婚是指夫妻一方或双方向人民法院起诉，要求解除婚姻关系，人民法院按诉讼程序审理后，调解或判决离婚的制度。当事人以《婚姻法》第 10 条规定以外的情形申请宣告婚姻无效的，人民法院应当判决驳回当事人的申请。当事人以结婚登记程序存在瑕疵为由提起民事诉讼，主张撤销结婚登记的，告知其可以依法申请行政复议或者提起行政诉讼。

依据我国新修改的《婚姻法》规定，人民法院审理离婚案件，应当进行调解，如感情确已破裂，调解无效，应准予离婚。有下列情形之一，调解无效的，应准予离婚：①重婚或有配偶者与他人同居的；②实施家庭暴力或虐待、遗弃家庭成员的；③有赌博、吸毒等恶习屡教不改的；④因感情不和分居满 2 年的；⑤其他导致夫妻感情破裂的情形，一方被宣告失踪，另一方提出离婚诉讼的，应准予离婚。

(3) 离婚的两项特别保护规定：①现役军人的配偶要求离婚，须得军人同意，但军人一方有重大过错的除外，这里所谓“军人一方有重大过错”，是指军人有重婚或与他人同居、实施家庭暴力或虐待遗弃家庭成员、赌博吸毒等恶习屡教不改等情形的；②女方在怀孕期间、分娩后 1 年内或中止妊娠后 6 个月内，男方不得提出离婚，女方提出离婚的或人民法院认为确有必要受理男方离婚请求的除外。

(二)离婚后有关问题的处理

1. 离婚后子女的抚养

根据《婚姻法》规定，父母与子女间的关系，不因父母离婚而消除。离婚后，子女无论由父或母直接抚养，仍是父母双方的子女，父母对于子女仍有抚养和教育的权利和义务。关于子女抚养问题上的处理原则有：①哺乳期内的子女，以随哺乳的母亲抚养为原则，哺乳期后的子女，如双方因抚养问题发生争执不能达成协议时，由人民法院根据子女的权益和双方的具体情况判决；②一方抚养子女，另一方应负担必要的生活费和教育费的部分或全部，负担费用的多少和期限的长短，由双方协议，协议不成时，由人民法院判决，关于子女生活费和教育费的协议或判决，不妨碍子女在必要时向父母任何一方提出超过协议或判决原定数额的合理要求；③不直接抚养子女的父或母，有探望子女的权利，另一方有协助的义务，行使探望权利的方式、时间由当事人协议，协议不成时，由人民法院判决，父或母探望子女，不利于子女身心健康的，由人民法院依法中止探望的权利，中止的事由消失后，应当恢复探望的权利。

2. 离婚后夫妻财产的处理

离婚时，夫妻的共同财产由双方协议处理；协议不成时，由人民法院根据财产的具体情况，照顾子女和女方权益的原则判决。法院在处理夫妻财产分割时应以《婚姻法》为依据，我国新修改的《婚姻法》第 17 条规定，夫妻共同财产是指夫妻在婚姻关系存续期间所得的下列财产：工资、奖金，生产、经营的收益，知识产权的收益，继承或赠与的财产(双方约定归一方除外)等。此外，夫妻一方个人财产在婚后产生的收益，除孳息和自然增值外，应认定为夫妻共同财产。

我国新修改的《婚姻法》第 18 条规定，有下列情形之一的，为夫妻一方的财产：一方的婚前财产；一方因身体受到伤害而获得的医疗费、残疾人生活补助费等；遗嘱或赠与合同中确定只归夫或妻一方的财产；一方专用的生活用品等。

《婚姻法》还规定，夫妻双方可以约定婚姻关系存续期间所得的财产以及婚前财产归各自所有或共同所有，约定应当采用书面形式。夫妻书面约定婚姻关系存续期间所得的财产归各自所有，一方因抚育子女、照料老人、协助另一方工作等付出较多义务的，离婚时有权向另一方请求补偿，另一方应当予以补偿。离婚时，原为夫妻共同生活所负的债务，应当共同偿还，共同财产不足清偿的，或财产归各自所有的，由双方协议清偿，协议不成时，由人民法院判决。

离婚时，如一方生活困难，另一方应从其住房等个人财产中给予适当帮助。所谓“一方生活困难”，是指依靠个人财产和离婚时分得的财产无法维持当地基本生活水平，一方离婚后没有住处的，属于生活困难。具体办法由双方协议，协议不成时，由人民法院判决。离婚时，一方隐藏、转移、变卖、毁损夫妻共同财产，或伪造债务企图侵占另一方财产的，分割夫妻共同财产时，对隐藏、转移、变卖、毁损夫妻共同财产或伪造债务的一方，可以少分或不分。离婚后，另一方发现有上述行为的，可以向人民法院提起诉讼，请求再次分割夫妻共同财产。

五、关于夫妻财产的特别规定

婚前或者婚姻关系存续期间，当事人约定将一方所有的房产赠与另一方，赠与方在赠与房产变更登记之前撤销赠与，另一方请求判令继续履行的，人民法院可以按照合同法第一百八十六条的规定处理。

婚后由一方父母出资为子女购买的不动产，产权登记在出资人子女名下的，可按照《婚姻法》第 18 条第(三)项的规定，视为只对自己子女一方的赠与，该不动产应认定为夫妻一方的个人财产。由双方父母出资购买的不动产，产权登记在一方子女名下的，该不动产可认定为双方按照各自父母的出资份额按份共有，但当事人另有约定的除外。

夫妻一方婚前签订不动产买卖合同，以个人财产支付首付款并在银行贷款，婚后用夫妻共同财产还贷，不动产登记于首付款支付方名下的，离婚时该不动产由双方协议处理。

如果不能达成协议的，人民法院可以判决该不动产归产权登记一方，尚未归还的贷款为产权登记一方的个人债务。双方婚后共同还贷支付的款项及其相对应财产增值部分，离

婚时应由双方协议处理；协议不成时，由人民法院根据财产的具体情况，照顾子女和女方权益的原则判决，由产权登记一方对另一方进行补偿。

一方未经另一方同意出售夫妻共同共有的房屋，第三人善意购买、支付合理对价并办理产权登记手续，另一方主张追回该房屋的，人民法院不予支持。夫妻一方擅自处分共同共有的房屋造成另一方损失，离婚时另一方请求赔偿损失的，人民法院应予支持。婚姻关系存续期间，双方用夫妻共同财产出资购买以一方父母名义参加房改的房屋，产权登记在一方父母名下，离婚时另一方主张按照夫妻共同财产对该房屋进行分割的，人民法院不予支持。购买该房屋时的出资，可以作为债权处理。

第七节　继　承　法

一、继承法的概念和基本原则

(一)继承法的概念

继承法是调整财产继承关系的法律规范的总称。所调整的财产关系是基于公民之间的婚姻、血缘、家庭关系产生的，与婚姻家庭关系有着内在的必然联系。遗留财产的死者称为被继承人，继承遗产的人称为继承人，公民死亡时遗留的个人合法财产称为遗产。

(二)继承法的基本原则

1. 男女平等原则

继承权男女平等的原则主要体现在：被继承人不分男女，都有处分自己遗产的权利；同一顺序的继承人不论男女，都享有完全平等的继承权；夫妻间有相互继承对方遗产的权利。

2. 养老育幼原则

分配遗产时，对没有独立生活能力的和已丧失劳动能力、又无生活来源的继承人应给予特别照顾；对胎儿应保留其应继承的份额；对继承人以外的依靠被继承人扶养的缺乏劳动能力又没有生活来源的人，可以分给他们适当的遗产。

3. 权利与义务相一致原则

分配遗产时，对被继承人尽了主要扶养义务或者与被继承人共同生活的继承人可以多分，对有扶养能力和扶养条件而不尽扶养义务的继承人应当不分或少分。继承人以外的对被继承人扶养较多的人，可以分得适当的遗产。继承人放弃继承权的，对被继承人应当缴纳的税款和债务，可以不负偿还责任。

4. 互谅互让、协商处理的原则

继承人应以互谅互让、和睦团结的精神，协商处理继承问题。同一顺序继承人继承遗产的份额一般应当均等，继承人协商同意的，也可以不均等。对遗产分割的具体时间和办法等，也可由继承人协商确定。

二、法定继承

法定继承是指按照法律规定的继承人的范围、继承的顺序，以及遗产分配的原则进行继承的一种继承方式。

(一)法定继承人的范围和顺序

法定继承人的范围和顺序主要是根据被继承人生前的婚姻关系、扶养关系和与其血缘关系的远近确定的。

1. 法定继承人的范围

法定继承人的范围包括配偶、子女、父母、兄弟姐妹、祖父母和外祖父母。

2. 法定继承人的顺序

法定继承人分为两个顺序：第一顺序为配偶、子女、父母。丧偶儿媳对公、婆，丧偶女婿对岳父、岳母，尽了主要赡养义务的，作为第一顺序继承人；第二顺序为兄弟姐妹、祖父母、外祖父母。

继承开始后，由第一顺序继承人继承，第二顺序继承人不继承。只有在没有第一顺序继承人或第一顺序继承人全部放弃继承权或全部丧失继承权的情况下，才由第二顺序继承人继承。

(二)代位继承与转继承

1. 代位继承

代位继承是指在法定继承中被继承人的子女先于被继承人死亡的，由被继承人子女的晚辈直系血亲代替该死亡子女继承被继承人的遗产。被代位继承人必须是被继承人的子女，并且先于被继承人死亡。代位继承人必须是被代位继承人的晚辈直系血亲。代位继承人一般只能继承他父亲或者母亲有权继承的遗产份额。

2. 转继承

转继承是指继承人在被继承人死亡以后、遗产分割之前死亡的，其应继承份额转移给他的继承人继承。死亡的继承人称原继承人，取得遗产的继承人称转继承人。

代位继承与转继承的主要区别有：①继承人死亡的时间不同，代位继承是继承人先于被继承人死亡，而转继承是继承人在被继承人死亡后、遗产分割之前死亡；②继承主体不

同，代位继承人只限于被代位人的直系晚辈血亲，而转继承人可以是原继承人的所有的继承人，他们依各自继承顺序参加转继承；③适用的范围不同，代位继承只适用于法定继承，是法定继承中的一种特殊形式，不适用遗嘱继承，而转继承既适用法定继承，也适用遗嘱继承。

三、遗嘱继承和遗赠

(一)遗嘱

1. 遗嘱的概念及有效条件

遗嘱是指被继承人在生前依法对自己的财产预作处分，并在他死后发生效力的一种单方的法律行为。遗嘱的有效条件有：①遗嘱人立遗嘱时必须具有行为能力。无行为能力人或者限制行为能力人所立的遗嘱无效。②遗嘱必须表示遗嘱人的真实意思。受胁迫、欺骗所立的遗嘱无效。伪造的遗嘱无效。遗嘱被篡改的，篡改的内容无效。③遗嘱的内容必须是合法的，遗嘱处分的财产必须是遗嘱人的个人合法财产，不得在遗嘱中处分国家、集体或他人所有的财产，遗嘱不得取消既缺乏劳动能力又没有生活来源继承人的继承权，不得取消应为胎儿保留的继承份额。公民可以立遗嘱将个人财产指定由法定继承人中的一人或数人继承。

2. 遗嘱的形式

遗嘱的形式是指遗嘱人处分财产的意思表示方式。根据《继承法》第 17 条的规定，遗嘱的法定形式有以下 5 种。

(1) 公证遗嘱。是指经过国家公证机关依法认可其真实性与合法性的书面遗嘱。与其他遗嘱方式相比，最为严格，更能保障遗嘱意思的真实性，因而效力最高。

(2) 自书遗嘱。是指由遗嘱人亲笔书写制作的遗嘱。这种遗嘱形式简便易行，具有较强的保密性，是最常用的遗嘱形式。

(3) 代书遗嘱。是由遗嘱人口述遗嘱内容，他人代为书写而制作的遗嘱，又称为代笔遗嘱或口授遗嘱。代书遗嘱应当有两个以上的见证人在场见证。

(4) 录音遗嘱。是指以录音的方式录制下来的遗嘱人的口述遗嘱。以录音形式立的遗嘱，应当有两个以上见证人在场见证，见证人也应当将自己的见证证言录制在录音遗嘱的磁带上。

(5) 口头遗嘱。是遗嘱人以口述方式处分其遗产的遗嘱方式，遗嘱人在危急情况下可立口头遗嘱。并应当有两个以上见证人在场见证。

3. 遗嘱的撤销和变更

遗嘱人可以撤销、变更自己所立的遗嘱。立有数份内容相抵触的遗嘱的，其中有公证遗嘱的，以所立公证遗嘱为准；没有公证遗嘱的，以最后所立的遗嘱为准。

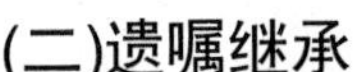

(二)遗嘱继承

遗嘱继承是在被继承人死亡后，按他生前所立的遗嘱，将其遗产转移给指定的法定继承人的一种继承方式。因此，遗嘱继承又称指定继承。遗嘱继承优先于法定继承。被继承人生前立有合法遗嘱的，按遗嘱进行继承，在没有遗嘱或者遗嘱无效时，才按法定继承处理。

1. 遗赠的概念

遗赠是指公民在生前用立遗嘱的方式，将其个人财产的一部分或全部在死后赠给国家、集体或法定继承人以外的人。立遗嘱人叫遗赠人，接受遗赠的人叫受遗赠人。

遗赠权只能由遗赠人行使。如果受遗赠人是公民，且先于遗赠人死亡的，遗产按法定继承。

2. 遗赠与遗嘱继承的区别

二者的主要区别有：①受遗赠人是国家、集体或法定的继承人以外的人，而遗嘱继承人则是法定继承人中的一人或数人；②受遗赠人只享有接受遗产的权利，不负清偿债务的义务，而遗嘱继承人既有继承遗产的权利，也有清偿被继承人生前债务的义务。

3. 遗赠扶养协议

遗赠扶养协议是扶养人与遗赠人之间的关于扶养与遗赠的协议。按照协议，扶养人承担遗赠人生养死葬的义务，享有受遗赠的权利。遗赠人只能是自然人，扶养人则既可以是自然人也可以是集体所有制组织。

四、遗产的处理

继承人继承遗产，不但应当继承债权，还应清偿被继承人依法应当缴纳的税款和债务，但缴纳税款和清偿债务以他的遗产实际价值为限。超过遗产实际价值的部分，继承人自愿偿还的不在此限。

夫妻在婚姻关系存续期间所得的共同所有的财产，除有约定的以外，如果分割遗产，应当先将共同所有的财产的一半分出为配偶所有，其余的为被继承人的遗产。

遗产在家庭共有财产之中的，遗产分割时，应当先分出他人的财产。

遗产分割时应当保留胎儿的继承份额。胎儿出生时是死体的，保留的份额按照法定继承办理。

继承开始后，继承人放弃继承的，应当在遗产处理前作出放弃继承的表示；没有表示的，视为接受继承。受遗赠人应当在知道受遗赠后 2 个月内作出接受或放弃受遗赠的表示；到期没有表示的，视为放弃受遗赠。

无人继承又无人受遗赠的遗产，归国家所有；死者生前是集体所有制组织成员的，归所在集体所有制组织所有。

思考与练习

一、简答题

1. 民法的基本原则有哪些？
2. 什么是民事法律关系？民事法律关系有哪些特征？
3. 什么是民事法律行为？有哪些成立要件和有效要件？
4. 什么是诉讼时效？如何确定诉讼时效的起算时间？
5. 债的发生根据有哪些？
6. 遗嘱的有效要件是什么？

二、案例

赵某孤身一人，因外出打工，将一祖传古董交由邻居钱某保管。钱某因结婚用钱，情急之下谎称该古董为自己所有，卖给了古董收藏商孙某，得款10 000元。孙某因资金周转需要，向李某借款20 000元，双方约定将该古董押给李某，如孙某到期不回赎，古董归李某所有。在赵某外出打工期间，其住房有倒塌危险，因此房与钱某的房屋相邻，如该房屋倒塌，有危及钱某房屋之虞。钱某遂请施工队修缮赵某的房屋，并约定，施工费用待赵某回来后由赵某付款。房屋修缮以后，因遭百年不遇的台风而倒塌。年末，赵某回村，因古董和房屋修缮款与钱某发生纠纷。请回答下列问题：

1. 钱某与孙某之间的买卖合同效力如何？为什么？
2. 孙某能否取得该古董的所有权？为什么？
3. 孙某将古董当给李某，形成何种法律关系？
4. 孙某与李某之间约定孙某到期不回赎，古董归李某所有，该约定效力如何？为什么？
5. 钱某请施工队加固赵某的房屋，这一事实在钱某和赵某之间形成何种法律关系？
6. 若赵某拒绝向施工队付款，施工队应向谁请求付款？为什么？

【答案】

1. 合同的效力未定，因为钱某的行为属无权处分行为，无权处分行为产生的合同效力未定。

2. 孙某能取得古董所有权，因为孙某的行为符合善意取得的条件，孙某因善意取得而取得所有权。

3. 孙某与李某之间形成动产质押法律关系。

4. 该约定无效，因为这一约定属于流质条款，是法律禁止的。

5. 钱某和赵某之间形成无因管理之债。

6. 施工队应向赵某请求付款，因为施工队与赵某之间存在合同关系。

第四章　民事诉讼法

学习目标

了解我国现行民事诉讼的相关法律制度，掌握民事诉讼的基本要求，并学以致用，来维护自身合法权益。

第一节　民事诉讼法的概念和基本原则

一、概念

民事诉讼法，是国家制定的规范法院和诉讼参与人的各种诉讼活动以及由此产生的各种诉讼关系的法律规范的总称。

民事诉讼法有狭义和广义之分，狭义的民事诉讼法专指民事诉讼法典，我国现行的民事诉讼法典是 1991 年 4 月 9 日颁布实施的《中华人民共和国民事诉讼法》，该法分别于 2007 年、2012 年进行了两次修订。广义的民事诉讼法，不仅包括民事诉讼法典，而且还包括宪法、其他法律、法规中有关民事诉讼的规范，以及最高人民法院在适用民事诉讼法过程中作出的司法解释，这些司法解释通过两种方式表现出来：一是综合性解释，如最高人民法院《关于适用〈中华人民共和国民事诉讼法〉若干问题的意见》；二是针对高级人民法院就个案请示所作的批复。这些司法解释是民事诉讼法条文的具体化，针对性强。

二、基本原则

民事诉讼法的基本原则，是在民事诉讼的整个过程中起指导作用的准则。

我国民事诉讼法第一章规定了民事诉讼活动必须遵循的一系列基本原则，这些基本原则可以分为两类：一类是根据宪法，参照人民法院组织法有关规定制定的基本原则，这类基本原则不仅适用于民事诉讼，而且也适用于刑事诉讼和行政诉讼；第二类基本原则是根据民事诉讼的特殊要求而确立的基本原则，反映了民事诉讼的特殊规律，是民事诉讼法的特有原则。现对这一类基本原则简述如下。

(一)当事人诉讼权利平等原则

我国《民事诉讼法》第 8 条规定，民事诉讼当事人有平等的诉讼权利。人民法院审理民事案件，应当保障和便利当事人行使诉讼权利，对当事人在适用法律上一律平等。例如，双方都享有委托诉讼代理人代理诉讼、申请回避、提供证据、进行辩论、提起上诉等权利。

(二)法院调解自愿和合法原则

法院调解是我国民事审判工作的优良传统和成功经验。我国民事诉讼法第 9 条规定：人民法院审理民事案件，应当根据自愿和合法原则进行调解；调解不成的，应当及时判决。自愿和合法调解原则，其基本含义包括：人民法院受理民事案件后，应当重视调解工作；应当对当事人多做思想教育工作；法院调解要在自愿和合法的基础上进行。

(三)当事人自由处分民事权利和诉讼权利原则

民事诉讼法第 13 条规定了处分原则：对待民事争议，原告既有撤回诉讼的权利，又有放弃一部分或全部请求的权利，或者变更诉讼请求或诉讼理由的权利。同样，被告当事人既有认可原告请求的权利，也有放弃答辩的权利。但是，在当事人根据自己的意志处分自己的民事权利和民事诉讼权利时，还须受到法律规定的限制，从而受到法院的监督。

(四)检察监督原则

民事诉讼法第 14 条规定；人民检察院有权对民事审判活动进行法律监督。人民检察院监督的内容主要有两方面：监督审判人员贪赃枉法、徇私舞弊等违法行为；对人民法院作出的生效判决、裁定是否正确合法进行监督。

(五)支持起诉原则

民事诉讼法第 15 条规定：机关、社会团体、企事业单位对损害国家、集体或者个人民事权益的行为，可以支持受损害的单位或者个人向人民法院起诉。

(六)同等和对等原则

民事诉讼法第 5 条第 1 款规定：外国人、无国籍人、外国企业和组织在人民法院起诉、应诉，同中华人民共和国公民、法人和其他组织有同等的诉讼权利义务。第 5 条第 2 款规定：外国法院对中华人民共和国公民、法人和其他组织的民事诉讼权利加以限制的，中华人民共和国法院对该国公民、企业和组织的民事诉讼权利，实行对等原则。

第二节 管　　辖

一、概念

民事诉讼中的管辖，是指各级法院之间和同级法院之间受理第一审民事案件的分工和权限。它是在法院内部具体落实民事审判权的一项制度，有利于人民法院进行审判和对判决的执行，保证审判的质量。

二、级别管辖

级别管辖，是指按照一定的标准，划分上下级法院之间受理第一审民事案件的分工和权限，是根据案件的性质、繁简程度和案件影响的大小来确定级别管辖的。

民事诉讼法第 18 条规定：基层人民法院管辖第一审民事案件，但本法另有规定的除外。由此规定可见，原则上第一审民事案件应由基层人民法院管辖。基层人民法院数量多、分布广，由基层人民法院管辖第一审民事案件，既便于当事人参与诉讼，又便于法院审理案件。

依据民事诉讼法第 19 条的规定：部分民事案件须由中级人民法院作为一审法院。这部分民事案件包括：重大的涉外案件，具体包括争议标的额大的案件、案情复杂的案件，或者一方当事人人数众多等具有重大影响的案件；在本辖区内有重大影响的案件；最高人民法院确定由中级人民法院管辖的案件。高级人民法院管辖一审案件的数量很少，主要是在本辖区内有重大影响的案件。最高人民法院管辖在全国有重大影响的第一审民事案件以及认为应当由自己审判的第一审案件。

三、地域管辖

地域管辖，是指按照各法院的辖区和民事案件的隶属关系来划分的诉讼管辖。第一审民事案件在确定了级别管辖之后，就应按照地域的标准来确定由同一级人民法院中的哪一个法院进行具体审理。级别管辖是从纵向方面划分各级人民法院对第一审民事案件的管辖范围，而地域管辖则是从横向方面来确定同一级人民法院之间的分工。地域管辖又分为一般管辖、特殊管辖、专属管辖以及由共同管辖所产生的选择管辖和依当事人协议的协议管辖。

(一)一般管辖

一般管辖，是指依当事人的所在地与法院的隶属关系来确定诉讼管辖。当事人有原告和被告之分，一般地域管辖的通行做法是实行原告就被告原则，即以被告所在地作为确定管辖的标准。实行这一原则，一方面在于促使原告慎重行使起诉权，另一方面也有利于法院传唤被告参加诉讼，对诉讼标的物进行保全，有利于判决的执行。

但对不在中华人民共和国领域内居住的人提起的有关身份关系的诉讼；对下落不明或宣告失踪人提起的有关身份关系的诉讼；对正在被劳动教养的人提起的诉讼；对正在被监禁的人提起的诉讼等几种情况，也可以由原告住所地或经常居住地的人民法院管辖。这是一般管辖的例外情况。

(二)特殊管辖

特殊管辖，又称特别管辖，通常指不是以被告所在地，而是以引起诉讼的法律事实的所在地、诉讼标的所在地为标准确定诉讼的管辖法院。民事诉讼法第 24 条、第 26 至 33 条

规定了 9 种属于特殊地域管辖的诉讼，分别是：因合同纠纷提起的诉讼；因保险合同纠纷提起的诉讼；因票据纠纷提起的诉讼；因铁路、公路、水上、航空运输和联合运输合同纠纷提起的诉讼；因侵权行为提起的诉讼；因铁路、公路、水上和航空事故请求损害赔偿提起的诉讼；因船舶碰撞或者其他海损事故请求损害赔偿提起的诉讼；因海难救助费用提起的诉讼；因共同海损提起的诉讼等。

(三)专属管辖

专属管辖，指法律规定某些特殊类型的案件专门由特定的法院管辖。专属管辖是排他性管辖，排除了诉讼当事人以协议方式选择国内的其他法院管辖。民事诉讼法规定：因不动产提起的诉讼，由不动产所在地人民法院管辖；港口作业中发生的诉讼，由港口所在地人民法院管辖；继承遗产的诉讼，由被继承人死亡时住所地或者主要遗产所在地人民法院管辖。专利纠纷案件由知识产权法院、最高人民法院确定的中级人民法院和基层人民法院管辖。

(四)共同管辖和选择管辖

共同管辖和选择管辖实际上是一个问题的两个方面，共同管辖是从法院角度来讲，指法律规定两个以上的法院对某类诉讼都有管辖权；选择管辖是从当事人角度讲的，指当两个以上的法院对诉讼都有管辖权时，当事人可以选择其中一个法院提起诉讼。

(五)协议管辖

协议管辖又称合意管辖或者约定管辖，是指当事人在民事纠纷发生之前或之后，以书面方式约定特定案件的管辖法院。现行民事诉讼法规定：合同的双方当事人可以在书面合同中协议选择被告住所地、合同履行地、合同签订地、原告住所地、标的物所在地人民法院管辖，但不得违反本法对级别管辖与专属管辖的规定。

四、移送管辖和指定管辖

移送管辖指法院在受理民事案件后，发现自己对案件并无管辖权，依法将案件移送到有管辖权的法院审理。

移送管辖是为法院受理案件发现错误时提供的一种纠错办法，通常发生在同级法院之间，用来纠正地域管辖的错误，但有时候也发生在上下级法院之间。根据民事诉讼法第 36 条的规定，移送管辖必须同时具备三个条件：①法院已受理了案件；②移送的法院对案件没有管辖权；③受移送的法院对案件有管辖权。法律规定受移送的同一级人民法院不得再行移送。

指定管辖指上级法院以裁定方式指定其下级法院对某一案件行使管辖权。现行民事诉讼法第 36、第 37 条对指定管辖作了规定：上级法院指定管辖后，应通知报送的法院和被指定行使管辖权的法院，后者应及时告知当事人。

第三节　诉讼参与人

诉讼参与人包括诉讼当事人和与当事人有相似地位的人，即我国民事诉讼法中规定的共同诉讼人、第三人和诉讼代理人。

一、当事人

因民事权利义务发生争议或者受到侵害，以自己的名义进行诉讼受人民法院裁判拘束、与民事案件有利害关系的人。当事人的称谓，因诉讼程序和阶段的不同而有所不同，在第一审程序中称为原告和被告；在第二审程序中称为上诉人和被上诉人；在审判监督程序中，如依第一审程序进行再审，仍称为原告和被告，如依第二审程序进行再审，仍称为上诉人和被上诉人；在执行程序中被称为申请执行人和被执行人。

当事人须具备诉讼权利能力，如果当事人亲自进行诉讼活动，还必须具有诉讼行为能力。未成年人和被宣告无行为能力的公民，虽然也具有诉讼权利能力，但只能通过其法定代理人或者其法定代理人委托的诉讼代理人代为实施诉讼行为；法人应由其法定代表人进行诉讼；不具有法人地位的其他组织则由其主要负责人进行诉讼。

当事人享有的诉讼权利主要包括：起诉的权利、反驳的权利和提起反诉的权利；委托诉讼代理人的权利；申请回避的权利；收集和提供证据的权利；进行陈述、质证和辩论的权利；选择调解的权利；自行和解的权利；申请财产保全和先予执行的权利；提起上诉的权利；申请执行的权利；查阅、复制本案有关材料的权利等。

当事人的诉讼义务主要有：依法行使诉讼权利的义务；遵守诉讼秩序的义务；履行生效法律文书的义务等。

二、共同诉讼人

当事人一方或双方为两人以上，其诉讼标的是共同的民事诉讼，或者诉讼标的是同一种类，人民法院认为可以合并审理的民事诉讼，称为共同诉讼。共同诉讼分为必要的共同诉讼和普通的共同诉讼。

凡当事人对争议标的具有共同的权利义务关系的共同诉讼，是必要的共同诉讼，例如，同一财产的几个共有人提起的请求分割该共有财产的诉讼。对于必要的共同诉讼，人民法院必须合并作为一个案件进行审理。

诉讼标的是同一种类的共同诉讼，是普通的共同诉讼。对这类案件，法院可以合并审理，但法院在决定共同审理时必须征得当事人的同意。

三、第三人

民事诉讼的第三人，是指对原告和被告所争议的诉讼标的有独立的请求权，或者虽然

没有独立的请求权，但与案件的处理结果有法律上的利害关系，而参加正在进行的诉讼中的人。

根据第三人参加诉讼的根据不同，可以将第三人分为有独立请求权的第三人和无独立请求权的第三人。前者对原告和被告所争议的诉讼标的有独立的请求权，后者仅与他人案件的处理结果有法律上的利害关系。民事诉讼法设立第三人制度的目的在于维护利害关系人的合法权益，防止法院作出相互矛盾的判决，实现诉讼经济。

四、诉讼代理人

诉讼代理人，是指根据法律规定或当事人的约定，代当事人进行民事诉讼活动的人。

依照我国民事诉讼法的规定，诉讼代理人有法定代理人和委托代理人。

法定诉讼代理人，是指根据法律的规定，代理无诉讼行为能力的当事人进行民事诉讼活动的人。法定诉讼代理人的被代理人，仅限于无民事行为能力的人或限制民事行为能力的人。因此法定诉讼代理人的范围，一般与无民事行为能力或限制民事行为能力的人的监护人一致。

委托诉讼代理人，是指根据当事人、法定代表人或法定代理人的委托，代为进行诉讼活动的人。根据民事诉讼法第58条的规定，我国的委托诉讼代理人包括律师、当事人的近亲属、社会团体和当事人所在单位推荐的人以及经人民法院许可的其他公民。但根据最高人民法院《关于适用〈中华人民共和国民事诉讼法〉若干问题的意见》第68条的规定，无民事行为能力人、限制民事行为能力人或者可能损害被代理人利益的人及人民法院认为不宜做诉讼代理人的人，不能作为诉讼代理人。

委托他人代为诉讼，必须向人民法院提交由委托人签名或盖章的授权委托书。授权委托书必须记明委托事项和权限。委托代理人代为承认、放弃或变更诉讼请求，进行和解，提起反诉或上诉及收受给付，还必须有委托人的特别授权。委托代理权限的变更或解除，当事人应当书面告知法院，并由法院通知对方当事人。

第四节　证　　据

一、概念

民事证据是指在民事诉讼中能够证明案件真实情况的各种资料，是民事诉讼中法院认定案件事实作出裁判的根据。

从证据的特征来看，证据必须与要证明的案件事实具有关联性，并且必须符合法律规定的要求，具有合法性。证据不仅是当事人证明自己主张的证据材料，也是法院认定争议的案件事实，作出裁判的根据。只有经过质证和认证的证据，才能作为认定案件事实和裁判的根据。

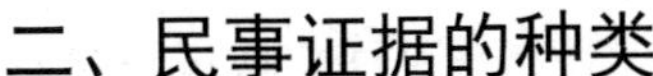

二、民事证据的种类

根据民事诉讼法第 63 条的规定，民事证据有 8 种：书证、物证、视听资料、电子数据、证人证言、当事人陈述、鉴定意见和勘验笔录。

书证是指以文字、符号、图形等形式所记载的内容或表达的思想来证明案件事实的证据。如各种合同文本、信函、电报、传真、图纸、文件等。视听资料是指利用录音、录像等技术手段反映的声音、图像以及电子计算机储存的数据证明案件事实的证据。电子数据是指以电子、光学、磁或者类似手段生成、发送、接收或者储存的信息证明案件事实的证据。另根据《最高人民法院关于适用〈中华人民共和国民事诉讼法〉的司法解释》，(以下简称《民诉法司法解释》)通过电子邮件、电子数据交换、网上聊天记录、博客、微博客、手机短信、电子签名、域名等形成或者存储在电子介质中的信息，也可以作为民事案件的证据。证人指了解案件情况并向法院或当事人提供证词的人。证言指证人将其了解的案件事实向法院所作的陈述或证词。当事人陈述是指当事人在诉讼中就本案的事实向法院所作的陈述。《证据规定》第 76 条规定：当事人对自己的主张，只有本人陈述而不能提出其他相关证据的，主张不能成立，但对方当事人认可的除外。鉴定意见是指用鉴定人对与案件有关的专门性问题进行科学分析研究后所作的判断意见来证明案件事实的证据。勘验笔录是指人民法院工作人员对民事案件涉案现场或物证进行实地或实物勘查检验时所作的记录，包括笔录、照片、示意图等。

三、证据保全

证据保全是指在证据可能灭失或以后难以取得的情况下，法院根据申请人的申请或依职权对证据加以固定和保护的制度。

民事诉讼是以证据为基础展开的。依据有关证据，当事人和法院才能够了解或查明案件真相，明确争议的原因，正确、合理地解决纠纷。然而，从纠纷发生到开庭审理必然有一段时间间隔，在这段时间内，某些证据由于自然原因或人为原因，可能会灭失或到开庭时难以取得。为了防止出现这种情况，保障当事人的合法权益，民事诉讼法规定了证据保全制度。证据保全措施，一般是法院根据申请人申请采取的，但法院认为必要时，也可以由法院依职权主动采取证据保全措施。

第五节　期间和送达

一、期间

期间，是指人民法院、诉讼参与人进行或完成某种诉讼行为应遵守的时间。

民事诉讼中关于期间的制度，是法律为了保护法院及时行使审判权和当事人及时行使

诉讼权利、履行诉讼义务，在时间上作出的限制性规定。

狭义的期间指的是期限，广义的期间包括期限和期日。期限是指人民法院或诉讼参与人单独完成或进行某种诉讼行为的一段时间，如当事人不服一审判决的上诉期间为15天。期日是指人民法院与当事人、其他诉讼参与人汇合在一起进行一定诉讼活动的日期，如案件的开庭日期。

期间分为法定期间和指定期间。法定期间即法律规定的期间，行为主体在法定期间内依法行使的诉讼行为具有法律效力，而不遵循法定期间，行为主体则丧失了进行某种应当在法定期间内进行某种行为的权利，即使进行了该行为，也不产生相应的法律效力，如当事人不服一审判决的上诉期间为15天，超过了该法定期限，当事人就丧失了行使上诉权的机会。指定期间是指人民法院根据案件审理时遇到的具体情况和案件审理的需要，依职权决定当事人及其他诉讼参与人进行或完成某种诉讼行为的期间，如法院限定当事人提供证据的期间等。

民事诉讼法第75条对期间的计算方法作了明确规定。第76条规定：当事人因不可抗拒的事由或者其他正当理由耽误期限的，在障碍消除后的10日内，可以申请顺延期限，是否准许，由人民法院决定。

二、送达

民事诉讼中的送达，是指人民法院依法定的程序和方式将诉讼文书和法律文书送交当事人及其他诉讼参与人的行为。

送达在民事诉讼中具有重要意义，送达诉讼文书，不仅使受送达人能了解文件内容，以便行使诉讼权利和承担诉讼义务，而且诉讼文书一经合法送达，就产生一定的法律后果。

送达方式是指人民法院进行送达所采用的方法。民事诉讼法第78～84条对送达方式作了规定，具体的送达方式包括直接送达、留置送达、委托送达、邮寄送达、转交送达、公告送达等。

第六节　财产保全和先予执行

一、财产保全

财产保全是指人民法院受理民事案件后，为保证将来发生法律效力的判决能够得到执行而对争议的标的物或者当事人的其他财产采取的一种强制措施。

我国民事诉讼法规定的财产保全包括诉前财产保全和诉讼财产保全。

诉前财产保全是指在诉讼发生前，人民法院根据利害关系人的申请，对有关的财产采取保护措施的制度。诉前财产保全必须由利害关系人向财产所在地的人民法院提出申请，并提供担保。

诉讼财产保全是指在诉讼过程中，为了保证人民法院的判决能顺利实现，人民法院根据当事人的申请，或在必要时依据职权决定对有关财产采取保护措施的制度。

为了防止被申请保全人抽逃、转移或隐匿被申请保全的财产，民事诉讼法规定人民法院应在接受申请后 48 小时内作出是否采取保全措施的裁定，如裁定采取保全措施，应当立即开始执行。

二、先予执行

先予执行，是指人民法院在终局判决之前，为解决权利人生活或生产经营的需要，依法裁定义务人预先履行义务的制度。

民事诉讼法规定的先予执行适用的案件范围有：追索赡养费、抚养费、抚育费、抚恤金、医疗费用的案件；追索劳动报酬的案件；因情况紧急需要先予执行的案件等。需要先予执行的案件应满足几个条件：①当事人之间的权利义务关系明确；②申请人有实现权利的迫切需要；③当事人向人民法院提出了申请；④被申请人有履行的能力。

先予执行的申请由权利人向受诉人民法院以书面形式提出，人民法院不能依职权作出。当事人申请先予执行，人民法院认为有必要的，可以责令申请人提供担保。

第七节　对妨害民事诉讼的强制措施

一、概述

对妨害民事诉讼的强制措施，是指在民事诉讼中，对有妨害民事诉讼秩序行为的行为人采用的排除其妨害民事诉讼行为的一种强制措施。

对妨害民事诉讼的强制措施制度，不同于刑事制裁、民事制裁和行政制裁，也不同于刑事诉讼中的强制措施，它是一项保障民事诉讼正常进行的辅助性制度，其目的是保障民事诉讼的顺利进行，维护民事诉讼秩序。这些措施只有人民法院有权适用。

二、对妨害民事诉讼强制措施的种类

根据民事诉讼法的规定，对妨害民事诉讼强制措施的种类有五种：拘传、训诫、责令退出法庭、罚款和拘留。

对于必须到庭的被告，经人民法院传票传唤，无正当理由拒绝出庭的，可以适用拘传。适用拘传，应由本案合议庭或者独任审判员提出意见，报经院长批准，填写拘传票。训诫是人民法院对妨害民事诉讼秩序行为较轻的人，以口头方式予以严肃批评教育，令其以后不得再犯的一种强制措施。责令退出法庭是指在开庭审理中，对违反法庭规则的诉讼参与人及其他人所采取的命令其退出法庭的强制措施。罚款和拘留是比较严厉的强制措施，罚款是指对违反法庭规则，扰乱法庭秩序，妨害人民法院对诉讼证据的调查、收集、阻碍司

法工作人员执行职务，不履行生效裁判，不协助法院调查、执行的个人或单位，均可根据情节轻重适用罚款。拘留是指人民法院对妨害民事诉讼情节严重的行为人予以强行关押，在一定期限内限制其人身自由的一种强制措施。

依照民事诉讼法的规定，法院可以对以下各类人采取强制措施：伪造、毁灭重要证据或以暴力、威胁、贿买方法阻止证人作证或者指使、贿买、胁迫他人作伪证的；隐藏、转移、变卖、毁损已被查封、扣押的财产或者已被清点并责令其保管的财产，转移已被冻结的财产的；对司法工作人员、诉讼参加人、证人、翻译人员、鉴定人、勘验人、协助执行的人进行侮辱、诽谤、诬陷殴打或者打击报复的；以暴力、威胁或者其他方法阻碍司法工作人员执行职务的；拒不履行人民法院已经发生法律效力的判决、裁定的人。对有上述行为之一的，人民法院可以予以罚款、拘留；构成犯罪的依法追究刑事责任。

第八节　第一审普通程序

一、概述

普通程序是我国民事诉讼法规定的人民法院审理第一审民事案件通常适用的程序，也是民事案件的当事人进行第一审民事诉讼通常所遵循的程序。

在民事诉讼程序中，普通程序的内容最系统、最完整，它系统完整地规定了从当事人起诉、人民法院受理案件，到开庭前的准备、开庭审理，直至人民法院作出第一审裁判的不同阶段以及各个阶段依次进行的步骤和程序。人民法院审理除简单的民事案件和特殊类型案件之外的第一审民事案件通常都适用这一程序。由于我国现行民事诉讼法中没有关于程序总则的单独规定，普通程序的规定在民事诉讼法中具有程序总则的作用。

二、普通程序的基本阶段

(一)起诉和受理

起诉是指公民、法人或其他组织在其民事权益受到侵害或与他人发生争议时，向人民法院提起诉讼，请求人民法院通过审判予以司法保护的行为。起诉是当事人获得司法保护的手段，也是人民法院对民事案件行使审判权的前提。

依照我国民事诉讼法第 119 条的规定，起诉必须符合三个条件：①原告必须是与本案有直接利害关系的公民、法人或其他组织；②必须有明确的被告；③有具体的诉讼请求和事实及理由；④案件属于人民法院受理民事诉讼的范围和受诉人民法院管辖。

此外，根据《民诉法司法解释》的相关规定，有关机关和组织提起公益诉讼的，除了需符合上述条件外，还应当符合下列条件：有明确的被告；有具体的诉讼请求；有社会公共利益受到损害的初步证据；属于人民法院受理民事诉讼的案件范围和受诉人民法院管辖。

民事诉讼法第 119 条规定，起诉应当向人民法院递交起诉状，并按照被告的人数提交起诉状副本，书写起诉状确有困难的，可以口头起诉，由人民法院记入笔录，并告知对方当事人。

受理是指人民法院通过对当事人的起诉进行审查，对符合法律规定条件的，决定立案审理的行为。当事人的起诉行为只有与人民法院的受理行为相结合，才能引起民事诉讼程序的开始。

人民法院对起诉审查以后，认为起诉符合法定条件的，应当在 7 日内立案并通知当事人；认为起诉不符合法定条件的，应当在 7 日内裁定不予受理；原告对不予受理裁定不服的，可以提起上诉。依照法律规定，应当由其他机关处理的，告知原告向有关机关申请解决。

(二)审理前的准备

审理前的准备是指人民法院接受原告起诉并决定立案受理后，在开庭审理前，由承办案件的审判员依法所作的各项准备工作，是民事诉讼过程中的一个必经阶段。

民事诉讼法第 113 条规定，人民法院应当在立案之日起 5 日内将起诉状副本送达被告，原告口头起诉的案件，也应当在立案后 5 日内以书面形式将口头起诉的内容告知被告。被告应当在收到起诉状副本之日起 15 日内提出答辩状。人民法院在收到答辩状之日起 5 日内将答辩状副本送达原告。

对于已经决定受理的案件，人民法院应当在受理案件通知书和应诉通知书中告知原告和被告所享有的诉讼权利、所承担的诉讼义务，或者以口头形式告知当事人诉讼权利义务。

承办案件的审判员必须认真审阅双方当事人提交的诉讼文件，调查、收集其他必要的证据。

如果人民法院经过审查，发现应当参加诉讼的当事人没有参加诉讼，应当通知其参加诉讼，或者由当事人向人民法院申请追加。

普通程序的审判组织必须采用合议制。审理案件的合议庭组成后，法院应当在 3 日内把合议庭的组成人员告知当事人。

(三)开庭审理

开庭审理是指在人民法院审判人员的主持下，在当事人和其他诉讼参与人的参加下，在法院固定的法庭上或法律允许设置的法庭上，依照法定的程序和顺序，对案件进行实体审理，从而查明案件事实、分清是非，并在此基础上，对案件作出裁判的全部过程。开庭审理是普通程序中最重要和最中心的环节。

开庭审理由几个既相对独立又相互联系的阶段组成。

1. 开庭审理前的准备

人民法院确定开庭日期后，应当在开庭 3 日前通知当事人和其他诉讼参与人；对于公开审理的案件，人民法院应当在开庭审理前 3 日内发布公告，公告当事人的姓名、案由以及开庭的时间、地点。

2. 开庭审理

开庭审理分为准备开庭、法庭调查、法庭辩论、评议和宣判等几个阶段。

开庭审理前，书记员应当查明当事人以及其他诉讼参与人是否到庭，宣布法庭纪律。正式开庭时，由审判长核对当事人，宣布案由以及审判人员、书记员名单，并口头告知当事人有关的诉讼权利和义务，询问当事人是否提出回避申请。

法庭调查是开庭审理的重要阶段，通过在法庭上展示与案件有关的所有证据，对案件事实进行全面的调查，从而为进入开庭审理的下一个阶段做好准备。依照民事诉讼法第124条的规定，法庭调查按照下列顺序进行：当事人陈述；证人出庭作证；出示书证、物证和视听资料；宣读鉴定结论；宣读勘验笔录等。

审判人员如果认为案件事实已经查清，必要的证据已经齐备，即可宣布终结法庭调查，进入法庭辩论阶段。法庭辩论是各方当事人在审判长的主持下，依据法庭已经调查过的事实和证据，相互针对对方提出的主张进行的。法庭辩论是开庭审理的重要阶段之一。在辩论过程中，审判长应进行必要、适当的引导，并应使双方当事人有平等、充分的辩论机会。法庭辩论终结时，审判长按照原告、被告、第三人的先后顺序征求各方最后的意见。至此，法庭辩论终结。

法庭辩论终结后，法院作出判决前，对于能够调解的，可以在事实清楚、是非明确的基础上再进行调解。调解不成的，应当及时判决。

评议和宣判即由合议庭人员在法庭调查和法庭辩论的基础上，认定案件事实，确定适用的法律，最后宣告案件的审理结果，这是开庭审理的最后阶段。法庭辩论终结后，由审判长宣布休庭，合议庭组成人员对案件进行评议，合议庭评议实行少数服从多数的原则，评议情况应如实记入笔录。评议完毕，由审判长宣布继续开庭，宣布判决结果。不论案件是否公开审理，宣告判决结果一律公开进行。宣告判决有两种方式：一是当庭宣判；一是定期宣判。当庭宣判的，应在10日内向当事人发送判决书；定期宣判的，应在宣判后立即发给判决书。不管采用哪种形式宣判，都要告知当事人上诉的权利、上诉期限以及上诉法院。宣告离婚判决时，必须告知当事人在判决生效前，不得另行结婚。

审理期限是指某一案件从人民法院立案受理到作出裁判的法定期间。依照现行民事诉讼法的有关规定，适用普通程序审理的案件，人民法院应当在立案之日起6个月内审结。有特殊情况需要延长的，报请院长批准，批准延长的期限，最长不得超过6个月；在上述期限内还未审结，需要延长的，则由受诉法院报请上级法院批准，延长的期限，由上级法院决定。

三、延期审理、诉讼中止和诉讼终结

延期审理是指人民法院开庭审理后，由于发生特殊情况，使开庭审理无法按期或继续进行从而推迟审理的制度。延期审理只能发生在开庭审理阶段，延期审理前已经进行的行为，对延期后的审理仍然有效，但延期的时间不计算在审理时间内。

根据民事诉讼法第132条的规定，有下列情形的之一的，可以延期审理：①必须到庭的当事人和其他诉讼参与人有正当理由没有到庭的；②当事人临时提出回避申请的；③需要通知新的证人到庭，调取新的证据，重新鉴定、勘验，或者需要补充调查的；④其他应当延期的情形。

诉讼中止是指在诉讼进行过程中，因发生某种法定中止诉讼的原因，诉讼无法继续进行或不宜进行，因而法院裁定暂时停止诉讼程序的制度。根据民事诉讼法第136条的规定，能够引起诉讼中止的情况有：①一方当事人死亡，需要等待继承人表明是否参加诉讼的；②一方当事人丧失诉讼能力，尚未确定法定代理人的；③作为一方当事人的法人或者其他组织终止，尚未确定权利义务承受人的；④一方当事人因不可抗拒的事由，不能参加诉讼的；⑤本案必须以另一案的审理结果为依据，而另一案尚未审结的；⑥其他应当中止诉讼的情形。

诉讼终结是指在诉讼进行过程中，因发生某种法定的诉讼终结的原因，使诉讼程序已没有必要继续进行或不可能继续进行，从而由人民法院裁定终结诉讼程序的制度。

根据民事诉讼法第137条的规定，可以适用诉讼终结的情形有：①原告死亡，没有继承人，或者有继承人却放弃继承权利的；②被告死亡，没有遗产，也没有应当承担义务的人；③离婚案件中的一方当事人死亡的；④追索赡养费、抚养费、抚育费及解除收养关系案件中的一方当事人死亡的。

第九节 简易程序和特别程序

一、简易程序

简易程序是指基层人民法院及其派出法庭审理事实清楚、权利义务关系明确、争议不大的案件所适用的程序。

简易程序是与普通程序并存的独立的第一审程序之一。在内容上，是普通程序的简化。简易程序的设立，既有助于当事人通过诉讼更有效地维护自己的合法权益，也有助于人民法院提高办案效率。

简易程序简化了普通程序的起诉手续，原告可以口头起诉，当事人双方可以同时到基层法院或其派出法庭，请求解决纠纷，并由审判员一人独任审判，不需实行合议制。基层人民法院或其派出法庭可以即时审查，当即受理，也可以另定日期审理。人民法院适用简易程序审理民事案件，可以用简便的方式随时传唤当事人、证人，通知其他诉讼参与人，不受普通程序传唤当事人和通知其他诉讼参与人方式和期限的限制。人民法院应当在立案之日起3个月内审结案件，不得申请延长。

适用简易程序审理案件的过程中，发现案情复杂，需要转化为普通程序审理的，可以转化为普通程序，并组织合议庭对案件进行审理，同时及时通知双方当事人。审理期限从立案的次日起算。

二、特别程序

特别程序是法院对非民事权益冲突案件的审理程序。

与普通程序、简易程序相比，特别程序具有不同的特点；设立的目的不是解决双方当事人之间的民事权益冲突，而是确认某种法律事实是否存在，权利状态的有无或公民是否享有某种资格，能否行使某种权利；启动特别程序的当事人不一定与本案有直接的利害关系；审判组织比较特殊；实行一审终审制度；审理期限较短等。

根据民事诉讼法的规定，有两类案件适用特别程序予以审理：一类是选民资格案件。另一类是非诉案件，包括宣告公民失踪、宣告公民死亡案件；认定公民无民事行为能力、限制民事行为能力案件；认定财产无主案件。

民事诉讼法依据上述案件的不同特点对有关的程序分别作了规定，未作规定的适用民事诉讼法其他相关规定。

第十节　第二审程序、审判监督程序

一、第二审程序

第二审程序是指由于民事诉讼的当事人不服地方各级人民法院所作出的未发生法律效力的判决和裁定，而在法定期间内向上一级人民法院提起上诉而引起的诉讼程序，是第二审人民法院审理上诉案件所适用的程序。由于我国实行两审终审制，所以第二审程序又称为上诉审程序；同时，一个案件经过二审程序并作出裁判后，诉讼即告终结，二审作出的判决立即发生法律效力。因此，二审程序又称为终审程序。

第二审程序并不是民事诉讼的必经程序，当事人的上诉是第二审程序发生的前提。上诉的提起是指当事人对一审法院裁判不服，向该法院的上一级法院依法提起上诉的行为。一审法院的判决或裁定必须尚未发生法律效力；如判决、裁定已发生法律效力，当事人对其不服，则只能依审判监督程序提起申诉。

凡是在第一审程序中具有实体权利的当事人都可能成为上诉人或被上诉人，具体包括：第一审程序中的原告和被告、共同诉讼人、诉讼代表人、有独立请求权的第三人及一审法院的判决认定其承担责任的无独立请求权的第三人。

提起上诉必须在法律规定的上诉期间内进行。我国现行民事诉讼法对判决和裁定的上诉期间作了不同的规定。根据法律的有关规定，不服判决的上诉期间为15日，不服裁定的上诉期间为10日。从裁判送达之日起计算。

提起上诉时，上诉人必须提交上诉状。原则上应向原审法院提交上诉状，同时也允许当事人直接向二审法院提起上诉。不论向哪个法院提起上诉，最终都要由二审法院依二审程序进行审理。当事人直接向二审法院提出上诉的，二审法院应在 5 日内将上诉状移交原审法院。原审法院收到上诉状后，应在 5 日内将上诉状副本送达对方当事人，并告知其在

15 日内提出答辩状。人民法院收到答辩状后，应在 5 日内将答辩状副本送达上诉人。原审人民法院应将收到的上诉状、答辩状连同全部案卷和证据，在 5 日内报送第二审人民法院。

二审法院审理上诉案件，应当由审判员组成合议庭进行审理，不能采用独任制，也不能有陪审员参加合议庭。

二审法院审理上诉案件，原则上应开庭审理，经过阅卷和调查，询问当事人，在事实核对清楚后，合议庭认为不需要开庭审理的，也可以径行判决、裁定。

第二审人民法院原则上只需对上诉请求的有关事实和适用法律进行审查，而不必就原审判决进行全面的审查。但如在审查中发现原判决的内容有错误，尽管当事人对有关问题并未提起上诉，第二审法院仍可以依法改判。此外，第二审人民法院审理上诉案件，也可以进行调解；在法院作出判决之前，上诉人可以申请撤回上诉，是否准许，由第二审法院合议庭裁定。

第二审人民法院对上诉案件，经过审理，按照不同的情况分别作出处理：原判决认定事实清楚，适用法律准确的，判决驳回上诉，维持原判；原判决适用法律错误的，依法改判；原判决认定事实错误，或认定事实不清，证据不足，裁定撤销原判，发回原审人民法院重审，也可以在查清事实后改判；原判决违反法定审理程序，可能影响案件正确判决的，裁定撤销原判决，发回原审人民法院重审。当事人对重审案件的判决、裁定，仍可以上诉。

第二审法院的判决和裁定，是终审的判决和裁定，一经宣告并送达即发生法律效力。

按照民事诉讼法的规定，第二审法院审理不服判决的上诉案件，应当在第二审法院立案之日起 3 个月内审结。有特殊情况需要延长的报请本院院长批准，由院长根据案件的具体情况，在保证案件的审判质量的原则下，予以审批。第二审法院审理不服裁定的上诉案件，应当在法院立案之日起 30 日内作出终审裁定。

二、审判监督程序

审判监督程序即再审程序，是指对已经发生法律效力的判决、裁定、调解书，人民法院认为确有错误，对案件进行再审理的过程。

审判监督程序是对已经发生法律效力的裁判进行再审。它的提起，只能是特定的机关和人员。有权提起再审的主体，或者是各级人民法院院长、上级人民法院及最高人民法院；或者是由有检察监督权的人民检察院提起抗诉；或者是当事人依照法定的条件申请再审。

提起审判监督程序，必须是案件的裁判在认定事实或适用法律上确有错误；否则，不可能引起再审。也就是说，审判监督程序的审理对象只能是已经发生法律效力的、有错误的裁判。

审判监督程序的提起有特定的时间限制。人民法院基于审判监督权提起再审及人民检察院基于监察监督权提起抗诉，不受时间限制；但当事人申请再审，应当在判决、裁定发生法律效力后 2 年内提出。

人民法院审理再审案件适用的程序取决于生效裁判的情况，如果生效裁判是由第一审法院作出的，按照第一审程序审理；如果生效裁判是由第二审法院作出的，按照第二审程

序审理。同时，按照审判监督程序再审的案件，应当裁定中止原裁决的执行。

第十一节　督促程序、公示催告程序、企业法人破产还债程序

一、督促程序

督促程序，又称债务催偿程序，是指人民法院根据债权人的申请，向债务人发出支付令，催促债务人在法定期限内向债权人清偿债务的法律程序。

根据我国民事诉讼法第 214 条及最高人民法院有关司法解释，督促程序适用于债权人请求债务人给付金钱、有价证券的案件。

督促程序是一种非诉讼程序，无须开庭审理。债权人向人民法院提出请求签发支付令的书面文件，人民法院接到申请后，应对申请进行审查。这种审查包括两部分，即形式上的审查和内容上的审查。形式上的审查从接到申请人的申请之日起即开始，并在 5 日内结束。通过形式上的审查，决定是否受理申请。人民法院受理申请后，应对申请进行内容上的审查。这种审查应在法院决定受理申请之日开始，并在 15 日内作出是否发布支付令的决定。

经过审查，人民法院认为债权债务关系明确、合法，应当在受理申请之日起 15 日内直接向债务人发布支付令；否则，应以裁定驳回债权人的申请，该裁定不得上诉。

根据民事诉讼法第 216 条第 3 款的规定，债务人自收到支付令之日起 15 日内向人民法院提出书面异议，债务人口头异议无效。人民法院收到债务人的书面异议后，认定异议无效的，应当以适当方式尽快告知债务人；认为异议有效，即异议成立，产生两个法律后果：

(1) 终结督促程序。此裁定一经作出，即产生法律效力，债权人不得上诉。人民法院可告知债权人另行起诉。

(2) 支付令自行失效。人民法院支付令生效的条件是债务人在规定的期限内没有清偿债务，也不提出书面异议，或者提出的异议被人民法院驳回。如果债务人提出书面异议成立，则支付令自行失效。

二、公示催告程序

公示催告程序是指在票据持有人的票据被盗、遗失或者灭失的情况下，人民法院根据当事人的申请，以公告的方式催告利害关系人在一定期间内申报权利，如果逾期无人申报，根据申请人的申请，依法作出除权判决的程序。

根据民事诉讼法第 218 条第 1 款规定，公示催告的适用范围有两大类：一是按照规定可以背书转让的票据被盗、遗失或灭失的；二是依照法律规定可以申请公示催告的其他事项。

当事人申请公示催告，必须符合以下几个条件。

(1) 申请人必须是享有申请权的票据持有人。

(2) 具有明确、合法的申请形式和理由。

(3) 向有管辖权的人民法院申请。根据民事诉讼法第 218 条的规定，公示催告案件由票据支付地的基层人民法院管辖。

人民法院收到公示催告申请后，应当立即审查并决定是否受理。经审查，认为申请符合条件的，应当受理，并通知申请人；认为不符合条件的，应当在 7 日内裁定驳回申请。

根据民事诉讼法第 219 条的规定，人民法院决定受理申请，应当同时通知支付人停止支付，并在 3 日内发出公告，催促利害关系人申报权利。公告期间的长短，由人民法院根据案件的具体情况决定，但最短不得少于 60 天。如果在公示催告期间内有利害关系人出面向人民法院申报权利，法院应裁定终结公示催告程序，此后不论原申请人或者申报人都可以向法院起诉，转入普通诉讼程序。

三、企业法人破产还债程序

民事诉讼法规定的企业法人破产还债程序，只适用于全民所有制企业以外的企业法人。至于全民所有制企业的破产程序，仍适用破产法的规定。

债权人申请宣告债务人破产必须具备两个条件：一是债权人的债权必须已经到清偿期；二是债务人确实有不能清偿到期债务的客观事实。

人民法院接到破产申请后，应当对申请破产是否合法进行审查。经审查，认为申请不具备形式要件的，裁定不予受理；不具备实质要件的，裁定驳回申请；符合条件的，立案受理。法院受理案件后，破产程序随即开始。

人民法院受理破产案件，如果破产申请是由债务人提出的，法院在收到债务人提交的债务清册后 10 日内，将受理破产案件的情况用公告或通知的形式告知利害关系人和债权人，以便其他债权人自公告后的 3 个月内向法院申报债权。破产申请如果是债权人提出的，法院应当在受理案件后 10 日内，向债务人发出通知，让债务人在收到通知后的 15 日内向法院说明企业亏损情况，提交有关的会计报表、债务清册和债券清册。法院在收到债务人提交的有关材料后，须在 10 日内通知已知的债权人；对未知的债权人，要以公告的方式通知。

进入破产程序后，法院可以组织有关机关和人员成立清算组织，负责破产财产的报关、清理、估价、处理和分配。破产财产除已设定抵押或担保者外，应优先拨付破产程序的费用，然后按下列顺序清偿：①所欠职工工资和劳动保险费用；②所欠税款；③其他债权。破产财产不足清偿同一顺序的清偿要求的，按照比例分配。

第十二节 执 行 程 序

执行是指人民法院的执行组织依照法定的程序，对发生法律效力的法律文书确定的给付内容，以国家强制力为后盾，依法采取强制措施，迫使义务人履行义务的行为。强制执行对于体现法制的权威性和严肃性，保护当事人合法权益，教育公民遵守法律，都具有重

要意义。

一、执行依据和执行法院

执行依据是指能够据以执行的法律文书。这种法律文书主要有以下三类：①人民法院制作的具有执行内容的法律文书，包括民事判决、裁定、调解书和支付令、刑事裁判中的财产部分；②其他机关制作的由人民法院执行的法律文书，其中包括公证机关依法赋予强制执行效力的债权文书、仲裁机构制作的依法由人民法院执行的仲裁裁决书；③人民法院制作的承认并执行外国法院判决、裁定或者外国仲裁机构的裁决的裁定书。

根据民事诉讼法第 224 条的有关规定，由人民法院制作的具有财产内容的民事判决、裁定、调解书和刑事判决、裁定中的财产部分，由第一审人民法院执行；发生法律效力的支付令，由制作支付令的人民法院负责执行；法律规定的由人民法院执行的其他法律文书，由被执行人住所地或者被执行人的财产所在地人民法院执行；当事人分别向上述人民法院申请执行的，由最先接受申请的人民法院执行。

二、执行异议

执行异议是指在执行过程中，案外人对被执行的财产的全部或一部分主张权利并要求人民法院停止并变更执行的请求。

根据民事诉讼法第 226 条的规定，在执行过程中，案外人对执行标的提出异议的，执行人员应当按照法定程序进行审查，理由不成立的，予以驳回；理由成立的，由院长批准中止执行。对案外人提出的异议一时难以确定是否成立，案外人已提供确实有效的担保的，可以解除查封、扣押裁定。申请执行人提供确实有效的担保的，可以继续执行。

三、委托执行

委托执行是指有管辖权的人民法院遇到特殊情况，依法将应由本法院执行的案件送交有关的法院代为执行。依照民事诉讼法第 229 条的规定，被执行人或者执行的财产在外地的，负责执行的人民法院可以委托当地人民法院代为执行，也可以直接到当地执行。受委托的人民法院收到委托函后，必须在 15 日内开始执行，不得拒绝。执行完毕后，应将执行结果函复委托人民法院。

四、执行和解

执行和解是指在执行过程中，申请执行人和被执行人自愿协商，达成协议，并经人民法院审查批准后，结束执行程序的行为。

根据民事诉讼法第 230 条的规定，在执行中，双方当事人自行和解达成协议的，人民法院的执行人员应当将协议内容记入笔录，由双方当事人签名盖章。

五、执行担保

执行担保是指在执行过程中，被执行人确有困难暂时没有偿付能力的，向人民法院提供担保，并经申请执行人同意，由人民法院决定暂缓执行及暂缓执行的期限。这是执行中的变通性制度。

执行担保由被执行人提出申请，并经申请执行人同意，由人民法院决定是否准许。人民法院决定暂缓执行的，如果担保是有期限的，暂缓执行的期限应与担保期限一致，但最长不得超过 1 年。

根据民事诉讼法第 231 条和最高人民法院有关司法解释的规定，被执行人在人民法院决定暂缓执行的期限届满后仍不履行义务的，人民法院可以直接执行担保财产，或者裁定执行担保人的财产，但执行担保人的财产以担保人应当履行义务部分的财产为限。

六、执行回转

执行回转是指执行完毕后，由于法定原因使已经被执行的财产的一部分或全部返还给被执行人，恢复至执行程序开始前的状态。执行回转的目的在于纠正由于法律文书不当而造成的执行失误，保护当事人的合法权益，实质上是对案件的再执行。

执行回转应当由人民法院作出执行回转的裁定，责令取得财产的人返还财产。能返还原物的，应当返还原物，不能返还原物的或者返还原物对权利人显失公平的，应当由取得财产的人赔偿损失，具体数额由人民法院核定。

七、执行措施

人民法院执行人员在接到当事人的申请执行书、审判员移交的执行书或外地法院委托执行的函件后，应当在 10 日内了解案情，并通知被申请执行人在指定期限内履行。逾期不履行的，人民法院有权向银行、信用社和其他有储蓄业务的单位查询被执行人的存款情况，有权冻结、划拨被执行人的存款；扣留、提取被执行人的收入；查封、扣押、拍卖、变卖被执行人的财产。实行上述强制措施时，应由法院作出裁定。

法律文书指定交付财物或票证的，由执行员传唤双方当事人当面交付，或由执行员转交，并由被交付人签收。当事人以外的单位或公民持有该项财物或票证的，法院应通知其交出；拒不交出的，强制执行。

被执行人不履行法律文书确定的义务并隐匿财产的，经法院院长签发搜查令，法院有权对被执行人及其住所或者财产隐匿地进行搜查。强制迁出房屋或强制退出土地，由院长签发公告，责令被执行人在指定期间内履行。逾期不履行的，由执行人员强制执行。

此外，近年来，民事诉讼中的虚假陈述、伪证、虚假调解、恶意串通损害他人利益、规避执行等类案件数量呈不断上升趋势，为此新实施的《民诉法司法解释》规定了被执行人不履行执行义务纳入“黑名单”，即对被执行人不履行法律文书确定的义务的，人民法

院除对被执行人罚款外，还可以根据情节将其纳入失信被执行人名单，将被执行人不履行义务或不完全履行义务的信息向其所在单位、征信机构以及其他相关机构通报，该规定促使当事人在诉讼中提高诚信度。

八、执行的中止和终结

在执行过程中，因出现法律规定的特殊情况而暂时停止执行，称为执行中止。这些情况有：申请人表示可以延期执行的；案外人对执行标的提出确有理由的执行异议的；作为一方当事人的公民死亡，需要等待继承人继承权利或承担义务；作为一方当事人的法人或其他组织终止，尚未确定权利义务承受人的；人民法院认为应当中止执行的其他情形。

执行中止由人民法院作出裁定。执行中止的原因消除后，由当事人申请或人民法院依照职权恢复执行程序，继续执行。

在执行过程中，由于发生某些特殊情况，执行程序不可能或没有必要继续进行，从而结束执行程序的制度，称为执行终结。执行终结是执行程序的非正常结束。在执行过程中，引起执行终结的情况有：申请人撤销执行申请的，据以执行的法律文书被撤销的；作为被申请执行人的公民死亡，无遗产可供执行，又无义务承担人的；追索赡养费、抚养费、抚育费案件的权利人死亡的；作为被执行人的公民因生活困难无力偿还借款，无收入来源，又丧失劳动能力的；人民法院认为应当终结执行的其他情形。

执行终结，应当由人民法院作出裁定。执行终结的裁定，当事人不能提起上诉，也不能申请复议。

第十三节　涉外民事诉讼程序

涉外民事诉讼程序是指人民法院审理具有涉外因素的民事案件所适用的程序。所谓涉外因素是指诉讼一方或双方当事人是外国人、无国籍人或外国企业和组织或者当事人之间民事法律关系发生、变更、消灭的事实发生在国外，或者当事人之间争议的标的物在国外，具有其中之一的民事诉讼就是涉外民事诉讼。

我国现行民事诉讼法设专篇对涉外民事诉讼程序作了特别规定。人民法院审理涉外民事案件时，有特别规定的，适用有关的特别规定；没有特别规定的，适用民事诉讼法的其他有关规定。

一、涉外民事诉讼程序的一般原则

在涉外民事诉讼程序中，人民法院、当事人以及诉讼参与人除遵守民事诉讼的一般原则外，还必须遵循有关涉外民事诉讼的特殊原则。这些原则包括：适用我国民事诉讼法原则；适用我国缔结或者参加的国际条约的原则；司法豁免原则；使用我国通用的语言、文字原则；委托中国律师代理诉讼原则等。

二、涉外民事诉讼的管辖

我国民事诉讼法对于因合同纠纷或者其他财产权益纠纷而对在中华人民共和国领域内没有住所的被告提起的诉讼，如果合同在中华人民共和国领域内签订或履行，或诉讼标的物在中华人民共和国领域内，或者被告在中华人民共和国领域内有可供扣押的财产的，或者被告在中华人民共和国领域内有代表机构的，可以由合同签订地、合同履行地、诉讼标的物所在地、可供扣押的财产所在地、侵权行为地或代表机构住所地人民法院管辖。

涉外合同或者涉外财产权益纠纷的当事人，可以用书面协议选择与争议有实际联系的地点的法院管辖。选择中华人民共和国法院管辖的，不得违反民事诉讼法关于级别管辖和专属管辖的规定。

涉外民事诉讼的被告对人民法院管辖不提出异议，并应诉答辩的，视为承认该人民法院为有管辖权的法院。

对于因在中国领域内履行中外合资经营企业合同、中外合作经营企业合同、中外合作勘探开发自然资源合同发生纠纷提起的诉讼，由中国法院管辖。

三、涉外民事诉讼中的期间与送达

在涉外民事诉讼中，如果当事人在我国领域内有住所的，适用民事诉讼法关于期间的一般规定；如果当事人不在我国领域内居住的，则适用民事诉讼法涉外诉讼程序中的特别规定，即凡被告或被上诉人在中国没有住所的，其答辩期与上诉期均为30日。另外，人民法院审理涉外民事案件期限不受民事诉讼法第一审普通程序和第二审程序审理的限制。

在涉外民事诉讼中，如果当事人在我国领域内居住，诉讼文书和法律文书的送达方式适用我国民事诉讼法的一般规定；如果当事人在我国领域内没有住所，则按照涉外民事诉讼程序的特别规定送达。

对于涉外民事诉讼中法律文书的送达可以采用这样几种方式：依条约规定的方式送达；通过外交途径送达；由我国驻外使、领馆代为送达；向受送达人委托的人送达；向受送达人设在我国的代表机构送达；邮寄送达。在以上几种送达方式都不能采用时，可以公告送达，自公告之日起满6个月即视为送达。

四、司法协助

司法协助是指不同国家的法院之间，根据本国缔结或参加的国际公约，或者按照互惠原则，在司法实务上相互协助，代为一定的诉讼行为。

我国人民法院与外国法院之间的司法协助有两种途径：一是依照我国缔结或者参加的国际公约所规定的途径进行；二是没有条约关系的通过外交途径进行。我国提供司法协助，依照我国法律规定的程序进行，外国法院请求采用特殊方式的，也可按照其请求的特殊方式进行，但请求采用的特殊方式不得违反我国法律。

思考与练习

一、简答题

1. 民事诉讼的基本原则是什么?
2. 现阶段我国民事诉讼证据包括哪些?
3. 简述我国的第一审普通程序的基本阶段。

二、案例分析

李大虎(男)与范小雪(女)系同村农民。2015 年 9 月的一天，范小雪与其儿子孙少军(15 岁)到李大虎承包的果园里偷了一篮子桃子，被李大虎的妻子代红芬发现，引起双方对骂。李大虎得知此事后，即将孙少军打伤，造成医药费等经济损失 600 元。于是，范小雪以李大虎和代红芬为被告向某县人民法院起诉，要求二被告赔偿自己的经济损失。受诉人民法院传唤范小雪与李大虎、代红芬到庭(李大虎因遇车祸正在住院治疗未能出庭)，经审理，法院作出了李大虎、代红芬败诉的判决。被告方不服，提起上诉。在上诉期间，该县人民法院院长发现本案在程序上有重大失误，于是指令原承办此案的审判员进行再审，并作出再审判决。

1. 本案在一审程序中的重大失误是什么?
2. 一审法院发现失误后所采取的处理方法是否正确？为什么?

【解析】

本案在第一审程序中存在一些重大失误，表现在：其一，范小雪不具备原告资格，因为她与本损害赔偿纠纷没有直接的利害关系，原告应当是范小雪的儿子孙少军，因而法院受理范小雪的起诉是错误的，应当以孙少军作为原告。由于孙少军尚未成年，没有诉讼行为能力，可以由其母亲范小雪作为法定代理人出庭进行诉讼。其二，代红芬不具备被告资格，因为她对孙少军没有实施侵权行为，因此她与本案也无直接利害关系。其三，只有李大虎才是本案中符合条件的被告，但该县人民法院在被告因不可抗拒的事由不能参加诉讼的情况下，不是依法裁定中止诉讼，而是随即作出一审判决，这是违反法定程序的。

第一审法院发现失误后的处理方法是错误的。在上诉期间内，第一审法院不得对未生效裁判进行再审。根据《最高人民法院关于适用〈中华人民共和国民事诉讼法〉若干问题的意见》第 163 条的规定：一审宣判后，原审人民法院发现判决有错误，当事人在上诉期内提出上诉的，原审人民法院可以提出原判决有错误的意见，报送第二审人民法院，由第二审人民法院按照第二审程序进行审理；当事人不上诉的，按照审判监督程序处理。本案中，当事人在上诉期内依法提起了上诉，第一审法院应当将原判决有错误的意见报送第二审人民法院，而不得再自行决定对案件的再审。而且，即使本案第一审判决因双方当事人都不上诉而生效了，那么原审法院决定再审时也应当重新组成合议庭，而不得由原来承办案件的审判员再审。

第五章　刑　　法

学习目标

了解我国刑事立法现状；熟悉中国刑法及相关司法解释；掌握我国刑法的基本理论和概念；比较熟练地运用刑法理论分析基本刑事案例。

第一节　刑 法 概 述

一、刑法的概念和任务

刑法是国家的基本法律之一，是规定犯罪、刑事责任与刑罚的法律。具体而言，刑法是以国家名义规定什么行为是犯罪和应负的刑事责任，并给犯罪人以何种刑罚处罚的法律。广义刑法是关于犯罪及其刑事责任的法律规范的总和，即包括刑法典、单行刑法与附属刑法；狭义刑法是指刑法典。“刑法”一词有时在狭义上使用，有时也在广义上使用。

刑法第 2 条指出：“中华人民共和国刑法的任务，是用刑罚同一切犯罪行为作斗争，以保卫国家安全，保卫人民民主专政和社会主义制度，保护国有财产和劳动群众集体所有的财产，保护公民私人所有的财产，保护公民的人身权利、民主权利和其他权利，维护社会秩序、经济秩序，保障社会主义建设事业的顺利进行。”根据这一规定，我国刑法的任务是惩罚犯罪与保护人民的统一，惩罚犯罪与保护人民是手段与目的的关系。惩罚犯罪是指采用刑罚的方法，同一切危害国家安全的和其他的刑事犯罪行为作斗争。惩罚犯罪的目的是为了保护人民，根据我国刑法的规定，保护人民主要是指保护国家的根本政治制度和公民的合法权益。具体表现在以下 4 个方面。

(1)　保卫国家安全，保卫人民民主专政的政权和社会主义制度。

(2)　保护国有财产和劳动群众集体所有的财产，保护公民私人所有的财产。

(3)　保护公民的人身权利、民主权利和其他权利。

(4)　维护社会秩序和经济秩序。

二、刑法的基本原则

刑法的基本原则是刑法的灵魂与核心，是刑法的内在精神的集中体现。刑法的第 3 条至第 5 条对刑法基本原则作了规定，它对我国刑法的制定与适用都具有重要意义。

1. 罪刑法定原则

我国刑法第 3 条规定：“法律明文规定为犯罪行为的，依照法律定罪处刑；法律没有

明文规定为犯罪行为的，不得定罪处刑。”

刑法第 3 条的规定阐明了罪刑法定原则，罪刑法定原则的基本含义可概括为：什么是犯罪，有哪些犯罪，各种犯罪的构成条件是什么，有哪些刑种，各个刑种如何适用，各种具体罪的具体量刑幅度是什么，都由刑法加以规定。对于刑法分则没有明文规定为犯罪的行为，不得定罪处罚。即“法无明文规定不为罪，法无明文规定不处罚”。

罪刑法定原则来源于资产阶级启蒙思想，主要反对封建刑法中的罪行擅断、践踏人权行为，这一原则的确立，不仅有利于维护社会秩序，也有利于保障人权。

我国 1979 年刑法没有规定罪刑法定原则，还在第 79 条中规定了有罪类推制度。1997 年刑法从完善我国刑事法治、保障人权的需要出发，明文规定了罪刑法定原则，并废止类推，成为我国刑法发展史上的一个重要标志。

2. 平等适用刑法原则

法律面前人人平等是我国宪法确立的社会主义法治原则。这一原则要真正取得效果，要在各个部门法律中得到贯彻执行。鉴于我国司法实践中适用刑法不平等的现象在现阶段还比较严重，我国刑法第 4 条明确规定：“对任何人犯罪，在适用法律上一律平等，不允许任何人有超越法律的特权。”适用刑法人人平等原则的基本含义就是：就犯罪人而言，任何人犯罪，都应当受到法律的追究；任何人不得享有超越法律规定的特权；对于一切犯罪行为，不论犯罪人的社会地位、家庭出身、职业状况、政治面貌、才能业绩如何，都一律平等地适用刑法，在定罪量刑时不应有所区别，一视同仁，依法惩处。就被害人而言，任何人受到犯罪侵害，都应当依法追究犯罪、保护被害人的权益，被害人同样的权益，应当受到刑法同样的保护，不得因为被害人身份地位、财产状况等情况的不同而对犯罪人予以不同的刑法适用。

3. 罪责刑相适应原则

所谓罪责刑相适应原则是指：犯多大的罪，就应当承担多大的刑事责任，法院亦应判处其相应轻重的刑罚，做到重罪重罚，轻罪轻罚，罚当其罪，罪刑相称。我国刑法第 5 条规定：“刑罚的轻重，应当与犯罪分子所犯罪行和承担的刑事责任相适应。”根据这一规定，在刑事司法中，对犯罪分子裁量刑罚，不仅要看犯罪行为及其所造成的危害结果，而且也要看整个犯罪事实和罪犯各方面综合因素，真正实现刑罚个别化。

三、刑法的适用范围

刑法的适用范围，即刑法的效力范围，是指刑法在什么地方、对什么人和在什么时间内具有效力。刑法的适用范围分为刑法的空间效力与刑法的时间效力。

1. 刑法的空间效力

刑法的空间效力所解决的是一国刑法在什么地域、对什么人适用的问题。从各国刑法及国际条约的规定来看，一国刑法不仅能适用于本国领域内，而且在一定条件下也能适用

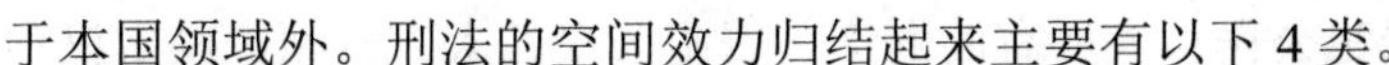

于本国领域外。刑法的空间效力归结起来主要有以下 4 类。

(1) 属人管辖原则。这里的属人管辖原则，是指积极的属人管辖原则，即本国公民在国外犯罪的，适用本国刑法。

(2) 属地原则。即不管是本国人还是外国人，只要是在本国领域内犯罪，就适用本国刑法。

(3) 保护管辖原则。保护管辖原则的基本含义是无论本国人还是外国人，其在国外的犯罪行为，只要侵犯了本国国家利益或者本国公民的权益，就适用本国刑法。

(4) 普遍管辖原则。普遍管辖原则以保护各国的共同利益为标准，认为凡是国际公约或者条约所规定的侵犯各国共同利益的犯罪，不管犯罪人的国籍与犯罪地的属性，缔约国或参加国发现犯罪人在其领域之内时便行使刑事管辖权。

上述各项原则，都有一定的局限性，现代世界上大多数国家的刑法，都是采取以属地原则为主，兼采其他原则。我国也是采取这样的原则。

2. 刑法的时间效力

刑法的时间效力，是指刑法的生效时间、失效时间以及对刑法生效前所发生的行为是否具有溯及力的问题。

(1) 刑法的生效时间有两种方式：一是从公布之日起生效，二是公布之后经过一段时间再施行。我国现行刑法是 1997 年 3 月 14 日公布，于同年 10 月 1 日开始施行。

(2) 法律的失效时间，即法律终止效力的时间，通常要由立法机关作出决定。从世界范围看，法律失效的方式有很多种，诸如新法公布实施后旧法自然失效，立法机关明确宣布废止某一法律，某一法律在制定时即规定了有效期限等。

(3) 刑法的溯及力，即刑法生效以后，对于其生效以前未经审判或者判决尚未确定的行为是否适用的问题，如果适用，就是有溯及力；如果不适用就是没有溯及力。刑法第 12 条第 1 款规定：“中华人民共和国成立以后本法施行以前的行为，如果当时的法律不认为是犯罪的，适用当时的法律；如果当时的法律认为是犯罪的，依照本法总则第四章第八节的规定应当追诉的，按照当时的法律追究刑事责任，但是如果本法不认为是犯罪或者处刑较轻的，适用本法。”本条第 2 款规定：“本法施行以前，依照当时的法律已经作出的生效判决，继续有效。”

第二节 犯　罪

一、犯罪概念和构成

(一)犯罪概念和特征

我国刑法第 13 条明确规定为：“一切危害国家主权、领土完整和安全，分裂国家，颠覆人民民主专政的政权和推翻社会主义制度，破坏社会秩序和经济秩序，侵犯国有财产或

者劳动群众集体所有的财产，侵犯公民私人所有的财产，侵犯公民的人身权利、民主权利和其他权利，以及其他危害社会的行为，依照法律应当受刑罚处罚的，都是犯罪，但是情节显著轻微、危害不大的，不认为是犯罪。”它具有以下三个共同特征。

1. 社会危害性

行为具有社会危害性，是犯罪的基本特征。刑法第13条列举的犯罪基本内容，概括起来表现在以下四个方面。

(1) 危害人民民主专政的政权，即社会主义制度的政治基础。

(2) 危害国家所有和劳动群众集体所有的财产，即社会主义制度的经济基础。

(3) 侵犯公民的人身权利、民主权利和其他权利。

(4) 破坏社会秩序和经济秩序。

行为的社会危害性是该行为构成犯罪的根本原因之所在。在认定犯罪的时候，应当十分注意考察行为人的行为是否具有社会危害性及社会危害性是否达到了犯罪的程度。

2. 刑事违法性

刑事违法性是犯罪的法律特征，是刑法对具有社会危害性的犯罪行为的否定的法律评价。

3. 应受刑罚处罚性

犯罪不仅是具有社会危害性、触犯刑律的行为，而且是应受刑罚处罚的行为，即具有应受惩罚性。应受刑罚惩罚性也就是危害行为应承担相应的法律后果。这个特征表明，如果一个行为不应当受刑罚处罚，也就意味着它不是犯罪。

犯罪的以上三个基本特征是紧密结合的，一定的社会危害性是犯罪最基本的属性，是刑事违法性和应受刑罚惩罚性的基础，社会危害性如果没有达到违反刑法、应受刑罚处罚的程度，也就不构成犯罪。因此，这三个特征都是必要的，是任何犯罪都同时具备的。

(二)犯罪构成

犯罪构成，是指我国刑法规定的，决定某一行为的社会危害性及其程度而为该行为构成犯罪所必需的一切主观要件与客观要件的有机统一。犯罪构成具有以下四个要件。

1. 犯罪客体

犯罪客体是指我国刑法所保护而为犯罪行为所侵犯的社会主义社会关系。在刑法学中，通常把犯罪客体分为三种，即一般客体、同类客体、直接客体。犯罪的一般客体是指一切犯罪所共同侵犯的客体，即我国刑法所保护的整个社会主义社会关系。犯罪的同类客体是指某一类犯罪所共同侵犯的客体，即刑法所保护的社会主义社会关系的某一部分或者某一方面。我国刑法分则所规定的十类犯罪就是根据犯罪的同类客体划分的。犯罪的直接客体是指某一种犯罪所直接侵犯的具体的社会主义社会关系，即刑法所保护的社会主义社会关系的某个具体部分。

2. 犯罪客观要件

犯罪的客观要件是犯罪活动的客观外在表现，具体是指说明某种犯罪是通过什么样的行为、在什么样的条件下对刑法所保护的社会关系进行侵犯，以及这种侵犯造成了什么样的后果的事实特征。犯罪客观要件包括必要要件(危害行为)、绝大多数犯罪的要件(危害结果)和选择要件(犯罪的时间、地点、方法)，同时，还要研究危害行为与危害结果之间的因果关系。

3. 犯罪主体

犯罪主体是指实施犯罪行为并应承担刑事责任的人。犯罪主体是犯罪构成的一个必要要件。根据我国刑法的规定，犯罪主体分为两类，即自然人犯罪主体和单位犯罪主体。

4. 犯罪主观要件

犯罪主观要件是指行为人对其所实施的危害社会的行为及其危害结果所持的故意或过失的心理态度，包括犯罪故意和犯罪过失。犯罪故意是指明知自己的行为会发生危害社会的结果，并且希望或者放任这种结果发生的心理态度；犯罪过失是指行为人应当预见自己的行为可能发生危害社会的结果，因为疏忽大意而没有预见或者已经预见而轻信能够避免，以致发生这种结果的心理状态。

二、排除犯罪的事由

排除犯罪的事由，是指虽然在客观上造成了一定损害结果，表面上符合某些犯罪的要件，但实际上没有犯罪的社会危害性，实质上并不符合犯罪构成要件，依法不成立犯罪的事由，主要包括正当防卫和紧急避险。

(一)正当防卫

刑法第 20 条第 1 款规定，为了使国家、公共利益、本人或者他人的人身、财产和其他权利免受正在进行的不法侵害，而采取的制止不法侵害的行为，对不法侵害人造成损害的，属于正当防卫，不负刑事责任。

正当防卫应当符合下列条件。

(1) 防卫起因：存在现实的不法侵害。不法侵害必须客观存在，如果不法侵害是当事人臆想的，就是“假想防卫”，如果假想防卫的社会危害程度达到了犯罪程度，应根据当事人主观上是否有过失，按过失犯罪或意外事件处理。

(2) 防卫时间：不法侵害正在进行。如果不法侵害尚未发生，正处于预备阶段或犯意准备阶段而事先防卫，实际上是一种“先下手为强”，即“事先防卫”，如果事先防卫的社会危害程度达到了犯罪程度，应当追究刑事责任。或者不法侵害已经结束，是“事后防卫”， 如果事后防卫的社会危害程度达到了犯罪程度，应根据防卫人主观上是否有过失，按过失犯罪或意外事件处理。

(3) 防卫意图：为了使国家、公共利益、本人或者他人的人身、财产和其他权利免受正在进行的不法侵害。

(4) 防卫对象：只能针对不法侵害人本人进行防卫。

(5) 限度条件没有明显超过必要限度造成重大损害。同时刑法第 20 条第 2 款的规定，防卫过当应当负刑事责任。

我国刑法第 20 条第 2 款规定，正当防卫明显超过必要限度造成重大损失的，应当负刑事责任，但应当减轻或者免除处罚。

(二)紧急避险

刑法第 21 条第 1 款规定，为了使国家、公共利益、本人或者他人的人身、财产和其他权利免受正在发生的危险，不得已采取的紧急避险行为，造成损害的，不负刑事责任。

紧急避险应当符合下列条件。

(1) 避险起因：合法权益面临现实危险。

(2) 避险时间：危险正在发生。

(3) 避险起因：为了使国家、公共利益、本人或者他人的人身、财产和其他权利免受正在发生的危险，出于不得已而损害另一合法权益。

(4) 避险对象：第三者的合法权益。

(5) 避险限度：没有超过必要限度造成不应有的损害。同时刑法第 21 条第 2 款规定：“紧急避险超过必要限度造成不应有的损害的，应当负刑事责任，但是应当减轻或者免除处罚。”

三、故意犯罪的形态

故意犯罪的形态，是指故意犯罪在其发生、发展到完成犯罪的过程中，因主客观原因而停止下来的各种犯罪状态。故意犯罪形态，按其停止下来时犯罪是否完成为标准，可分为两种类型：一是犯罪的完成形态，即犯罪的既遂形态；二是犯罪的未完成形态，即犯罪的预备形态、未遂形态和中止形态。

(一)犯罪预备

刑法第 22 条第 1 款规定：“为了犯罪，准备工具、制造条件的，是犯罪预备。”犯罪预备具有以下 4 个特征：①主观上为了犯罪。②客观上实施了犯罪预备行为。③事实上未能着手实行犯罪，一是预备行为没有完成，因而不可能着手实行犯罪；二是预备行为虽已完成，但由于某种原因未能着手实行犯罪。④未能着手实行犯罪是由于行为人意志以外的原因。

刑法第 22 条第 2 款规定：“对于预备犯，可以比照既遂犯从轻、减轻处罚或者免除处罚。”

(二)犯罪未遂

刑法第 23 条第 1 款规定："已经着手实行犯罪，由于犯罪分子意志以外的原因而未得逞的，是犯罪未遂。"犯罪未遂具有以下三个特征：①犯罪分子已经着手实行犯罪；②犯罪未得逞；③犯罪未得逞是由于犯罪分子意志以外的原因。

刑法第 23 条第 2 款规定，对于未遂犯，可以比照既遂犯从轻或者减轻处罚。

(三)犯罪中止

刑法第 24 条第 1 款规定："在犯罪过程中，自动放弃犯罪或者自动有效地防止犯罪结果发生的，是犯罪中止。"犯罪中止具有以下特征：①中止的时间性，指犯罪中止必须发生在犯罪过程中，即犯罪中止可以发生在犯罪预备，犯罪未遂的过程中，犯罪一旦既遂，便没有中止可言；②中止的自动性，指犯罪分子在自己认为有可能将犯罪进行到底的情况下，出于本人意愿而自动地放弃了犯罪；③中止的有效性，指在犯罪完成以前自动放弃犯罪或者有效地防止犯罪结果的发生。例如，某甲在某乙饭里投了毒药，如果某甲要中止杀人，就要采取积极措施不让某乙把饭吃下去；如果某乙已经吃下去，某甲就要积极抢救，以阻止某乙死亡，并且，只有有效地阻止了死亡结果发生，才能视为犯罪中止。

刑法第 24 条第 2 款规定："对于中止犯，没有造成损害的，应当免除处罚；造成损害的，应当减轻处罚。"

四、共同犯罪

共同犯罪是指二人以上共同故意犯罪。

成立共同犯罪必须具备：必须二人以上；必须有共同的犯罪故意；必须有共同的犯罪行为。

我国刑法将共同犯罪分为以下几种。

(一)主犯

刑法第 26 条第 1 款规定："组织、领导犯罪集团进行犯罪活动的或者在共同犯罪中起主要作用的，是主犯。"刑法第 97 条规定："本法所称首要分子，是指在犯罪集团或者聚众犯罪中起组织、策划、指挥作用的犯罪分子。"可以看出我国刑法中的主犯有以下三种：在犯罪集团中起组织、策划、指挥作用的犯罪分子；在聚众犯罪中起组织、策划、指挥作用的犯罪分子；其他在共同犯罪中起主要作用的犯罪分子。主犯的刑事责任可分两种情形：一是对组织、领导犯罪集团的首要分子，按照集团所犯的全部罪行处罚；二是对其他的主犯，应当按照其所参与的或者组织、指挥的全部犯罪处罚。

(二)从犯

在共同犯罪中起次要或者辅助作用的，是从犯。从犯从其在共同犯罪中所处的地位看，从属于主犯；从其在共同犯罪中所起的作用来看，起次要的或者辅助作用，包括在共同犯

罪中起次要作用的从犯和在共同犯罪中起辅助作用的从犯。刑法第27条第2款规定：对于从犯，应当从轻、减轻处罚或者免除处罚。

(三)胁从犯

胁从犯是指被胁迫参加犯罪的人，这里的被胁迫是指由于各种原因而在精神上受一定程度的威逼或者强制。在这种情况下，行为人没有完全丧失意志自由，因此仍应对其犯罪行为承担刑事责任。刑法第28条明确规定：对于胁从犯，应当按照他的犯罪情节减轻或者免除处罚。

(四)教唆犯

教唆他人犯罪的，是教唆犯。教唆犯以劝说、利诱、怂恿、收买、威胁及其他方法，将自己的犯罪意图灌输给本来没有犯罪意图的人，使他人决意实施自己所劝说、授意的犯罪，以达到犯罪目的。确定教唆犯的刑事责任应当注意以下三点：①教唆他人犯罪的，应当按照他在共同犯罪中所起的作用处罚，这是对教唆犯处罚的一般原则；②教唆不满18周岁的人犯罪的，应当从重处罚；③如果被教唆的人没有犯被教唆的罪，对于教唆犯，可以从轻或者减轻处罚。

第三节　刑　　罚

一、刑罚概述和目的

刑罚是刑法规定的，由国家审判机关依法对犯罪分子所适用的限制或剥夺其某种权益的、最严厉的强制性法律制裁的方法。使犯罪人承受一定的剥夺性痛苦，是刑罚的惩罚性质，是刑罚的本质属性。在我国，刑罚掌握在代表全国各族人民利益的人民民主专政国家手中，是维护国家利益、社会利益与公民合法权益的工具。

刑罚目的，是指国家制定刑罚、适用刑罚和执行刑罚所希望达到的结果。刑罚的目的具体表现为特殊预防和一般预防。因为刑罚是作为犯罪的对立物而存在的，因此，创制、适用和执行刑罚的目的，只能是为了预防犯罪。由于预防的对象不同，故把刑罚的目的区分为特殊预防和一般预防。

(一)特殊预防

所谓特殊预防，是指通过对犯罪分子适用刑罚，惩罚改造犯罪分子，预防犯罪分子重新犯罪。特殊预防的对象只能是犯罪人，即实施了危害社会的行为，依法应当承担刑事责任的人。

(二)一般预防

所谓一般预防，是指通过对犯罪分子适用刑罚，威慑潜在的犯罪人，防止尚未犯罪的人走上犯罪道路。一般预防的对象不是犯罪分子，而是没有犯罪的社会成员。这些成员包括以下 4 类。

(1) 危险分子，即具有多次违法犯罪的历史，有犯罪危险的人。

(2) 不稳定分子，即自我控制能力较差、免疫力较低，容易受犯罪诱惑或容易被犯罪分子教唆、拉拢，具有犯罪倾向的人。

(3) 刑事被害人，即直接受犯罪行为侵害，可能对犯罪人或者其亲属实施报复的人。

(4) 其他社会成员，即除上述三种人以外的广大公民。

二、刑罚体系

刑罚体系，是指国家以有利于发挥刑罚的功能、实现刑罚的目的为指导原则，通过刑法的规定而形成的、由一定刑罚种类按其轻重程度而组成的序列。

我国刑罚体系具有体系完整、结构严谨， 宽严相济、目标统一，内容合理、方法人道的特点，它主要包含以下几种。

(一)主刑

主刑是对犯罪分子独立适用的主要刑罚方法。主刑只能独立适用，不能附加适用；一个罪行只能适用一个主刑，不能同时适用两个或两个以上主刑，也不能在附加刑独立适用时附加适用主刑。主要包括管制、拘役、有期徒刑、无期徒刑、死刑。

1. 管制

管制是指对犯罪人不实行关押，依法实行社区矫正交的一种刑罚方法。管制是我国主刑中最轻的一种刑罚方法，适用于罪行较轻、人身危险性较小，不需要关押的犯罪分子。管制作为一种限制人身自由的刑罚，其期限为 3 个月以上 2 年以下；数罪并罚时最高不能超过 3 年。同时，刑法第 38 条规定，被判处管制的犯罪分子，由公安机关执行。管制的刑期，从判决执行之日起计算；判决执行前先行羁押的，羁押 1 日折抵刑期 2 日。

2. 拘役

拘役是剥夺犯罪人短期人身自由，就近实行强制劳动改造的刑罚方法。拘役的期限为 1 个月以上 6 个月以下。拘役的刑期从判决之日起计算，判决以前先行羁押的，羁押 1 日折抵刑期 1 日。被判处拘役的犯罪分子，由公安机关就近执行。

3. 有期徒刑

有期徒刑，是剥夺犯罪分子一定期限的人身自由，实行强制劳动改造的刑罚方法。有期徒刑是剥夺自由刑的主刑，其刑罚幅度变化较大，从较轻犯罪到较重犯罪都可以适用。所以，在我国刑罚体系中，有期徒刑居于中心地位。有期徒刑的期限为 6 个月以上 15 年以下。数罪并罚时，有期徒刑总和刑期不满 35 年的，最高不能超过 20 年；有期徒刑总和刑期在 35 年以上的，最高不能超过 25。有期徒刑的刑期从判处执行之日起计算，判决执行

以前先行羁押的，羁押 1 日折抵刑期 1 日。被判处有期徒刑的犯罪分子，在监狱或者其他执行场所执行。

4. 无期徒刑

无期徒刑是剥夺犯罪分子终身自由，并强制劳动改造的刑罚方法。无期徒刑主要适用于那些不必判处死刑，而又需要与社会永久隔离、罪行严重的危害国家安全的犯罪分子和其他重大刑事犯罪分子以及严重的经济犯罪分子。被判无期徒刑的犯罪分子，在监狱或者其他场所执行；凡是有劳动能力的，都应当参加劳动，接受教育和改造。

5. 死刑

死刑是剥夺犯罪分子生命的刑罚方法，是刑罚体系中最严厉的惩罚手段，因此，死刑只适用于罪行极其严重的犯罪分子。我国刑法第 49 条第 1 款规定：犯罪的时候不满 18 周岁的人和审判的时候怀孕的妇女，不适用死刑。第 49 条第 2 款规定：审判的时候已满 75 周岁的人，不适用死刑，但以特别残忍手段致人死亡的除外。我国刑法第 48 条第 1 款的后半段规定了死刑缓期执行制度：对于应当判处死刑的犯罪分子，如果不是必须立即执行的，可以判处死刑同时宣告缓期二年执行。

(二)附加刑

附加刑是补充主刑适用的刑罚方法。附加刑既可以附加于主刑适用，又可以独立适用。在附加适用时，可以同时适用两个以上附加刑。主要有 4 种：罚金、剥夺政治权、没收财产、驱逐出境。

1. 罚金

罚金是人民法院判处犯罪人向国家缴纳一定数额金钱的刑罚方法。从法律性质上讲，罚金是一种刑罚方法，而非经济制裁、民事制裁或行政处罚，属于财产刑的范畴，是以强制犯罪人(包括自然人和单位)交纳金钱为内容的刑罚方法。罚金具有广泛的适用性，既可适用于处刑较轻的犯罪；也可适用于处刑较重的犯罪。根据刑法第 53 条的规定，罚金的缴纳分为五种情况：限期一次缴纳；限期分期缴纳；强制缴纳；随时追缴；减少或者免除缴纳。

2. 剥夺政治权利

剥夺政治权利是指剥夺犯罪人参加国家管理和政治活动权利的刑罚方法。根据我国刑法第 54 条的规定，剥夺政治权利是剥夺犯罪分子以下权利：选举权和被选举权；言论、出版、集会、结社、游行、示威自由的权利；担任国家机关职务的权利；担任国有公司、企业、事业单位和人民团体领导职务的权利。附加适用剥夺政治权利的对象，主要适用于危害国家安全的犯罪分子、故意杀人、强奸、放火、爆炸、投毒、抢劫等严重破坏社会秩序的犯罪分子和被判处死刑和无期徒刑的犯罪分子，也可适用于普通刑事犯罪。

3. 没收财产

没收财产是将犯罪分子个人所有财产的一部或者全部强制无偿地收归国有的刑罚方法。没收财产属于一种财产刑，也是我国刑罚的附加刑中最重的一种。没收财产主要适用于以下几类犯罪：危害国家安全罪、严重的经济犯罪(例如，刑法第140条规定，犯生产、销售伪劣产品罪，销售金额200万元以上的，处15年有期徒刑或者无期徒刑，并处罚金或者没收财产)和严重的财产犯罪等。没收财产是没收犯罪分子个人所有财产的一部或者全部，应当对犯罪分子个人及其抚养的家属保留必需的生活费用。

4. 驱逐出境

驱逐出境是强迫犯罪的外国人离开中国国(边)境的刑罚方法。作为一种刑罚方法，驱逐出境只适用于犯罪的外国人，而不适用于犯罪的本国人，不具有普遍适用的性质，既可以独立适用，又可以附加适用。具体适用时，要考虑犯罪的性质、情节和犯罪分子本人的情况，以及外交斗争的需要。一般的掌握标准是：罪行较轻、不宜判处有期徒刑，而又需要驱逐出境的，可以单独判处驱逐出境；对于罪行严重，应判处有期徒刑的，必要时也可以附加判处驱逐出境。

三、量刑

量刑即刑罚裁量，是指人民法院对犯罪分子依法裁量决定刑罚的一种审判活动。量刑作为一种刑事司法活动，主要包括决定是否对犯罪人判处刑罚，决定对犯罪人判处何种刑罚和多重的刑罚以及决定对犯罪人所判处的刑罚是否立即执行以及数罪并罚时将数个宣告刑合并为执行刑。量刑必须以犯罪事实为根据，以刑事法律为准绳，是刑事司法中非常重要的环节。

(一)累犯

累犯是指因犯罪而受过一定的刑罚处罚，在刑罚执行完毕或者赦免以后，在法定期限内又犯一定之罪的罪犯。累犯有以下构成条件。

1. 一般累犯

根据刑法第65条的规定，一般累犯，是指被判处有期徒刑以上刑罚的犯罪分子，刑罚执行完毕或者赦免以后，在5年内再犯应当判处有期徒刑以上刑罚之罪的犯罪分子。

(1) 前罪与后罪都是故意犯罪，此为构成累犯的主观条件。

(2) 前罪被判处有期徒刑以上刑罚，后罪应当被判处有期徒刑以上刑罚，这是构成累犯的刑度条件。

(3) 后罪发生在前罪的刑罚执行完毕或者赦免以后5年之内，这是构成累犯的时间条件。

2. 特别累犯

根据我国刑法第 66 条的规定，危害国家安全罪的特别累犯，是指因犯危害国家安全罪受过刑罚处罚，刑罚执行完毕或者赦免后，在任何时候再犯危害国家安全罪的犯罪分子。

(1) 前罪和后罪必须均为危害国家安全罪。

(2) 前罪被判处的刑罚和后罪应判处的刑罚的种类及其轻重不受限制。

(3) 后罪可以发生在前罪刑罚执行完毕或者赦免后的任何时候，不受两罪相隔时间长短的限制。

根据我国刑法第 65 条的规定，对累犯应当从重处罚。

(二)自首

自首是指犯罪以后自动投案，如实供述自己罪行的行为，或者被采取强制措施的犯罪嫌疑人、被告人和正在服刑的罪犯，如实供述司法机关尚未掌握的本人其他罪行的行为。

根据刑法第 67 条规定，自首分为一般自首和特别自首两种。一般自首是指犯罪分子犯罪以后自动投案，如实供述自己罪行的行为。特别自首，亦称准自首，是指被采取强制措施的犯罪嫌疑人、被告人和正在服刑的罪犯，如实供述司法机关尚未掌握的本人其他罪行的行为。

一般自首的成立条件：①自动投案，是指犯罪分子于犯罪之后，被动归案之前，自行投于有关机关或个人，承认自己实施了犯罪，并自愿处于所投机关或个人的控制之下，等候交代犯罪事实，并最终接受国家的审理和裁判的行为；②如实供述自己的罪行。犯罪分子自动投案以后，只有如实供述自己的罪行，才能足以证明其悔罪的诚意。所以，能否如实供述自己的罪行是自首成立的一个重要条件。

根据刑法第 67 条第 2 款的规定，特别自首的成立条件：①特别自首的主体必须是被采取强制措施的犯罪嫌疑人、被告人和正在服刑的罪犯，只有上述三种人，才能构成特别自首的主体；②必须如实供述司法机关尚未掌握的本人其他罪行。有两个方面的内容：一是所供述的必须是本人已经实施但司法机关还不知道、不了解或尚未掌握的犯罪事实；二是被采取强制措施的犯罪嫌疑人、被告人和正在服刑的罪犯所供述的罪行在犯罪性质或者罪名上与司法机关已经掌握的罪行不同。

我国刑法第 67 条第 1 款规定，对于自首的犯罪分子，可以从轻或者减轻处罚。其中，犯罪较轻的，可以免除处罚。

(三)立功

立功是指犯罪分子揭发他人的犯罪行为，查证属实的，或者提供重要线索，从而得以侦破其他案件的行为。

刑法第 68 条第 1 款规定了立功的两种形式：一是犯罪分子揭发他人的犯罪行为，并经查证属实的。犯罪分子被羁押或者归案后，不仅如实地交代自己的犯罪，而且还主动地揭发其他人的犯罪行为，包括揭发同案犯共同犯罪事实以外的其他犯罪行为。这种揭发必须经司法机关查证属实，如果经过查证，发现其揭发的情况不是事实，或者无法证实，或者不属于犯罪行为，则这种的揭发不是立功。二是犯罪分子提供重要线索，使侦查机关从而得以侦破其他案件的。重要线索应是指司法机关尚未掌握的重要犯罪线索，即能够证明犯罪的重要事实、犯罪人或者有关证人等。提供的重要线索必须是实事求是的，司法机关能够据此查明犯罪，侦破案件。如果经过侦查，发现提供的线索不实，或者无法证明发生过犯罪，或者不属于犯罪行为的，就不应当认为是立功。

犯罪分子有一般立功表现的，可以从轻或者减轻处罚；犯罪分子有重大立功表现的，可以减轻或者免除处罚；犯罪分子犯罪后自首又有重大立功表现的，应当减轻或者免除处罚。

(四)缓刑

缓刑又称作刑罚暂缓执行。我国刑法第 72 条规定：对于被判处拘役、三年以下有期徒刑的犯罪分子，根据犯罪分子的犯罪情节和悔罪表现，适用缓刑确实不致再危害社会的，可以宣告缓刑。

我国的缓刑制度具体包括两类：一般缓刑和战时缓刑。

一般缓刑是指被判处拘役、3 年以下有期徒刑的犯罪分子，所犯罪行比较轻，适用缓刑不予关押，不会危害社会，可以规定一定的考验期，适用缓刑，依法实行社区矫正，如果在考验期内没有发生应当撤销缓刑的法定事由，原判刑罚就不再执行的制度。

战时缓刑是指在战时，对被判处 3 年以下有期徒刑但没有现实危险的犯罪军人，暂缓其原判刑罚的执行，允许其戴罪立功，确有立功表现时，可以撤销原判刑罚，不以犯罪论处的制度。

四、刑罚执行

(一)减刑

减刑是指对于被判处管制、拘役、有期徒刑和无期徒刑的犯罪分子，在刑罚执行期间，由于确有悔改或者立功表现，因而将原判刑罚予以适当减轻的一种刑罚执行制度。

减刑只适用于被判处管制、拘役、有期徒刑、无期徒刑的犯罪分子。

“可以”减刑的实质条件是犯罪分子在刑罚执行期间认真遵守监规，接受教育和改造，确有悔改表现或者有立功表现。“应当”减刑的实质条件是犯罪分子在刑罚执行期间有重大立功表现。

根据刑法第 78 条的规定，减刑的限度为：减刑以后实际执行的刑期，判处管制、拘役、有期徒刑的，不能少于原判刑期的 1/2；判处无期徒刑的，不能少于 10 年。

(二)假释

假释是对被判处有期徒刑、无期徒刑的犯罪分子，在执行一定刑期之后，因其遵守监规，接受教育和改造，确有悔改表现，不致再危害社会，而附条件地将其予以提前释放的

制度。假释是我国刑法中一项重要的刑罚执行制度，正确地适用假释，把那些经过一定服刑期间确有悔改表现、没有必要继续关押改造的罪犯放到社会上进行改造，可以有效地鼓励犯罪分子服从教育和改造，使之早日复归社会，有利于化消极因素为积极因素。

根据刑法第 81 条的规定，适用假释必须遵守下列条件。

1. 对象条件

假释只适用于被判处有期徒刑或无期徒刑的犯罪分子，但对累犯以及因杀人、爆炸、抢劫、强奸、绑架等暴力性犯罪被判处 10 年以上有期徒刑、无期徒刑的犯罪分子除外。

假释是对犯罪分子有条件地提前释放，同时，国家并不排除对其继续执行尚未执行的那部分刑罚的可能性，这一特点决定了假释不适用于被判处其他刑罚的犯罪分子。

2. 实质条件

犯罪分子认真遵守监视，接受教育改造，确有悔改表现，假释后不致再危害社会，这是适用假释的实质条件或者关键条件。

3. 执行刑期条件

假释只适用于已经执行一部分刑罚的犯罪分子。根据刑法第 81 条及有关司法解释的规定，被判处无期徒刑的犯罪分子，实际执行 10 年以上，才可以适用假释；对无期徒刑减为有期徒刑的罪犯，仍应按原判无期徒刑实际执行 10 年以上，才可以适用假释。

4. 消极条件

对累犯以及因杀人、爆炸、抢劫、强奸、绑架等暴力性犯罪被判处 10 年以上有期徒刑、无期徒刑的犯罪人，不得假释。

假释是对正在服刑改造的犯罪分子附条件地予以提前释放，这种提前释放并不意味着刑罚已经执行完毕，而是在刑罚执行期间将犯罪分子放在社会上进行改造。根据刑法第 85 条的规定，被假释的犯罪分子，在假释考验期内，由公安机关予以监督。根据刑法第 83 条的规定，被判处有期徒刑的犯罪分子，其假释的考验期为原判刑罚没有执行完毕的刑期，即宣告假释时原判刑罚的剩余时期。刑法对无期徒刑的假释考验期限则作了明确而具体的规定，被判处无期徒刑的犯罪分子，其假释的考验期限为 10 年。假释考验期限，从假释之日起计算。

思考与练习

一、简答题

1. 什么是刑法？
2. 刑法的基本原则有哪些？
3. 简述犯罪的构成要件。

4. 我国的共同犯罪有哪些类型？

5. 简述我国的刑罚体系。

6. 简述假释的条件。

二、案例分析

1. 1980年6月某日晚，某厂工人汤某在工厂附近遇见两个男青年正在侮辱他的女朋友，即上前制止，因被其中一男青年殴打而被迫还手。在对打时，便衣黄某路过，见状抓住汤某的左肩，但未及时表明其公安人员的身份。汤某误以为黄某是对方的帮凶，便拔刀刺中黄左臂后逃走。问：对汤某的行为应如何认定和处理？并请说明理由。

【解析】

汤某的行为不构成犯罪。

当汤某遭到对方殴打而被迫还击时，黄某恰好赶到，但其未表明身份即抓住汤某的左肩，汤某误以为黄某是对方的同伙，对黄某实际上并不存在的所谓“不法侵害”进行防卫，属于假想防卫。对于假想防卫，应当按照有关事实错误的规则来处理。根据本案的具体情况，汤某在情势危急之时无法预计黄某是警察，因而无过失存在，不构成犯罪，不应负刑事责任。

2. 王长江，1993 年生。韩玉学，1993 年生。杜家科，1994 年生。2008 年 4 月 8 日深夜 11 点半，王长江、韩玉学、杜家科三人趁着酒劲儿翻墙进入某市职业中学校内，持刀闯入女生宿舍 304 室，先对陈某等 5 名高一女生进行亵渎，后三人又强奸了女生蒲某。女生张某在反抗时被杜家科用缝衣针猛刺 75 针。此后，三名罪犯又闯入 301 室，对其中的 4 名女生施以暴行。此外，三人在实施上述犯罪行为的同时，还从被害女生处抢劫 90 余元钱。直到次日凌晨 3 点多钟，因为学校教职工被女生宿舍传出的叫声惊醒，闻声赶来查看，三人才翻墙而去。问：对本案三名行为人能否适用死刑？为什么？

【解析】

对本案三名行为人不能适用死刑。理由是：三名行为人所犯的是强奸罪，且属于罪行极其严重。根据我国刑法的规定，如此情节的强奸犯罪，可以适用死刑。但是，三名犯罪人在实施犯罪时，都不满 18 周岁。根据我国刑法的规定，犯罪时不满 18 周岁的人，不得适用死刑，因此，三人的年龄都符合我国刑法禁止适用死刑的条件，依法不得对其适用死刑，包括死刑立即执行和死刑缓期 2 年执行。

第六章　刑事诉讼法

学习目标

了解我国刑事诉讼立法现状；熟悉中国刑事诉讼法及相关司法解释；掌握我国刑事诉讼的基本理论和概念；比较熟练地运用理论分析基本案例；结合刑事实体法处理有关的刑事案件。

第一节　刑事诉讼法概述

一、刑事诉讼法的原则

刑事诉讼法是指国家制定或认可的调整刑事诉讼活动的法律规范的总和。宪法是刑事诉讼法的制定根据。狭义上的刑事诉讼法专指《中华人民共和国刑事诉讼法》(1979 年 7 月 1 日第五届全国人民代表大会第二次会议通过，根据 1996 年 3 月 17 日第八届全国人民代表大会第四次会议《关于修改〈中华人民共和国刑事诉讼法〉的决定》第一次修正，根据 2012 年 3 月 14 日第十一届全国人民代表大会第五次会议《关于修改〈中华人民共和国刑事诉讼法〉的决定》第二次修正)；广义上的刑事诉讼法包括一切调整刑事诉讼活动的法律规范。刑事诉讼法的基本原则包括以下几项。

(1) 侦查权、检察权、审判权由专门机关依法行使。刑事诉讼法第 3 条第 1 款：“对刑事案件的侦查、拘留、执行逮捕、预审，由公安机关负责；检察、批准逮捕、检察机关直接受理案件的侦查、提起公诉，由人民检察院负责；审判由人民法院负责，除法律特别规定的以外，其他任何机关、团体和个人都无权行使这些权力。” 这一规定确立了侦查权、检察权、审判权由专门机关行使的基本原则。

(2) 严格遵守法律程序。人民法院、人民检察院和公安机关在进行刑事诉讼活动时，必须严格遵守刑事诉讼法和其他有关法律的规定，不得违反法律规定的程序和规则，更不得侵害各方当事人和其他诉讼参与人的合法权益。

(3) 人民法院、人民检察院依法独立行使职权。人民法院行使审判权，人民检察院行使检察权，在法律规定的职责范围内都是独立的，不受行政机关、社会团体和个人的干涉。

(4) 分工负责、互相配合、互相制约。人民法院、人民检察院和公安机关进行刑事诉讼，应当分工负责、互相配合、互相制约，以保证准确有效地执行法律。

(5) 人民依法对刑事诉讼实行法律监督。在刑事诉讼中，人民检察院的法律监督是全程性、全方位的，监督的对象既包括对侦查机关、审判机关的监督，也包括对其他依法参与刑事诉讼的诉讼参与人的监督；监督的内容既包括对立案、侦查、审判的监督，也包括对执行阶段的监外执行、减刑、假释等活动的监督。另外，与制约不同，监督是单向的，人民检察院作为监督主体居于决定性地位。

(6) 犯罪嫌疑人、被告人有权获得辩护。犯罪嫌疑人、被告人享有辩护权，辩护权是犯罪嫌疑人、被告人最基本的诉讼权利。公安机关、人民检察院、人民法院负有保障犯罪嫌疑人、被告人辩护权的义务。

(7) 未经人民法院依法判决，对任何人都不得确定有罪。

(8) 保障诉讼参与人的诉讼权利。刑事诉讼法第 14 条规定，人民法院、人民检察院和公安机关应当保障诉讼参与人依法享有的诉讼权利。

(9) 具有法定情形不予追究刑事责任。不应追究刑事责任的法定情形包括：①情节显著轻微、危害不大，不认为是犯罪的；②犯罪已过追诉时效期限的；③经特赦令免除刑罚的；④依照刑法规定告诉才处理的犯罪，没有告诉或者撤回告诉的；⑤犯罪嫌疑人、被告人死亡的；⑥其他法律规定免予追究刑事责任的。

(10) 追究外国人刑事责任适用我国刑事诉讼法。

(11) 刑事司法协助。根据我国缔结和参加的国际条约或者按照互惠原则，我国司法机关和外国司法机关可以相互请求刑事司法协助。

二、刑事诉讼中的专门机关和诉讼参与人

(一)刑事诉讼中的专门机关

1. 公安机关

公安机关是国家行政机关，是各级人民政府的组成部分，专门负责治安保卫工作。在刑事诉讼中，侦查、拘留、执行逮捕、预审由公安机关负责，实质上在执行着控诉职能。

2. 检察机关

人民检察院是我国的法律监督机关，由最高人民检察院、地方各级人民检察院和专门人民检察院组成。上级与下级人民检察院之间是领导与被领导的关系。检察、批准逮捕、检察机关直接受理的案件的侦查，由人民检察院负责。

3. 审判机关

人民法院是代表国家行使审判权的司法机关。在审判阶段，人民法院始终处于主导地位，负责主持和指挥全部诉讼活动并对案件作出裁决。人民法院由最高人民法院、地方各级人民法院和专门人民法院组成。上级与下级人民法院之间是监督与被监督的关系。

(二)诉讼参与人

诉讼参与人是指除公安司法机关以外的所有依法参加刑事诉讼活动并且享有一定的权利和承担一定义务的人。根据刑事诉讼法规定，诉讼参与人包括：当事人、法定代理人、

诉讼代理人、辩护人、证人、鉴定人和翻译人员。

1. 当事人

“犯罪嫌疑人”和“被告人”是对涉嫌犯罪而受到刑事追诉的人的两种称谓。公诉案件，受刑事追诉者在检察机关向法院提起公诉以前，称为“犯罪嫌疑人”，在检察机关正式向法院提起公诉以后，则称为“被告人”。被害人是其人身、财产或者其他权益遭受犯罪行为直接侵害的人。在刑事诉讼中，被害人可能以不同的身份参加诉讼：在人民检察院代表国家提起公诉的刑事案件中，以个人身份参与诉讼，并与人民检察院共同行使控诉职能的称为被害人；在法定的自诉案件中，被害人以自诉人身份提起刑事诉讼，称为自诉人；在刑事诉讼中，由于被告人的犯罪行为而遭受物质损失的被害人，有权提起附带民事诉讼，称为附带民事诉讼原告人。自诉人是指在自诉案件中，以自己的名义直接向人民法院提起诉讼的人，自诉人是法律规定的自诉案件中特有的当事人，相当于自诉案件的原告。附带民事诉讼的原告人，是指因被告人的犯罪行为而遭受物质损失并在刑事诉讼中提出赔偿请求的人。附带民事诉讼的被告人，是指在刑事诉讼中对犯罪行为所造成的物质损失负有赔偿责任的人。

2. 其他的诉讼参与人

其他诉讼参与人是指除当事人以外的诉讼参与人，包括辩护人、法定代理人、诉讼代理人、证人、鉴定人、翻译人员。其他诉讼参与人本身与案件结局一般无直接利害关系，参与诉讼不是为了保护自己的实体权利。

(三)管辖

在刑事诉讼中，管辖是指公安机关、人民检察院和人民法院等在直接受理刑事案件上的权限划分以及人民法院系统内部在审理第一审刑事案件上的权限划分。管辖实质上解决的问题有两个：一个是公安机关、人民检察院和人民法院在直接受理刑事案件上的分工问题，即立案管辖问题；另一个是要解决人民法院系统内各级法院、普通人民法院与专门法院，以及专门法院之间在审判第一审刑事案件上的分工问题，即审判管辖问题。

1. 立案管辖

立案管辖(又称职能管辖或部门管辖)解决的是刑事案件首先由谁立案的问题。人民法院直接受理的刑事案件：告诉才处理的案件；被害人有证据证明的轻微刑事案件；被害人有证据证明被告人侵犯被害人人身权利、财产权利而公安机关或者人民检察院已作出不追究被告人刑事责任的案件。人民检察院直接受理侦查的刑事案件都属于国家机关工作人员职务方面的犯罪或者利用职权实施的犯罪案件。刑事案件的侦查由公安机关进行，法律另有规定的除外。

2. 审判管辖

审判管辖是指各级人民法院之间、同级人民法院之间以及普通人民法院与专门人民法院之间在审判第一审刑事案件上的分工。基层人民法院管辖第一审普通刑事案件，但是依照本法由上级人民法院管辖的除外。中级人民法院管辖下列第一审刑事案件：危害国家安全案件；可能判处无期徒刑、死刑的普通刑事案件；外国人犯罪的刑事案件。高级人民法院管辖的第一审刑事案件，是全省(自治区、直辖市)性的重大刑事案件。最高人民法院管辖的第一审刑事案件，是全国性的重大刑事案件。

第二节 立案、侦查和公诉

一、立案

(一)立案概述

刑事诉讼中的立案，是指公安司法机关对自己发现的案件材料和控告、举报、报案、自首等材料，依照各自的管辖范围进行审查，以确定有无犯罪事实存在和是否需要追究刑事责任，并决定是否进行侦查和提交审判的诉讼活动。

立案是刑事诉讼的开端和必经程序，能够保障刑事诉讼一开始就依法进行，做到依法立案；立案是公安司法机关依法进行侦查、起诉和审判的前提；立案有利于迅速揭露犯罪、证实犯罪和惩罚犯罪，保障无罪的人不受刑事追诉，保护公民的合法权益。

(二)立案的材料来源和条件

立案的材料来源主要有：公安机关或者人民检察院直接发现的犯罪事实或者获得的犯罪线索；被害人的报案或者控告；犯罪人自首。

立案条件，是指案件在刑事诉讼中得以成立并进入诉讼程序所必须具备的法定要件。首先，要有犯罪事实；其次，需要追究刑事责任。只有同时具备犯罪事实、需要追究刑事责任这两个条件才能立案，二者缺一不可。

公安机关、人民检察院或者人民法院对于报案、控告、举报都应当接受。对于不属于自己管辖的，应当移送主管机关处理，并且通知报案人、控告人、举报人；对于不属于自己管辖而又必须采取紧急措施的，应当先采取紧急措施，然后移送主管机关。不论是公安机关、人民检察院或者人民法院接受的控告、举报、报案、自首材料还是自己发现的案件材料，都应当进行审查。公检法机关对案件材料审查后，应当依法作出立案或不立案的决定，并根据具体情况作出其他相应的处理。

二、侦查

(一)侦查的含义

侦查是公安机关、人民检察院对已经立案的刑事案件，为了查明案情，收集证据，证实和揭露犯罪，查获犯罪人而依法进行的诉讼活动。刑事诉讼法第 113 条规定，公安机关

对已经立案的刑事案件，应当进行侦查，收集、调取犯罪嫌疑人有罪或者无罪、罪轻或者罪重的证据材料。对现行犯或者重大嫌疑分子可以依法先行拘留，对符合逮捕条件的犯罪嫌疑人，应当依法逮捕。

(二)侦查行为

侦查行为是指侦查机关在办理案件过程中，依照法律规定进行的各种专门调查工作。

1. 讯问犯罪嫌疑人

讯问犯罪嫌疑人是指侦查人员依照法定程序以言词方式向犯罪嫌疑人查问案件事实和其他与案件有关情况的一种侦查行为。讯问犯罪嫌疑人，有利于侦查人员收集、核实证据，查明案件事实；有利于发现新的犯罪线索和其他应当追究刑事责任的犯罪分子；有利于犯罪嫌疑人如实供述罪行或行使辩护权。

2. 询问证人、被害人

询问证人和被害人是指侦查人员依照法定程序以言词方式向证人、被害人调查了解案件情况的一种侦查行为。询问证人有助于侦查人员发现、收集证据和核实证据，查明案件事实真相、查获犯罪嫌疑人，揭露、证实犯罪，保障无罪的人不受刑事追究。

3. 勘验、检查

勘验、检查是指侦查人员对与犯罪有关的场所、物品、尸体、人身等进行勘查和检验，以发现、收集和固定犯罪活动所遗留下来的各种痕迹和物品的一种侦查行为。勘验、检查可以发现、收集和固定犯罪的痕迹和证物，了解案件性质、作案手段和犯罪情况，确定侦查范围和方向，并为进一步查清案情，揭露、证实犯罪分子提供依据。

4. 搜查

搜查是指侦查人员对犯罪嫌疑人及可能隐藏罪犯或者罪证的人的身体、物品、住处和其他有关地方进行搜寻、检查的一种侦查行为。搜查对于侦查机关及时收集证据，查获犯罪嫌疑人等具有重要意义。

5. 查封、扣押物证、书证

扣押物证、书证，是指侦查机关依法强制扣留或冻结与案件有关的物品、文件、款项的一种侦查行为。扣押物证、书证，有助于防止证明犯罪嫌疑人有罪或无罪、罪重或罪轻的物证、书证发生毁弃、丢失或被隐藏等情况发生。

6. 鉴定

鉴定是指侦查机关指派或聘请具有专门知识的人，就案件中某些专门性问题进行科学鉴别和判断并作出鉴定结论的一种侦查行为。侦查中经常采用的鉴定有：法医鉴定、刑事科学技术鉴定、司法精神病学鉴定、文物鉴定、会计鉴定、一般技术鉴定等。鉴定对于侦

查机关及时收集证据，准确揭示物证、书证在诉讼中的证明作用，鉴别案内其他证据的真伪，查明案件事实真相，查获犯罪嫌疑人具有重要作用。

7. 技术侦查措施

技术侦查措施是指侦查机关为了侦破特定范围行为的需要，根据国家有关规定，经过严格审批，采取的一种特定技术手段。技术侦查行为就是用技术侦查措施的侦查行为。通常包括电子侦听、电话监听、电子监控、秘密拍照、录像、进行邮件检查等秘密的专门技术手段。

8. 通缉

通缉是指公安机关通令缉拿应当逮捕而在逃的犯罪嫌疑人的一种侦查行为。通缉是公安机关内部通力合作、协同作战，及时制止和打击犯罪的一种重要手段，又是公安机关依靠群众同犯罪作斗争的一项有力措施。

(三)侦查终结

侦查机关经过一系列的侦查活动，认为案件事实已经查清，证据确实、充分，足以认定犯罪嫌疑人是否有罪和是否对其追究刑事责任时，应当决定结束侦查，并对案件依法作出以下处理。

(1) 公安机关侦查终结的案件，应当做到犯罪事实清楚，证据确实、充分，并且写出起诉意见书，连同案卷材料、证据一并移送同级人民检察院审查决定是否提起公诉。

(2) 公安机关在侦查过程中，发现不应对犯罪嫌疑人追究刑事责任的，应当撤销案件；犯罪嫌疑人已被逮捕的，应当立即释放，发给释放证明，并且通知原批准逮捕的人民检察院。

三、公诉

(一)公诉的概念和意义

公诉是指行使国家公诉权的检察机关，对公安机关侦查终结移送起诉的案件或者对自行侦查终结的案件，经过全面审查，确认侦查阶段所收集的证据已经确实、充分，犯罪嫌疑人的行为已经构成犯罪，依法应当追究刑事责任而提请人民法院审判的一项诉讼活动。

提起公诉是我国刑事诉讼程序中的重要阶段，是人民检察院的重要职权。提起公诉是侦查终结后的一个独立的诉讼阶段，是人民检察院单独行使检察权的范畴。

(二)提起公诉的条件

刑事诉讼法第 172 条的规定：“人民检察院认为犯罪嫌疑人的犯罪事实已经查清，证据确实、充分，依法应当追究刑事责任的，应当作出起诉决定，按照审判管辖的规定，向人民法院提起公诉，并将案卷材料、证据移送人民法院”。因此人民检察院提起公诉必须

具备下列条件。

(1) 犯罪嫌疑人的犯罪事实已经查清。

(2) 证据确实、充分。

(3) 依法应当追究犯罪嫌疑人的刑事责任。

人民检察院认为犯罪嫌疑人符合上述提起公诉案件条件的，应当按照审判管辖的规定向同级人民法院提起公诉。

第三节 审判和执行

一、审判

(一)审判的概念和意义

刑事诉讼中的审判是指人民法院依法对刑事案件进行审理和裁判的活动。人民法院行使国家审判权具有以下几个特征。

(1) 被动性。这是指人民法院审判案件奉行“不告不理”原则，即没有起诉，就没有审判。

(2) 中立性。这是指人民法院在审判中相对于控辩双方而保持中立的地位。这是现代刑事审判中控审分离、控辩平衡、审判中立原则的基本内容之一，是公正审判的重要保证。

(3) 职权性。这是指人民法院审判刑事案件时，并不是完全消极的裁判者，法律赋予了它一定的职权，这是保证审判效率的要求。

刑事审判具有非常重要的意义。

(1) 就整个刑事诉讼活动过程而言，审判阶段所要完成的任务，是对一个具体的案件作最终的解决，是要确定被告人是否或者如何承担刑事责任的根本问题。因此，整个刑事活动实际上是以审判活动为中心进行的。

(2) 审判阶段的诉讼活动，可以全面充分地体现刑事诉讼法规定的各项原则和制度。

(3) 由于审判的公正性，要求大部分案件将公正进行审判，其对公民进行法制教育的作用，是侦查、起诉所无法比拟的。

(二)刑事审判模式

刑事审判模式是指控、辩、审三方在刑事审判程序中的诉讼地位和相互关系，以及与之相适应的审判程序组合方式。现代刑事审判模式大体上分为当事人主义审判模式和职权主义审判模式两类，前者主要实行于英美法系国家，后者主要实行于大陆法系国家。两种审判模式各有所长，长期以来，相互之间取长补短。

1. 当事人主义审判模式

当事人主义审判模式又称对抗制审判模式、抗辩式审判模式，是指法官(陪审团)居于中立且被动的裁判者地位，法庭审判的进行由控方的举证和辩方的反驳共同推动和控制的一种审判模式。当事人的积极性和法官的消极性是当事人主义审判模式最重要的特点。

2. 职权主义审判模式

职权主义审判模式又称“审问式”审判模式，是指法庭审判以法官为中心，法官在审判程序中占主导和控制地位，限制控辩双方积极性的审判模式。与当事人主义审判模式不同，法官的中心地位和在事实和证据调查中的积极性，是职权主义审判模式的主要特点。

(三)审判原则

1. 公开审判原则

公开审判原则是指人民法院审理案件和宣告判决，都公开进行，允许公民到法庭旁听，允许新闻记者采访和报道，即把法庭审判的全部过程，除休庭评议案件外，都公之于众。审判公开原则的限制适用主要表现在两个方面：一是审判程序中的法庭评议不公开；二是对部分案件不得公开审理。根据我国刑事诉讼法第 183 条的规定，下列案件不公开审理：①有关国家秘密的案件；②有关个人隐私的案件，如强奸案件等；③未成年人犯罪的案件，14 周岁以上不满 16 周岁未成年人犯罪的案件一律不公开审理；16 周岁以上不满 18 周岁未成年人犯罪的案件，一般也不公开审理。

2. 直接言词原则

直接言词原则，是指法官必须在法庭上亲自听取当事人、证人及其他诉讼参与人的口头陈述，案件事实和证据必须由控辩双方当庭口头提出并以口头辩论和质证的方式进行调查。

(四)审级制度

审级制度是指法律规定案件起诉后最多经过几级法院审判必须终结的诉讼制度。我国人民法院分为四级，即最高人民法院、高级人民法院、中级人民法院和基层人民法院。我国实行两审终审制的审级制度，即指一个案件至多经过两级人民法院审判即告终结的制度。

(五)审判组织

审判组织是指人民法院审判案件的组织形式。根据刑事诉讼法和人民法院组织法的规定，人民法院审判刑事案件的组织形式有三种，即独任制、合议制和审判委员会。

(1) 独任制，是指由审判员一人独任审判的制度。根据刑事诉讼法第 178 条第 1 款的规定，独任制仅限于基层人民法院适用简易程序审判的案件。因为这类案件案情比较简单，情节比较轻微，由审判员 1 人进行审判，既可以保证办案质量，又可以节省司法资源，便于法院集中力量处理比较重大、复杂的案件。

(2) 合议制是一种集体审判的制度，即案件的审判由审判人员等数人组成合议庭进行。合议制是人民法院审判案件的基本组织形式，除基层人民法院适用简易程序审判案件可以采用独任制外，人民法院审判刑事案件均须采取合议庭的组织形式。实行合议制有利于发挥集体的智慧，集思广益，防止主观片面、个人专断和徇私舞弊。

(3) 审判委员会是人民法院内部设立的对审判工作实行集体领导的组织。根据人民法院组织的规定，各级人民法院均设立审判委员会。审判委员会由院长、庭长和资深审判员组成，参加审判委员会的成员称审判委员会委员。各级人民法院的审判委员会委员，由院长提请本级人民代表大会常务委员会任免。审判委员会的任务是总结审判经验，讨论重大、复杂或者疑难的案件，讨论其他有关审判工作的问题。

二、执行

(一)执行的概念

刑事诉讼中的执行，是指将人民法院已经发生法律效力的判决、裁定所确定的内容付诸实现，以及处理执行过程中的变更执行等问题而依法进行的活动。

执行具有十分重要的意义，正确执行判决和裁定，能够使犯罪分子得到应有的惩罚；正确执行判决和裁定，可以有效地保护公民的合法权益；正确执行判决和裁定，有利于加强社会主义法制教育。

(二)执行根据

发生法律效力的判决和裁定是执行的依据，发生法律效力的判决和裁定有以下 4 种。

(1) 已过法定期限没有上诉、抗诉的判决和裁定。

(2) 终审的判决和裁定。

(3) 高级人民法院核准的死刑缓期 2 年执行的判决和根据最高人民法院的授权核准的死刑判决。

(4) 最高人民法院核准的死刑和法定刑以下处罚的判决和裁定，以及最高人民法院核准的因特殊情况，不受执行刑期限制的假释的裁定。

(三)执行机关

1) 人民法院

人民法院负责无罪、免除刑罚、罚金和没收财产及死刑立即执行判决的执行。

2) 监狱

监狱负责有期徒刑、无期徒刑、死刑缓期 2 年执行判决的执行；未成年犯管教所负责对未成年犯判决的执行。

3) 公安机关

公安机关负责有期徒刑、拘役、缓刑、管制、剥夺政治权利、假释等判决、裁定和暂

予监外执行决定的执行。担负一定的执行任务的看守所、拘役所均隶属于公安机关。

(四)执行监督

人民检察院对执行机关执行刑罚的活动是否合法实行监督，如果发现有违法的情况，应当通知执行机关纠正。

1. 对执行死刑的监督

人民法院将罪犯交付执行死刑前，应当通知同级人民检察院派员临场监督。人民检察院应当派员临场监督。

2. 对暂予监外执行活动的监督

批准或者决定暂予监外执行的机关应当将决定抄送人民检察院。人民检察院认为暂予监外执行不当的，应当自接到通知之日起一个月内将书面意见送交批准或者决定暂予监外执行的机关，批准或者决定暂予监外执行的机关接到人民检察院的书面意见后，应当立即对该决定进行重新核查。

3. 对减刑、假释的活动的监督

人民检察院认为人民法院减刑、假释的裁定不当，应当在收到裁定书副本后20日内，向人民法院提出书面纠正意见。人民法院应当在收到纠正意见后一个月内重新组成合议庭进行审理，作出最终裁定。

4. 对其他执行活动的监督

对无罪、免除刑事处罚判决执行活动的监督；对人民法院在交付执行活动中、看守所在罪犯送交执行活动中以及监狱、未成年犯管教所、拘役所在收押罪犯活动中的违法情形的监督；对死刑缓期2年执行判决的执行中的违法情形的监督；对监狱、未成年犯管教所、拘役所、看守所的有关人员在执行活动中的违法行为的监督；对管制、剥夺政治权利判决的执行活动的监督；对罚金、没收财产判决的执行活动的监督；对拘役、有期徒刑、缓刑判决的执行活动的监督；对执行机关在狱政管理、教育改造活动中的违法行为的监督。

思考与练习

一、简答题

1. 刑事诉讼法的基本原则是什么？
2. 刑事诉讼中的诉讼参与人有哪些？
3. 简述立案的条件。
4. 侦查行为有哪些？
5. 简述我国的审判组织。
6. 我国的刑罚执行机关有哪些？

二、案例分析

姚军与赵英系夫妻，生育有姚女(15 岁)、姚子(12 岁)。由于赵英有外遇，夫妻关系紧张。在这期间，赵英与其女、其子也合不来，赵对其女、其子偏向其夫的态度不满。1997年赵、姚关系到了再也不能继续下去的地步，遂讲好离婚，但一双儿女没一个愿意随赵生活，且态度更加敌视。赵英想到自己已经 40 岁了，将落个独身一人的下场，既悲又愤，遂走向极端。有一天乘姚军不在家之际，做子女的工作，望能随自己生活，遭到拒绝。赵就拿一榔头，要打 12 岁的儿子，被 15 岁的女儿拉住，赵使用榔头朝女儿头上猛击一下，将她打倒，儿子见状，冲进了卧室关上房门。赵已失去理智，又将卧室门砸开，用榔头把儿子活活打死。待走出卧室，准备再杀女儿时，女儿已苏醒过来，跑出门外逃了。邻居某甲、某乙、某丙知道了情况，冲进赵的家里看到现场的惨状，赵当场自杀未遂，被群众扭送公安机关。公安机关对现场进行了勘查，并请鉴定人某丁对姚子的死进行了鉴定。侦查完毕后，将案件移送检察机关审查起诉。案中，赵英聘请律师李某为其提供法律咨询和辩护。

1. 本案中的当事人有哪些?

2. 本案中的其他诉讼参与人有哪些?

3. 公诉人为什么不是当事人?

【解析】

1. 本案中的当事人有：被告人赵英、被害人姚女。

2. 本案中的其他诉讼参与人有：法定代理人姚军，证人某甲、某乙、某丙，鉴定人某丁，辩护人李律师。

3. 公诉人不是当事人的理由如下：①公诉人与案件之间不存在直接具体的切身利害关系，其虽然在刑事诉讼中实际处于原告一方的地位，但这是基于职责的要求，而不是私人利益受到犯罪行为的直接侵害；②公诉人参加刑事诉讼，不仅在于追究犯罪，支持公诉，而且还在于监督司法，执行法律监督职能；③公诉人享有的诉讼权利与当事人的另一方被告人是不对等的。

第七章　行政法与行政诉讼法

学习目标

了解行政法与行政诉讼法的基本概念、原则；理解行政主体的行政行为；掌握行政主体、行政处罚的相关知识；明确行政诉讼法的基本程序，并能在实践中加以运用。

第一节　行政法概述

一、行政法的概念

行政法是我国法律体系中的一个独立部门。和其他许多部门法一样，行政法是调整因行政主体行使行政职权而产生的特定社会关系的法律规范的总称。本章所讲的行政法，是一个部门法的概念，而不是某个特定法律关系的名称。为了从部门法意义上研究行政法，就必须首先研究行政法的调整对象——行政关系。

(一)行政和行政关系

1. 行政法上的行政

“行政”是一个内涵丰富使用广泛的概念，从所管理和执行事务的对象上可将行政分为公共行政与私人行政两种。公共行政表示国家与公共事务的行政；私人行政表示社会组织和企业的行政。行政法上的行政通常指公共行政，即国家行政机关或者法律法规授权行使行政职能的组织、具有公共职权的社会组织对国家和公共事务的组织、管理、决策与调控等活动。这种行政活动的主要特征有以下 4 个。

(1) 具有国家职权性。这是行政法意义上的区别于其他管理性行政活动的基本标志。一般企事业单位的管理活动，在没有法律授权或行政机关委托的情况下，不具有国家职权性质。

(2) 具有执行性。这一特征是指行政机关职权活动对国家权力机关人民代表大会的从属性，它集中表现了我国行政活动的民主性质。

(3) 具有积极、直接和经常性。这是国家行政活动在行为方式上不同于其他国家机关职权活动的特点。所谓“积极”，是指行政职权的行使可以不以他人的请求为条件，主动地采取为实现其职能所需要的措施。所谓“直接”，是指可以直接规定相对一方的权利义务并付诸实现。所谓“经常”，是指其活动的不可中断性和连续性。行政机关是国家权威的经常代表，其管理活动遍及社会生活的各个领域。由于社会生产生活不可中断，所以作

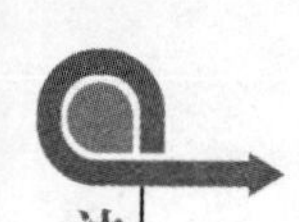

为社会发展必要因素的国家行政管理也不可中断。

(4) 具有公共性。国家设置和实施行政职权的行使者，不能利用国家权力服务于少数人和个人的私利，也不能抛弃和处分行政职权。同时，公共利益内容的变化及公共利益在整个社会发展中的地位作用，都会引起行政职能的变化。

2. 行政关系

行政关系是国家行政机关实现其管理职能的社会形式。它是指国家行政机关为了组织和行使行政职权，同有关机关、组织和个人所发生的社会关系的总和。行政职权活动所追求的公共利益，在建立、变更和消灭一定行政关系的过程中实现。

由于行政权力本身的性质和特点，在其组织和行使行政职权的过程中，要与其他国家机关形成法律所规定的社会关系；由于行政管理职能的广泛，它所形成的社会关系的性质和种类也是多样化的。例如，国防、外交行政管理在许多情况下是国家行为，有较强的政治性，除了要受行政法调整外，也要接受其他法律的规范和调整。因此，对行政关系的调整，需要行政法和其他法律的共同作用。同时，新的法律部门的出现和发展，也会影响行政法的调整范围。所以严格地说，行政法的调整对象，并不是所有的行政关系，而只能是一定范围的行政关系。

行政法所调整的行政关系，可以分为三类：①行政机关内部的行政组织关系，一是行政机关之间的行政职权关系；二是行政机关与行政机关工作人员之间的行政职务关系；②行政机关与公民、法人或者其他组织之间的行政管理关系；③行政关系与有关国家机关、组织和个人，在对行政活动进行法律监督的过程中发生的行政监督关系。在这三类关系中，行政机关与公民、法人或者其他组织所发生的行政管理关系是行政法调整的中心内容，其他两类关系的范围和内容都取决于行政管理关系的范围和内容。

(二)行政法

1. 行政法的特点

1) 行政法内容上的特点

(1) 行政法涉及的领域极为广泛，内容非常丰富。

(2) 行政法规范具有易变性。需要强调的是，行政法的易变性是相对于其他法律部门而言的，作为法律规范，它仍然具有相对稳定性。

(3) 实体性规范与程序规范相交织并共存于一个法律文件中。此特点的具体表现有二：①我国的行政诉讼法包含了很多实体法规范；②我国行政法中存在一类特有的行为规范，即行政程序规范。

2) 形式上的特点

行政法没有完整、统一的行政法典。到目前为止，世界上各国都未能制定出普遍适用于全部或绝大部分行政领域的统一、完整的行政法典。

行政法有统一的行政程序法典，这是行政法在形式上的重要特点之一。很多国家制定了程序法典，例如《美国联邦行政程序法》《德国行政程序法》等。

2. 行政法的法律渊源

行政法的法律渊源，是关于行政法律规范表现方式的制度。在法律渊源制度上，主要有成文法和不成文法之分。不成文法包括习惯法、判例法等。我国是实行成文法的国家，习惯法和判例法不是我国行政法的法律渊源。行政机关的行政惯例和法院的行政判决，不能成为我国行政机关活动合法性的法律准则。

在我国成文法的立法制度中，行政法的表现形式很丰富，在各种层次和种类的法律文件中都有行政法律规范。根据法律文件制定机关和等级效力，可以将行政法律规范的法律渊源表述如下。

(1) 宪法。宪法关于国家活动的任务和原则，关于行政机关与其他国家机关的相互关系，关于行政机关组织和活动的规定，是行政法的重要法律渊源。

(2) 法律。这里指全国人大及其常务委员会制定的基本法律和普通法律。法律中关于行政组织、行政管理活动和行政监督的规范，都是行政法的渊源。

(3) 行政法规。这里指由国务院根据宪法和法律，按照行政法规制定程序颁布的规范性文件。它的效力仅次于法律。国务院是最高国家行政机关，它发布的行政法规大多数都有行政职权的内容。

(4) 地方性法规。这里指由省、自治区、直辖市人民代表大会及其常委会，省、自治区人民政府所在地的市和经国务院批准的较大市的人民代表大会及其常委会，在不与宪法、法律和行政法规相抵触的前提下，按照地方性法规制定程序发布的规范性文件。

这类法规在行政管理方面只能规定本行政区域内行政机关的管理职权，其效力范围也仅限于本行政区域。

(5) 自治条例和单行条例。这里指我国民族自治地方的人民代表大会按照当地民族的政治、经济和文化特点，按照自治条例和单行条例制定程序发布的规范性文件。自治条例和单行条例，在行政管理方面，除了地方性特点外，更注重民族自治行政管理权方面的问题。

(6) 行政规章。行政规章分为中央政府部门规章和地方政府规章。

部门规章是国务院各部、委员会根据法律和国务院的行政法规、决定、命令，在本部门的权限内按照规章制定程序发布的规范性文件。这些规章大多数是关于特定行业或领域的行政管理问题的规定。

地方政府规章是省、自治区和直辖市人民政府以及省、自治区人民政府所在地的市和经国务院批准的较大的市的人民政府，根据法律、行政法规和地方性法规，按照地方政府规章制定程序发布的规范性文件。它们主要是关于本地行政机关行政管理问题的规定。部门规章的特点是行业行政管理，而地方政府规章的特点是地方行政管理。从数量上讲，行政规章构成了我国行政法律规范的主要部分。

(7) 其他。例如，法律解释、国际协定中关于行政机关组织和管理活动的规定。

3. 行政法的分类

为了便于具体运用和深入研究，根据实际需要，可以对行政法律规范进行分类。常见

的分类方法如下。

(1) 行政组织法、行政行为法和行政监督法。这是以行政法的作用为标准对行政法进行的划分。

(2) 行政实体法和行政诉讼法。其分类标准是两类行政法律规范的性质，行政程序法又可分为诉讼程序法和非诉讼程序法，非诉讼程序法是我国今后一段时期行政立法的重点。

(3) 一般行政法和部门行政法。其分类标准是行政法律规范的调整范围，关于行政法的基本制度，对多数领域行政管理活动都有规范作用的，是一般行政法；对某一专门行业和特定领域有规范作用的是部门行政法。行政法学主要研究一般行政法。

(三)行政法与其他法律部门的关系

行政法与其他法律部门相互联系，构成了一个完美的法律体系，调整着我国社会的各类社会关系。行政法作用的发挥，是在其他法律部门的密切配合下进行的，所以我们需要分析行政法与其他法律部门的关系。

1. 行政法与宪法的关系

宪法是国家根本法，从原则上讲，宪法与行政法是从属关系，宪法是建立和发展行政法的根据和基础。但是它们之间在某些方面又有相互重叠的关系，由于近代宪政制度历史改革和发展的原因，行政制度历来都是宪法中不可缺少的重要组成部分。国家行政组织和行政活动的基本原则和基本制度，都需要由宪法和宪法性法律规定，这主要是从建立国家民主制度着眼的。国家行政机关在国家制度中的地位和作用，是评价宪政制度的重要依据，反映在法律体系上，就形成了行政法与宪法之间的特殊关系。

2. 行政法与民法的关系

行政法与民法的关系，首先表现在调整对象方面，民法调整的是财产和人身关系，以主体的平等性为特征，行政法调整的是包括财产关系和人身关系在内的各种行政关系以命令服从为主要特征；其次是行政法通过对国家行政管理活动的规范，对民法的实施起保障和保护的作用，这种作用在市场经济条件下显得更为重要。例如，行政法关于土地、草原、房产方面行政管理的规定，保障民法物权的取得和使用；行政法关于国家行政机关对工商活动的管理，保障民事交易的安全等。

3. 行政法与刑法的关系

(1) 刑法是对行政法律关系和行政法秩序的保护；刑法是国家运用刑罚同犯罪作斗争的行为规则；刑法所惩罚的犯罪包括侵犯国家行政管理秩序的刑事违法行为。

(2) 刑罚与行政处罚都是国家维护国家和公共利益的手段，它们之间需要相互衔接和协调。

二、行政法律关系

(一)行政法律关系的概念

行政法律关系，是指基于行政法律规范的调整，在行政关系当事人之间形成的权利义务关系。对行政管理而言，那些不能对被管理一方直接产生行政法律效果的活动所引起的关系，例如，行政指导、行政咨询和行政建议所引起的关系，就不具有行政法意义，不能发生行政法律关系。

行政法律关系具有以下特征。

(1) 行政机关是行政法律关系必要和永久的当事人。所谓必要，是说无论何种类型的行政法律关系，在主体上行政机关总是不可或缺的一方，没有行政机关的参加，就没有行政法律关系。所谓永久，是说在行政法律关系产生发展和消亡的全部过程中，行政机关都是必要和不可或缺的。

(2) 行政法律关系当事人的权利义务不对等。这种不对等性主要表现为：①行政机关单方面行为即可形成行政管理关系，无须征得相对一方的同意；②行政意思表示效力先定，行政决定一旦正式作出即产生相应的法律效力，非经法律程序不得变更和撤销。

(3) 禁止行政机关自行设定职权。行政法律关系的内容，特别是行政机关的职权职责，都是法律预先确定的，行政法上的权利义务不能由当事人自行约定，也不能协商取舍，更不能放弃。

(4) 行政法律关系所引起的争议，在解决方式及程序上有其特殊性。行政法律关系中产生的争议，大都通过司法程序解决，只有在法律明文规定的情况下才可由行政机关或行政裁判机关依照行政程序或行政司法程序加以解决。

(二)行政法律关系的要素

行政法律关系的要素，是指构成行政法律关系若干必要因素的总和。这些必要因素包括主体、客体和内容等。

1. 行政法律关系的主体

行政法律关系的主体，又称行政法律关系当事人，是指行政法律关系权利义务的承担者。作为一个法学范畴，行政法律关系主体主要是研究行政法律关系主体的种类及其相应的权利能力和行为能力。由于行政管理关系是行政法的主要调整对象，因此行使国家行政管理职权的行政主体和接受行政管理的公民、法人或者其他组织就成了两类最主要的行政法律关系当事人。

(1) 行政主体。在目前，主要有两类组织具体行使行政权力：国家行政机关和法律、法规直接授权的组织。国家行政机关是国家行政权力最重要的行使者。在宪法原则上，国家行政职权都应当由国家行政机关行使，只有这样才能鲜明体现国家行政权力的民主性质。

行政机关依法定权限委托的组织，并不是国家行政法律责任的承担者，所以不能被认为是行政主体。为了保持和促进国家行政管理的民主化，对授权和委托的情况应当严格控制，并以法律来规定严格的条件。

行政主体的权利能力和行为能力由行政法规定。对于一个具体的行政管理事项，在多数情况下，需要将一般性的行政组织法原则规定与一个单行的行政管理法结合起来才能确定行政主体的权利能力。例如，地方组织法规定乡级人民政府享有管理本行政区域内教育事业的职权，但具体到学校设置、入学考试和教师管理事项上，则必须按照有关的单行法规才能具体确定其管理权限。

在权利能力已经确定的前提下，相应的行为能力则主要依照行政组织法规定的行政组织制度和工作制度来确认和评价。例如，政府全体会议或常务会议的举行，行政首长的决策程序等。没有法律行为能力的主体所采取的行政措施无效。

(2) 行政相对人。严格地讲，行政相对人应当包括接受国家行政管理的一切个人和组织。行政相对人的权利能力和行为能力的依据，一般是在单行的行政法规将某一类人纳入特定的管理领域时才能确定。例如，宪法规定公民都有服兵役的义务，至于哪一类公民可以服兵役，则必须按照兵役法和每年的征兵命令才能确定其权利能力和行为能力。

行政相对人成为行政法律关系主体，是国家管理民主化的重要标志。在专制制度下，被管理者都是作为行政管理的客体对待的。发扬社会主义民主的重要内容，就是逐步发展和完善被管理一方的权利，健全行政法律关系主体制度。

2. 行政法律关系客体

行政法律关系客体，指行政法律关系主体权利义务所指向的对象或标的。权利义务所表现的是人与人之间的，体现国家意志的社会关系，是国家对人们行为的法律可能性和必要性的一种设定，必须以一定的社会的或物质的现实形式为内容，才能体现和实现国家设定权利义务的目的和要求。例如，关于税的权利义务，就必须有金钱或其他财物及缴纳和征收的行为作为客体。

可以作为行政法律关系主体权利义务的客体，有各种社会的或物质的形式。一般来说，行政法律关系的客体可以有物质财富、精神财富和人的行为。物质财富一般是具有使用价值和价值，能够由行政法律关系主体在法律和事实上进行支配和控制的客观物质和货币。物质财富是行政法律关系较常见的客体，税收、救济等行政法律关系往往都以物质财富作为权利义务的客体。精神财富是人们从事智力活动所取得并为法律承认或确认的成果及与人身相联系的非物质财富。它往往是国家专利管理、商标管理和著作权管理的标的。人的行为是指人的作为和不作为。它可以是行政主体的行为，也可以是行政相对人的行为。

3. 行政法律关系的内容

行政法律关系的内容，是指行政法律关系权利义务的总和。不同的行政法律关系主体在行政法上的权利义务是有差别的。

(1) 行政主体的权利义务。行政主体的权利义务在行政法上就是行政职权和职责。行政主体的权利可以归纳为：为一般社会成员制定普遍性行为规则；为行政关系当事人设定

具体的权利义务；监督当事人履行其行政义务；对未能及时充分履行行政义务的当事人实施强制执行措施；对违反行政管理秩序构成行政违法的当事人进行行政处罚。行政主体的义务可以归纳为：合法、有效、公正地行使行政职权，不得放弃和滥用；接受法律监督，依法承担违法责任。

(2) 行政相对人的权利义务。一般地说，行政相对人的权利可以概括为：参加国家管理权、平等权、自由权、受益权、监督权和其他权利；其义务可以概括为：遵守行政法律规范，服从行政管理，协助行政管理和其他义务。

(3) 行政法律关系权利义务的特点包括以下两点。

① 它们不能一次性简单列举完毕，而要以宪法的一般原则规定为基础，根据国家行政管理的实际需要在单行的法律文件中分别加以规定。这种情形的发生原因与行政法律规范不能采用统一完备法典的表现形式的原因相同。

② 行政主体与行政相对人的权利义务不能完全对应。不能简单地要求行政主体一方有什么职权，行政相对人就一定要有什么相应的权利。原因在于，行政主体一方的职权主要是从行政管理需要设定和授予的，而行政相对人的权利则主要是从发展民主角度赋予的，民主发展需要具备较多的条件，只有条件具备时，国家法律才赋予被管理一方行政法上的权利，特别是监督权。

(三)行政法律关系的发生、变更和消灭

行政法律关系的发生、变更和消灭，是指行政法律关系当事人主体地位和权利义务的取得、变更和消灭。这里主要研究行政法律关系的发生、变更和消灭的法律事实。

法律事实是能够引起行政法律关系发生、变更和消灭的现象的总和，一般可以分为法律事件和法律行为。法律规定了能够引起行政法律关系发生、变更和消灭的各种法律事实。法律事件是指不以人的意志为转移而发生的客观现象。例如，婴儿的出生时间引起户籍管理或计划生育管理法律关系发生的客观事件，而病人的死亡则会引起户籍管理法律关系的消灭。法律行为是指人的有目的的活动，可分为合法行为和违法行为两种。实用新型的科学发明，是引起专利管理法律关系发生的合法行为，而引起治安管理法律关系发生的违反治安管理的行为则是违法行为。

行政法律关系是一种具体的权利义务关系。它反映法律的普遍性规则在社会得到应用和实现的最初过程。法律是关于人们行为的抽象规则，只有当法律规定的法律事实出现时，法律的抽象规则才转化为一种具体的权利义务，使特定的法律主体承担法律后果，这就意味着行政法律关系的形成。行政法律关系的变更，可以是诸要素单独或同时地改变，这种变更的原因，往往是新的法律事实的出现。例如，自然灾害的发生和恢复生产的困难，可以使纳税企业的税额发生变化。行政法律关系的消灭，是指业已存在的行政法律关系终止。造成消灭的原因很多，例如，权利得到实现，义务得到履行，法律规范的废止等。

第二节 行政组织

一、概述

(一)行政组织和行政主体

行政组织是国家组织的一种类型，是指由国家设置，实现国家职能的行政职位的总和。作为一种社会组织，行政组织是自然人的结合体，是有系统的人的集团；作为国家行政权力的物质体现和载体，行政组织又是占有行政职位的人与实现其职能所必需的物质设施和手段的结合体。设置行政组织是国家的专属权力，所以行政组织的形式和设立程序都受严格的限定。在我国，合法的行政组织是由人民代表机关设立或者由行政机关依法定权限成立的国家行政机关。

行政主体是指享有国家行政权力，能够以自己的名义行使国家行政权力，并独立承受法律后果的国家机关和社会组织。提出行政主体的概念，是要借助行政权力行使者的共同法律特征来确定它们在管理活动中的法律地位和权利义务，解决国家行政权力行使者的合法资格和地位问题。行政主体不同于行政法律关系主体，后者仅指采取具体行政行为的主体，因为行政法律关系是以具体的权利义务为内容的。行政主体也不能等同于行政机关，虽然行政机关是最重要、最常见的行政主体，但是并非所有的行政机关都能成为行政主体，像协调性、咨询性和事务性行政机关并不从事能产生法律效果的管理活动。行政主体也不能与公务人员相混同，虽然公务人员是行政权力的具体实施者，但公务人员并不对他代表行政机关实施的行为向国家和社会承担管理责任，其行为的法律后果在多数情况下都是由行政机关或国家承担，无论这种后果是积极的抑或是消极的。公务员仅向国家和行政机关承担职务上的责任，受行政纪律的约束。行政主体并非一个严格的法律概念，它是适应行政诉讼和行政复议实践需要，经过理论概括而出现和广泛使用的。

(二)行政组织法

行政组织法是关于行政组织结构和调整在行政组织设置和行使职权过程中行政机关之间的职权关系、行政机关与行政机关工作人员之间职务关系法律规范的总和。行政组织法是行政法的组成部分。行政组织法的内容主要有：行政机关的性质、任务和职能；行政机关的职位和机构设置；行政机关组织规则和工作规则；行政机关的职权和职责；行政机关的监督机制和法律责任；设立、变更和撤销行政机关的职权和程序。

行政组织法的法律渊源，可分为规定行政组织基本制度的普通法律、规定特定行政机关组织和工作制度的单行法律。前者如《国务院组织法》《地方各级人民代表大会和地方各级人民政府组织法》，后者如1980年《中华人民共和国外汇管理暂行条例》第3条的规定：“中华人民共和国管理外汇的机构为国家外汇管理总局及其分局。”

行政组织法可以分为行政机关组织法和行政公务人员法两大部类。行政编制管理法可以依照规范的性质内容，分别放到机关法和人员法的适当部分中去。

(三)行政组织法的基本原则和基本制度

1. 行政组织法的基本原则

根据宪法和法律，行政组织法的基本原则主要有：①民主集中制原则，是处理行政机关与其他国家机关、行政机关之间和行政机关与行政公务人员相互关系的根本准则；②中央与地方行政机关的职权划分，遵循在中央的统一领导下，充分发挥地方的主动性、积极性原则；③行政机关的组织建设，实行精简的原则。

2. 行政组织法的基本制度

根据宪法和法律，行政组织法的基本制度主要有：①民族区域自治制度，自治区、自治州和自治县的人民政府是该自治地方的自治机关之一，行使法律规定的民族自治权；②行政首长负责制，中央人民政府实行总理负责制和部长主任负责制，地方各级人民政府实行省长、市长、县长、乡长和镇长负责制；③行政机关和政府组成人员任期制，国务院每届任期与全国人民代表大会每届任期相同，总理、副总理、国务委员连续任职不得超过两届，地方各级人民政府每届任期与本级人民代表大会每届任期相同；④政府会议制度，政府会议分为全体会议和常务会议，国务院工作中的重大问题，必须经国务院全体会议或者国务院常务会议讨论决定，县以上地方各级人民政府工作中的重大问题，须经政府常务会议或者全体会议讨论决定；⑤行政机构和行政职位的设置，实行编制管理制度。

二、行政机关组织法

(一)概述

1. 行政机关和行政机关组织法的概念

行政机关是由国家依法设立、行使国家行政职权，掌握国家行政事务的国家机构。按照不同的标准，可以将行政机关划分为不同的种类。

(1) 中央行政机关和地方行政机关。其划分标准是依国家行政区域划分为基础的整体与部分的关系。

(2) 一般行政机关和专门行政机关。一般行政机关是指与人民代表大会相对应的一级人民政府，例如，国务院和地方各级人民政府。专门行政机关则是一级人民政府的职能部门，例如，中央政府的各部委，地方政府的厅、局。

(3) 派出机构和派出机关。派出机关是指各级人民政府派出的代表该级人民政府进行管理的行政机关。我国行政机关的派出机关有行政公署、区公所、街道办事处。派出机构是指由各级人民政府职能部门派出的代表该职能部门进行管理的行政机关。通常情况下，

县级人民政府的职能部门设置派出机构，县级以上人民政府职能部门不设派出机构。派出机构有公安派出所、税务所、工商所等。

行政机关组织是关于行政机关的设置、行政机关的组织形式和活动方式的法律制度和法律规则。这些规则主要调整行政机关之间和行政机关内部的关系，也会涉及人民代表机关与行政机关的关系。根据宪法的规定，关于国家机构的事项应当由国家基本法律规定。所以，在法律渊源上，行政机关组织法主要表现于高层次的宪法、基本法律。某些行政机关组织法内容，例如，行政机关编制管理，在制定法律条件不成熟时，也可以由国务院规定。

2. 行政机关的设置

行政机关的设置是建立、变更和终止行政机关的活动，在组织法上，最有意义的是行政机关的设置权和设置程序。

关于中央人民政府的设置，国务院总理的人选，根据国家主席的提名，由全国人民代表大会决定；国务院副总理、国务委员、各部部长、各委员会主任、审计长、秘书长的人选，根据国务院总理的提名，由全国人大或人大常委会决定。中央人民政府各部、委的设立、撤销或者合并，由国务院总理提出，由全国人大或者人大常委会决定。国务院可以设立若干直属机构主管各项专门业务，设立若干办事机构协助总理办理专门事项。实践上，国务院的机构改革方案都提交全国人大审议批准。

关于地方人民政府的设置，地方各级人民代表大会选举省长、副省长、自治区主席、副主席、市长、副市长、州长、副州长、县长、副县长、区长、副区长，在本级人大闭会期间，人大常委会可以决定上述副职行政首长，并根据省长、自治区主席、市长、州长、县长和区长的提名，决定本级人民政府秘书长、局长、厅长、主任、科长的任免，报上一级人民政府备案。省、自治区、直辖市人民政府的厅、局、委员会等职能部门的设立、增加、减少或者合并，由本级人民政府报请国务院批准。自治州、县、自治县、市、市辖区人民政府的局、科等职能部门的设立、减少或者合并，由本级人民政府报请上一级人民政府批准。

3. 行政机关的编制管理

编制是指行政机构的人员定额和职位结构。编制管理是行政机关设置行政机构的经常性管理活动。我国的编制管理机关是国务院和地方县以上人民政府的编制委员会。人民代表机关和行政机关作出行政设立决定以后，由人民政府的机构编制部门负责执行，下达编制指标，取得办公经费和其他履行职务所必需的条件。

(二)中央行政机关

1. 国务院

中央行政机关，是指国务院和国务院所属各工作部门的总称。国务院即中央人民政府，是最高国家权力机关的执行机关，是最高国家行政机关。

国务院的职权，我国《宪法》第八十九条列举了17项经常性基本职权，其他职权由全国人大和全国人大常委会保留。基本职权中最重要的是发布决定、命令和行政法规，向全国人大提出议案，任免国家工作人员。法律和全国人大的决议还可以根据需要规定国务院的其他职权。国务院是国家主权的经常代表，其职能活动非常重要，对外可以代表国家行使主权，处理外交、国防事务，对内领导全国各级各类行政机关和全国性行政工作。

国务院由总理、副总理、国务委员、各部部长、各委员会主任、审计长、秘书长组成。国务院实行总理负责制，总理全面领导国务院的工作。国务院工作中的重大问题，须经国务院常务会议或者全体会议讨论决定。

2. 国务院的机构

(1) 国务院各部委。它指国务院领导下主管国家某方面行政管理职权的中央行政机关，包括各部、委员会、署(国家审计署)、行(中国人民银行)。各部、委、署、行，实行部长、主任和署长、行长负责制。各部、委工作中的方针、政策、计划和重大行政措施，应向国务院请示报告，由国务院决定。根据法律和国务院的决定，主管部、委、暑、行可以在本部门的权限内发布命令、指示和规章。

(2) 国务院直属机构和办事机构。国务院直属机构是国务院主管各项专门业务的机构。该类机构由国务院设立，行政首长由国务院任命，但行政首长不是国务院组成人员。国务院办事机构是协助总理办理专门事项的机构。它的设立原则、程序都与国务院直属机构相同；不同之处是，它不主管行政业务，只是在办理属于总理权限的专门事项方面，给总理提供协助，是辅助性内部行政机构。

(3) 中央部委管理的国家局和国务院事业单位。国家局是由国务院设立，由行业主管部委管理，负责国家某方面工作的行政管理机关。它不是主管部委的内设司局，具有相对主管部委的独立性。主管部委主要通过部长(主任)召开会议的形式，对国家局工作中的重大方针政策、工作部署等事项实施管理，并由主管部委部长(主任)对国务院负责。

国务院事业单位，是由国务院设立处理全国性公共事业的事业组织。经国务院授权，可以享有国家行政管理的权力。

(4) 国务院议事协调机构和临时机构。原称国务院非常机构，是由国务院设立，在国务院职权内，议事协调或处理临时性全国行政管理事务的国务院机构。

(三)地方行政机关

地方行政机构，是指在一定行政区域内由该行政区人民代表机关产生的人民政府及其工作部门。地方行政机关，在地域上是以对领土单位划分后的行政区域建立的；在政治上是由地方人民代表机关设立的，是上级与下级，整体与局部的关系。与特定行政区域的依存关系和与地方人民代表机关的从属关系，是地方行政机关区别于中央行政机关(包括设在地方上的机关)的两个基本标志。中央某些专业化较强的行政机关往往将其下级部门的机关设在地方，例如，铁道部的铁路局、交通局的航运局、能源部的电业局等。但除少数情形(例如，人民银行)外，它们都不是按照行政区域，而是依路区、水区、航区和电区等专业区域设立，也不由地方人民代表机关产生，而是由上级行政机关设立，所以它们都不是地方行政机关。

与中央行政机关比较，地方行政机关的突出特点有以下两个。

(1) 机关性质的双重性，一方面，它是地方各级人民代表机关的执行机关，由地方各级人民代表机关产生并向其负责，执行本地人民代表机关的法规和决议。这些法规和决议较多地体现了本地实际情况和实际需要。另一方面，它又是地方各级国家行政机关，实施国家的管理职能，服从国务院的领导，执行国务院的行政法规和决定、命令。

(2) 活动内容的执行性。我国的国家结构实行单一制，所以地方行政机关没有主权性职能和采取国家行为的能力，其活动内容主要是对中央政策的执行。对地方行政机关的抽象行政行为而言，其大多数是执行性和补充性的。

根据不同的标准，可以对地方行政机关进行分类，按同中央人民政府的关系，可分为一般地方行政机关、民族自治地方行政机关和特别行政区行政机关。以下讨论前两类地方行政机关。

(1) 一般地方行政机关。一般地方行政机关，是指除民族自治地方和特别行政区以外的，按照行政区划由当地各级人民代表机关产生的地方行政机关，即指省、直辖市、县、市、市辖区、乡、民族乡、镇的人民政府及其工作部门。

一般地方各级人民政府由本级人民代表机关选举和决定的政府人员组成，即政府正副职行政首长、秘书长和工作部门的行政首长组成。县级以上一般地方人民政府的工作部门主要有：经济计划、科学、体育、计划生育、财政、公安、民政、司法、监察、文化、卫生、工业、农业、林业、交通、外贸、教育、广播电视等委员会、厅、局(科)。各地方政府根据本地区行政管理的实际需要，按照有关程序设立其他必要的行政机构。乡、民族乡、镇人民政府可以设立一些独立制的行政职位，例如，公安特派员、司法协理员等。省、直辖市人民政府的工作部门接受本级人民政府的统一领导，并受国务院主管部门的领导或业务指导；县、市、市辖区人民政府的各工作部门受本级人民政府统一领导，并受上级人民政府主管部门的领导或业务指导。地方行政机关都必须服从国务院。

省人民政府在必要的时候，经国务院批准，可以设立若干行政公署作为它的派出机关。县人民政府在必要时，经省、直辖市人民政府批准，可以设立若干区公所作为其派出机关。市辖区、不设区的市人民政府，经上一级人民政府批准，可以设立若干街道办事处作为其派出机关。地方行政机关的工作部门可以设立派出机构，例如，公安派出所、工商管理所等。

一般地方各级人民政府实行省长、市长、县长、区长、乡长和镇长的首长负责制。

一般地方各级人民政府的职权，可分为基础性职权和专门职权。前者由宪法和地方组织法规定，后者由单行法律、法规规定。专门职权不可能一次性由一部或几部法律文件列举规定，而由国家根据需要不断地分别加以规定。

改革开放以来，地方政府的职权发生了很大变化，这些变化集中体现在城市政府的职能上，主要是：①扩大地方财权，实行划分收支分级包干的财政管理体制，后又改革税制，建立划分国家税和地方税的制度；②扩大地方政府经济管理权，包括计划投资权、技术改

造权、减免税收权、物价工资权、城市建设权等；③在广东、福建两省实行灵活政策，设立5个经济特区、14个沿海开放城市和若干个计划单列市；④设立改革试点城市，包括综合试点城市和金融、住房、机构等方面的单项试点城市。

(2) 民族自治地方的行政机关。民族自治地方的行政机关，是在民族自治地方由当地人民代表机关产生的地方行政机关。它既是民族自治地方人大的执行机关和民族自治机关，行使民族自治权，又是国家一级地方行政机关。民族自治地方有三级，即自治区、自治州、自治县。民族自治地方行政机关的产生办法、组织制度和工作制度与一般地方人民政府基本相同，不同之处在于，民族自治地方人民政府的行政首长由实行区域自治的民族公民担任。

在行政职权方面，民族自治地方行政机关享有民族自治权。按照宪法和民族区域自治法，民族自治地方的自治权主要表现于：①管理地方财政的自治权；②管理本地区教育、科学、文化、卫生等行政事务的自治权；③拥有经国务院批准，依法组织维护本地社会治安公安部队的职权。

三、行政公务员法

(一)行政公务员法

1. 公务人员

我国的公务人员，目前有三类：全民所有制行政干部、行政机关工作人员和国家公务员。行政干部是指经吸收录用程序和提拔程序取得干部资格，享受干部待遇，在国家机关和国有单位从事国家公务的人员，又称为国家干部，包括在党政机关、军队、社会团体和国有企事业单位工作的全部干部(含管理人员、科技人员和其他人员)。对这类干部的管理，被称为我国的人事管理制度，到目前仍然有效并广泛适用。 行政机关工作人员，是指国家行政机关中由人民代表机关选举决定或者由行政机关任命担任行政职务、行使行政职权，执行国家公务的国家行政机关工作人员。对该类人员的管理，与行政干部人事管理中对在机关工作的管理人员的管理制度基本相同。国家公务员是指受国家公务员法约束和管理，各级国家行政机关中除工勤人员以外的工作人员。

2. 行政职务关系和国家公务员法

行政职务关系，是指基于担任国家行政职务执行行政公务而产生的，国家公务员同国家行政机关之间的权利义务关系。

行政职务关系的主体是担任国家公务员的自然人和使用公务员的国家行政机关及其他行政机关。行政机关是一种社会政治组织，需要通过自然人有意志的活动才能实现其功能，必须以自然人作为行政机关存在和活动的物质要素。担任国家公务员的自然人是行政职权的实际实施者，掌握特殊职权，应当承担与其职权相应的义务，受专门的法律约束。

行政职务关系是以行政权利义务为内容的国家公务关系。这种权利义务的基本要求

是：国家赋予公务员一定的行政职权并提供履行这些职权所必需的条件和物质保障，承受公务员履行职务所产生的法律后果，并以行政纪律约束奖惩公务员。国家公务员则必须履行规定的义务，完成本职工作，向国家承担职务责任。法律对行政职务关系的产生、变更和消灭的整个过程规定了相应的制度。

国家公务员法，是调整行政职务关系法律规范的总和。其基本规则是《国家公务员法》。

(二)国家公务员的管理制度

国家公务员管理制度是关于公务员取得、履行和退出行政职务的法律规范的总和。

取得行政职务，是指国家对公务员的录用和任用。录用和任用的方式主要是：①国家权力机关选举或决定各级人民政府组成人员；②考试录用主任科员以下的非领导职务公务员；③国家行政机关的委任和聘任；④国家公务员的交流。其中最重要的是考试录用，它是实行国家公务员制度的基本标志之一。考试录用遵循的原则是公开、平等、竞争和择优。录用的程序是：发布招考公告；对报考人员进行资格审查；对审查合格的进行公开考试；对考试合格的进行政治思想、道德品质、工作能力等方面的考核；根据考试、考核结果提出拟录用人员名单，报设区的市以上人民政府人事部门审批。

履行和担任行政职务期间的管理制度主要有以下各项。

(1) 考核。它是对公务员履行职务的情况进行考察复核并作出法律评价的活动。考核内容是对公务员德、能、勤、绩的全面考核。考核应当坚持客观公正原则。法律规定了考核的种类、方法、程序、考核机构及其职责。

(2) 奖励和惩戒。奖励是在考核基础上，对工作表现突出，有显著成绩和贡献及有其他突出事迹的公务员的褒奖和奖励。奖励应遵循精神鼓励和物质奖励相结合的原则。奖励的种类有：嘉奖，记三等功、二等功、一等功，授予荣誉称号。惩戒，是指对违反行政纪律尚未构成犯罪，或者虽然构成犯罪但是依法不追究刑事责任的公务员，给予行政处分的活动。行政处分种类有：警告、记过、记大过、降级、撤职、开除。

(3) 职务升降。它是指国家公务员行政职务的晋升和降低。职务晋升应当按照规定的职务序列逐级晋升；降职是对在年度考核中被确定为不称职的，或者不胜任现职又不宜转任同级其他职务的国家公务员，在工资档次和行政级别上向下调整。

除了上述三点以外，在公务员履行职务期间，还实行培训、交流和回避制度。

在退出行政职务方面，主要管理制度有公务员的免职、辞职、辞退和退休。

(1) 公务员在男性年满 60 周岁，女性年满 55 周岁时应当退休。公务员退休后享受国家提供的养老保险金和其他待遇。

(2) 辞职是公务员自愿申请并经批准退出国家行政职务的行为。辞退是国家行政机关使不宜继续担任国家行政职务的公务员退出国家行政职务的行为。辞职和辞退都应当遵守法定条件和程序。

(3) 免职是国家行政机关使因正当原因不能继续担任现职的公务员退出行政职务的行为，免职一般与任职程序相同。

国家为公务员提供履行职务和保护自身利益的保障。保障制度可分为物质保障和权益保障。物质保障包括工资和保险福利两方面：工资是公务员工作报酬的货币表现，工资贯彻按劳分配原则和职级工资制，并实行定期增资制度；保险福利又具体分为社会保险、社会福利和休假请假制度。权益保障的主要内容是关于国家公务员的申诉权和控告权。国家有义务保证公务员申诉和控告权的依法实现，以切实保障公务员的合法权利和切身利益不受非法侵犯。

第三节　抽象行政行为

一、基本概念

抽象行政行为，是指国家行政机关制定法规、规章和其他有普遍约束力的行为规则的行为。这是一个含义非常广泛的定义，它包括了行政机关一切制定发布规范性文件的活动。目前关于抽象行政行为最重要的法律，是2000年7月1日开始实施的《中华人民共和国立法法》。

抽象行政行为的主要特点是：①它是国家行政机关的行为。这一特点表明了抽象行政行为与国家权力机关、司法机关、军事机关制定抽象行为规则的区别，例如，行政法规与军事法规不同，还表明了它与一般非国家社会组织制定内部规则行为的区别；②抽象行政行为对象的普遍性，它指行政机关是对不特定的人或一般人或不特定事项作出的意思表示，这一特点表明了抽象行政行为与具体行政行为的区别。

抽象行政行为与法律的关系是正确理解抽象行政行为性质的要点。行政机关的主要职能是执行法律，将人民代表机关制定的法律规定具体应用到实际生活中去。由于社会的发展和行政职能的变化，行政机关需要拥有制定行为规则的权力，以便实现其管理职能。尽管如此，由于行政机关对人民代表机关的从属关系，行政机关制定的普遍性规则在本质上仍然是对法律的执行。抽象行为的合法性，主要取决于它与法律的关系。

抽象行政行为可分为以下几类。

(1) 职权性的和授权性的抽象行政行为。职权性的，是指抽象行政行为的职权由宪法、组织法规定、可以经常行使的。授权性的，是指由单行法律或决议规定授权某一行政机关对某一事项采取的抽象行政行为。授权可分为一般授权和特别授权，前者是法律授权某一行政机关就法律的实施制定的实施细则；后者是全国人大授权国务院用行政法规规定原属于全国人大立法范围的事项。

(2) 执行性、补充性、自主性和试验性的抽象行政行为。执行性的，是指为执行法律制定实施细则的抽象行政行为，其特点是不创设新的权利义务。补充性的，是指根据法律规定的基本原则和基本制度，对原法律需要补充完善的事项作出规定的抽象行政行为，其特点是在基本原则和基本制度约束下创设新的权利义务。自主性的，是指行政机关直接根据宪法、组织法对法律尚未规定的事项，根据行政管理的实际需要在制定机关的管理权限内自主创设权利义务的抽象行政行为。试验性的，是指行政机关在其管理权限内，对制定法律尚缺乏实践经验的事项，制定行政规范对其进行调整的抽象行政行为。

二、国务院的行政法规

行政法规是国务院为领导和管理国家各项行政工作，根据宪法和法律，按照有关程序制定的政治、经济、教育、科技、文化、外事等各类法规的总称。行政法规以宪法和法律为依据，其效力高于地方性规范和规章。

国务院制定行政法规的权限，主要有两方面：一是执行法律的规定需要制定行政法规的事项，二是《中华人民共和国宪法》第八十九条规定国务院行政管理职权的事项。

应当由全国人民代表大会及其常委会制定法律的事项，国务院根据全国人民代表大会及其常务委员会的授权决定先制定的行政法规，经过实践检验，制定法律的条件成熟时，国务院应当及时提请全国人民代表大会及其常务委员会制定法律。

国务院制定行政法规的程序，包括起草程序、审查程序、决定程序和公布程序。

(1) 起草程序。行政法规由国务院组织起草，国务院有关部门认为需要制定行政法规的，应当向国务院报请立项。行政法规在起草过程中，应当广泛听取有关机关、组织和公民的意见。听取意见可以采取座谈会、论证会、听证会等多种形式。

(2) 审查程序。行政法规起草工作完成后，起草单位应当将草案及其说明、各方面对草案主要问题的不同意见和其他有关资料送国务院法制机构进行审查。国务院法制机构应当向国务院提出审查报告和草案修改稿，审查报告应当对草案主要问题作出说明。

(3) 决定程序。行政法规的决定程序依照《中华人民共和国国务院组织法》的有关规定办理。

(4) 公布程序。行政法规由总理签署国务院令公布。行政法规签署公布后，及时在国务院公报和在全国范围内发行的报纸上刊登，在国务院公报上刊登的行政法规文本为标准文本。

三、中央部门行政规章

中央部门行政规章又称部门规章，是指国务院各部、各委员会根据法律和国务院的行政法规、决定、命令，在本部门的权限内，按照规章制定程序发布的规范性文件。

1. 制定的主体

国务院各部、委员会、中国人民银行、审计署和具体行政管理职能的直属机构，可以根据法律和国务院的行政法规、决定、命令，在本部门的权限内，制定规章。

2. 制定权限

部门规章规定的事项应当属于执行法律或者国务院的行政法规、决定、命令的事项。涉及两个以上国务院部门职权范围的事项，应当提请国务院制定行政法规或由国务院有关部门联合制定规章。

3. 制定程序

参照立法法关于行政法规的规定，由国务院规定。部门规章应当经部委会议或者委员会会议决定。部门规章由部门首长签署命令予以公布。部门规章签署公布后，及时在国务院公报或者部门公报和在全国范围内发行的报纸上刊登，在国务院公报或者部门公报上刊登的规章文本为标准文本。

四、地方政府规章

地方政府规章，是指省、自治区、直辖市以及省、自治区的人民政府所在地的市和经国务院批准的较大市的人民政府，根据法律、国务院行政法规和地方性法规，按照规章制定程序发布的规范性文件。

1. 制定主体

省、自治区、直辖市和较大市的人民政府，可以根据法律、行政法规和本省、自治区、直辖市的地方性法规，制定规章。

2. 制定权限

地方政府规章可以就下列事项作出规定：①为执行法律、行政法规、地方性法规的规定需要制定规章的事项；②属于本行政区域的具体行政管理事项。

3. 制定程序

地方政府规章的制定程序，参照立法法关于行政法规的规定，由国务院规定。地方政府规章应当经政府常务会议或者全体会议决定。地方政府规章由省长或者自治区主席或者市长签署命令予以公布。

地方政府规章签署公布后，应及时在本级人民政府公报和在本行政区域范围内发行的报纸上刊登，在地方人民政府公报上刊登的规章文本为标准文本。

第四节 具体行政行为

一、具体行政行为的概念和构成

具体行政行为，是一系列有共同特征的行政措施的总和。所谓共同特征是指，该种行政措施是国家行政机关依法对特定的公民、法人和其他组织，就特定事项作出的能产生行政法律后果的单方职权行为。包括行政许可、行政强制、行政处罚等行为，通常以具体、完整的行政决定的形式表现出来。具体行政行为的构成，是指具体行政行为应当具备的基本因素或者基本条件。构成具体行政行为的要素有以下 4 类。

(一)安排权利义务的处理要素

具体行政行为具有处理的性质。处理是一种有法律约束力的安排，是对公民、法人或者其他组织作出的行政管理的意思表示。这种意思表示的目的，是要确定一种法律后果，使行政法上的权利或者义务得以建立、变更或者消灭。

(二)处理具体行政事务的个别要素

具体行政行为是对具体行政事务或者对特定人的一次性处理。这种处理具体效力的直接性，即直接引起公民、法人和其他组织权利义务的取得、变更和消灭，是可以产生直接法律效果的活动；个别性的特征既可以取决于受到处理的特定的人，也可以是特定的事项，但都是不可反复的。借此使具体行政行为与抽象行政行为区分开来。抽象行政行为是对不特定数量的事项和不特定数量的人进行的一般性处理，是可以反复使用的。

具体行政行为的个别特征有以下三种基本形式。

(1) 就特定事项对特定人的处理。两方面特定性的结合，是具体行政行为的典型形式。例如，给予A进行工商活动的营业许可，对B进行罚款100元的行政处罚。

(2) 就特定事项对可以确定的一群人的处理。其条件是有确定的时间段和与特定事项有关的一群人。例如，在特定的时间段和区域以内禁止进行车辆通行。个别性并不在于人的数量，而在于人的范围和对象在特定的时间段里是否可以确定。如果在行政决定公布的时候，受到该决定约束的人已经可以确定，那么，行政机关对这些人所采取的措施就属于具体行政行为。

(3) 就特定事项对不特定人的处理。例如，行政机关发布决定禁止使用有坍塌危险的桥梁，这里涉及的人尚未确定或者无法确定，该具体行政行为为个别性特征就只是取决于事项的特定性。事项的特定性是一个现实存在的特定事项或特定事实，而不是仅仅表现为一定标准特征的抽象事实或者事项。

(三)权利义务安排的外部要素

具体行政行为是为公民或社会组织安排权利义务的处理，是实现行政职能的外部管理措施，而不是行政机关内部的组织措施。行政决定的外部要素，是确定其具体行政行为属性的重要标志。

(四)行政机关的单方职权要素

具体行政行为为公民或者组织所安排的权利义务，是行政机关依据国家管理职权以命令形式单方面设定的，不需要公民或者社会组织的同意。行政机关单方面命令的根据，在于行政决定是基于国家公共的普遍需要作出的，并且由此产生了公民个人或者组织服从的必要。这一要素指明了具体行政行为的公法性质，并且以此与民事行为区分开来。

二、具体行政行为的成立

具体行政行为的成立，是指具体行政行为在社会现实中的客观存在。符合各要素特征的具体行政行为，必须对外表达出来成为客观存在，才能发生所希望的具体行政行为是否合法、适当。

具体行政行为成立的基本条件包括以下三个。

(1) 在主体上，作出具体行政行为的是享有行政职权的行政机关，具体实施该职权的工作人员意志健全具有行为能力。如果作出行政决定的不是执行国家职务和可以承担国家责任的人或组织，即使行政决定是正确的，也不能发生法律上的效力，因为行政决定的效果不能归于个人，只能归于国家；如果行政决定是错误的，也无法按照行政救济的方式追究法律责任，因为它离开了行政法管辖范围。

(2) 在内容上，向对方作出具有效果意思的表达。效果意思是行政机关作出行政决定所希望达到的法律效果，即设立、变更和终止对方当事人的权利义务。行政机关代表国家以正确和可识别的方式表示出来和表达清楚要求对方做什么和不准做什么的意思，行政决定就有了权利义务的内容。这种效果意思应当具有客观可能性。没有权利义务内容的，不属于具体行政行为。

(3) 在程序上，使行政决定让对方知道，即按照法律规定送达行政决定。送达的内容是对方义务履行的内容，送达的时间是行政决定发生效力和对方履行义务的起点，因此送达是使行政决定成立和生效的必要条件。让对方履行其并不了解的义务并追究不履行的责任，是缺乏基本理性的非法行政行为，完全不能发生法律上的约束力。

具体行政行为有作为和不作为两种形式。在法律规定的情况下，不作为本身也可以被推定为或者被认定为存在一个具体行政行为。例如，规定在一定期限以内没有拒绝申请的话，就可以将其“不作为”推定为已经予以同意。

三、具体行政行为的分类和形式

对具体行政行为可以作各种分类，比较常用的有以下几种。

(1) 羁束的行为与裁量的行为。其划分标准是具体行政行为受法律约束的程度。前者指法律对采取具体行政行为的条件、范围、方法、手段均有严格规定，行政机关没有选择余地，只能依法决定；后者则相反，法律对行政机关所实施的行政行为没有做出明确的规定，而只是规定了实施该行政行为的原则、幅度、精神、条件等，行政机关根据这些原则、幅度、精神、条件实施行政行为。

(2) 依职权的行为与须申请的行为。其划分标准是行政机关是否以申请作为开始采取具体行政行为的条件。前者指行政机关不需要公民、法人或者他组织申请，直接依职权采取具体行政行为；后者则需要经过申请，行政机关才能作出行政决定。

(3) 权利性的行为、义务性的行为和准法律处理。其划分标准是具体行政行为的处理内容。权利性具体行政行为包括：赋予权利，使对方当事人获得某种权利，例如，取得专

利权；剥夺权利，使对方当事人丧失某种权利的处理，例如，吊销营业执照。义务性具体行政行为包括：设定义务，使对方当事人承担某种义务的处理，例如，规定纳税人缴税；免除义务，使对方当事人免除某种义务的处理，例如，免服兵役。准法律处理，是指行政机关对具体法律性质的客观存在的社会事变或者消灭本来存在的权利和义务，主要表现为以下几种：公证，例如，公证合同；确认，例如，确定产品质量和等级；通知，例如，公路禁止通行的通告。

具体行政行为可以有多种表现形式，经常使用的有：命令，要求对方当事人为一定行为或不为一定行为的行政决定，包括令和禁令；许可，行政机关对符合条件的申请人允许其从事特定活动的行政决定；拒绝，行政机关对对方当事人的申请不予准许的行政决定。

四、具体行政行为的违法构成

具体行政行为的违法构成，是指确定行政行为的违法条件，或者说在什么条件下具体行政行为可以构成违法。

违法是具体行政行为对合法条件的违反，合法与违法的准则原则上是一致的。具体行政行为符合了现行有效法律的要求，那么它就是合法的；反之，如果与现行有效法律的要求不一致，那么该具体行政行为就是违法的。

判断具体行政行为合法性的基本标准是：①行使行政职权的主体合法；②合乎法定职权范围；③作出具体行政行为的证据确凿；④适用法律、法规正确；⑤符合法定程序；⑥不滥用职权。根据我国行政诉讼法和行政复议法的规定，行政机关采取的具体行政行为，符合以上条件就是合法的，将得到司法审查或者复议机关的支持；否则就构成违法，将被撤销、变更。

衡量具体行政行为合法性的决定性标准，主要有事实证据、法律适用和法定程序三方面。

(一)作出具体行政行为应当有确凿的事实证据

这一条的直接意义，是要求行政决定应当有确实可靠的证据。证据是客观存在的、关联行政的和依法收集、认定的事实。这一条要求的内容有以下几点。

(1) 作出行政决定首先要有事实，即存在需要行使行政职权的客观事实。事实是行使行政职权的第一个法定条件，是判断行政合法性的第一个条件，也是保证行政职权不滥用的第一个条件，否则就无异于放纵任性的行政职权，国家利益和公民权利就没有安全保障。安全来自于将行政职权联系在一定的事实条件上，没有事实不能行使权力，事实不变，行政决定就不能变。事实和证据有约束和稳定行政活动的功能。

没有充分的证据就不能行使国家行政职权。无论以什么理由都不能解脱行政机关证据上的缺陷和责任，没有证据就是违法行使行政权力。这一规定对行政机关有督促作用，没有督促，就容易松懈和不在乎，松懈会造成对公民权益的侵害，法律不能允许。

(2) 事实应当是确实充分的。只有事实还不够，事实必须是客观的、合法的和有行政关联的，必须具备证据的条件和有足够的数量。

对于行政活动中的事实证据问题，行政诉讼法规定了一些重要的制度。

(1) 证据的法定种类，回答什么属于证据，证据表现为什么形式的问题。第 33 条规定了八种证据，如果行政机关使用的证据材料不符合该条规定的证据特征和形式，那么在诉讼上就不能作为证据使用。

(2) 证据应当是充分的，而不是零散的、残缺不全的，且足以证明采取行政行为是正确合法的，否则行政机关在诉讼中也是很被动的。在诉讼中，如果法院认为证据不够，法院有权向当事人、有关行政机关、其他的公民和组织收集证据；当事人也可以收集证据。法院还可以组织证据的鉴定，经过取证和鉴定，法院确定行政机关所依据的证据不可靠、不充分，就可以判决行政机关败诉。

(二)正确的适用法律、法规

(1) 行政管理是一种适用法律的国家活动。如果行政机关打算是自己的意志产生预定的法律效果，必须依法处理行政事务。

(2) 将法律、法规作为处理行政事务的根本准则和依据。行政机关的活动应当服从上级的指示、命令，执行国家发布的关于行政管理的文件，但是其根本的依据仍是宪法和根据宪法制定的法律、法规。将法律、法规作为处理行政事务的准则和依据，是讲它的最高性，而不是讲它的唯一性。

(3) 正确适用还表现于正确把握法律、法规与调整对象的联系。法律、法规的适用是有条件的，法律是对社会关系的调整，社会关系的性质和状况是适用法律的条件。适用法律不能取决于行政官员的任意和偏好，而必须以法律所要求的事实条件作为适用法律的根据。

(4) 只能适用有效的法律。适用法律的含义之一，是对现行有效的法律的遵守，已经失去效力的法律和尚未生效的法律，都不得适用。截至 1999 年 2 月，全国人大发布的现行有效的法律总共 194 件，国务院发布的现行有效的行政法规总共 646 件，有效地方人大制定发布的地方性法规 6000 件。

如果行政机关在上述有关方面有缺陷，法院就可以在行政诉讼中以适用法律、法规错误撤销行政决定，判决行政机关败诉。

(三)遵守法定的行政程序

程序是实现行政管理目标过程中的行政方法和形式。法定程序赋予这些方法、形式以权利义务的法律属性，要求行政机关行使职权时必须遵守，是判断行政行为是否正确合法的重要标准。例如，行政决定送达当事人，是行政决定生效的必要程序。送达之日是行政决定生效之时，生效的内容限于送达的内容。没有完成送达这一程序，行政决定的法律效力就是有缺陷的。法律规定了送达的形式，例如，当场送达和按照民事诉讼法规定的方式送达等。

行政诉讼法规定法定程序是行政合法的必要条件，在我国立法史上第一次将程序法提

到与实体法的同样地位。行政诉讼法关于行政程序的规定，从司法监督程序的角度促使行政机关依照程序办事。

(四)不得超越职权和滥用职权

除了上面讲的三个基本条件以外，行政诉讼法还对行政机关提出了两个禁止性要求，即不得超越职权和滥用职权。行政诉讼法规定，行政机关作出的具体行政行为超越职权和滥用职权，给当事人的合法权益造成了危害，法院经过审查后将予以撤销。

关于超越职权的问题，原则是行政机关应当在法律授予的权限以内活动。如果超越了法律赋予的职责权限，即使行政机关在事实证据、法律适用和法定程序方面都符合要求，也是违法的。不能以公共需要的理由对抗职责权限的要求，过于热心也会构成违法和侵权。法院不是按照行为人的动机，而是按照法律的规定判断行为合法性质的。

实质违法的标准是抽象的，实质性违法首先表现为对法律授权目的的违反。它要求行政机关在进行行政管理时，不只是机械和简单地按照有关法律和有关条款办事，而且还要执行法律的精神和立法目的，按照法律的实质要求办事。这就需要对法律的立法背景、立法目的、基本原则、制度和规则之间的内在联系有正确的认识和理解，不但普通工作人员要这样做，而且更重要的是行政首长也要这样全面地了解和认识法律。因为行政机关实行首长负责制，行政首长是决策人，也是责任承担人。

五、具体行政行为的效力和违法后果

(一)具体行政行为的法律效力

法律效力是具体行政行为法律制度中的核心因素。评价具体行政行为合法与否的实际意义，就在于对其法律效力的影响，或者说评价具体行政行为的法律效果集中体现为对其法律效力的影响。

具体行政行为的法律效力，可具体分为以下三种：①确定力，是指具体行政行为一旦有效成立后，非依法定程序不得变更与撤销的效力；②拘束力，是指具体行政行为一经作出，行政机关和对方当事人以及相关的第三人都必须遵守的效力；③执行力，是指行政机关可以使用国家强制力迫使当事人履行义务的效力。

关于具体行政行为法律效力的开始，行政行为原则上随着它的公布发生法律效力，只要它没有因为明显和严重的违法而无效。具体行政行为法律效力的开始，在法律安全的意义上，需要有明确的条件。行政行为的效力条件主要是它的公布和是否存在严重、明显的法律缺陷，效力条件并不等于合法条件，除了无效的情形，公民和当局即使对其合法性有疑问，一般还是要首先遵守该具体行政行为；具体行政行为的法律效力一直保持到国家有权机关对其作出最终的法律评价。

具体行政行为法律效力的障碍，即具体行政行为法律效力的延迟。提出法律救济可能会导致延迟具体行政行为的效力，延迟意味着具体行政行为首先没有法律效力，不能被执行。但是我国行政诉讼法实行诉讼不停止执行的制度，所以原则上起诉不会造成具体行政行为法律效力上障碍。

关于具体行政行为生效的时间。一般地说，具体行政行为一经作出会立即生效，但是行政机关也可以晚些时间安排，或者在某一事件发生后才发生效力，或者在某些条件下失去效力以后。在附生效条件的具体行政行为中，如果条件是当事人行为的发生，那么实际上当事人可以通过自己的行为决定具体行政行为的效力开始或者结束。

具体行政行为是国家的行政职权行为，按照依法行政的原则，具体行政行为的效力应当取决于它对法律要求的满足程度。违反法律的具体行政行为在理论上不应当发生法律上的效力，但是立法机关可以通过法律作出特别安排，首先推定所有的具体行政行为都是合法的，使其一经作出就有法律效力，如果在以后的审查中证明具体行政行为构成了违法，可以再使其丧失效力。

影响具体行政行为效力的法律评价，有无效、撤销、取消和废止几种不同的制度，这些制度的原因和效果不同。现行法律根据具体行政行为违法的种类和严重程度，规定了不同的法律后果，明显的和严重的违法的行政行为是无效的，从一开始就没有法律效力；普通违法的行政行为是可以请求撤销的和可以予以撤销的，无效和撤销是通过诉讼或复议程序对具体行政行为作出的处理，以当事人的申请和对当事人的权利救济为目的。由发布机关主动撤回违法具体行政行为的，称为具体行政行为的取消。客观事实和法律情况的变化造成具体行政行为与现行法律的冲突，可以由行政机关废止。取消的原因是违法不当，废止的原因是客观变化。取消和废止依职权开始和进行，是以维护公共利益为目的的监督结果。

(二)可撤销的具体行政行为

可撤销的具体行政行为，是关于相对方当事人法律救济权的制度，当事人可以对他认为违法的具体行政行为提起法律救济。经过审查确认违法后，行政复议机关或者法院可以决定撤销违法的具体行政行为，取消具体行政行为的法律效力。行政复议和行政诉讼是撤销具体行政行为的两个主要途径。

1. 行政复议

当事人可以在具体行政行为发布后的 2 个月内，提起行政复议。具体行政行为的违法或者不适当，都可以成为撤销具体行政行为消除其法律效力的理由。

2. 行政诉讼

当事人可以在知道作出具体行政行为的 3 个月以内，向法院提起行政诉讼。法院只是审查行政行为的合法性，违法是在行政诉讼中撤销具体行政行为，使其丧失法律效力的主要理由。

构成可撤销具体行政行为的条件，主要是违法和不当。行政行为合法要件的缺损将构成具体行政行为的违法。合法要件主要是指前面提到的事实证据、法律适用和法定程序三个方面。违法是所有法律救济中撤销具体行政行为的理由。具体行政行为的不当也是构成可撤销具体行政行为的理由，它更多地应用于行政复议当中。所谓不适当，主要是指法定程序行政职权以内行使自由裁量权不适当的具体行政行为。

具体行政行为被撤销的法律后果表现为，具体行政行为通常自撤销之日起失去法律效力。根据社会公益的需要或当事人是否存在过错等情况，撤销的效力可一直追溯到行政行为做出之日，但当事人在撤销决定做出之前一直要受该具体行政行为的约束。如果具体行政行为的违法，是由于行政机关过错引起的，给当事人造成的损失应当由行政机关负责赔偿。如果具体行政行为的违法是由于当事人的过错或行政机关与当事人的共同过错所引起的，行政机关已给予当事人的利益应当收回。

可撤销的具体行政行为不一定必然被撤销。例如，申请行政复议或提起行政诉讼均有一定时限，超过此时限即不能申请撤销相应行为。

(三)无效的具体行政行为

1. 构成无效的条件

如果一个具体行政行为有严重和明显的法律缺陷，并且这种严重的法律缺陷以普通的常识性理解都可以明显地看出来，那么它就是无效的具体行政行为。这种所谓明显和严重的构成原则表明，权力安全原则和具体行政行为既定力处于从属的次要地位。

如果一个具体行政行为有以下情形，就可以构成绝对无效的理由：①书面发布的具体行政行为，但是不能识别出发布机关，因为当事人不知道具体行政行为是谁发布的，也无法对它提起法律救济；②由于事实上的原因，具体行政行为是不可能实施的，例如，拆除已经不存在的建筑；③要求从事一个违法的行为，导致刑事或者其他的国家处罚，例如，命令侵入公民住宅或者出版非法刊物；④违反善良风俗的具体行政行为，例如，许可企业制作、销售、传播有黄色内容的光盘。

构成无效具体行政行为的情形，是不能一次列举完毕的，它经常是由有权国家机关根据明显、严重违法的基本原则，在具体案件中认定的。

2. 具体行政行为无效的后果

无效的具体行政行为，从一开始就不可能发生它所希望的法律效果，自发布时就没有任何法律约束力，公民可以不遵守它，不受该行为拘束，不履行该行为为之确定的任何义务，并且对此种不履行不承担法律责任；行政机关也不能执行它，其他社会成员也可以不尊重它，这是无效具体行政行为在实体法上的意义。可撤销的行为只是在撤销之后失去法律效力，在此之前仍然有拘束力，当事人在此前不履行相应义务，要承担法律责任。

在程序法上，权利受到损害的公民和组织，可以在任何时候提出无效的主张，也可以等到执行时再对该执行措施提出法律救济，但是在实际生活中，受到无效具体行政行为影响的人，一般会请求国家有关机关进行认定，以避免自己认定错误造成违法的风险。有权国家机关可在任何时候宣布相应行政行为无效，因为无效行政行为不具有确定力。

对无效具体行政行为的处理上，具体行政行为被确定无效后，原则上应当尽可能恢复到具体行政行为发布以前的状态。行政机关从当事人处所获取的一切(例如，罚没款物)均应返还相对人，要求当事人的一切义务应当取消，对相对人所造成的一切实际损失均应赔偿。同时，行政主体通过相应无效行政行为所给予相对人的一切权益，均应收回(如果这种收回给善意的相对人的合法权益造成了损害，行政主体应对其给予赔偿)。

(四)具体行政行为的废止

1. 具体行政行为废止的条件

具体行政行为具有确定力，一经做出即不得随意废止，在具体某些法定情形的条件下，才可以依法定程序废止使其丧失法律效力。行政行为废止的条件通常有：①具体行政行为所依据的法律、法规、规章、政策，已经为有权机关依法修改、废止或撤销，具体行政行为如果继续维持效力，将与法律、法规、规章、政策抵触，所以必须废止原具体行政行为；②具体行政行为所期望的法律效果已经实现，没有继续存在的必要。

2. 行政行为废止的法律后果

具体行政行为废止后，自废止之日起丧失效力。具体行政行为废止之前给予当事人利益、好处不再收回；当事人也不能对已履行的义务要求补偿。

六、具体行政行为的强制执行

(一)概念

行政强制执行，是指当公民、法人和其他组织没有及时充分地履行行政法上的义务，行政机关依法采取强制措施，迫使其履行义务或达到与履行义务相同状态的行为。它是国家强制实现行政意志的法律制度，主要特征有以下三个。

(1) 必须以对方当事人没有充分及时履行行政义务为前提，不是对行政违法的处罚。充分及时的含义是，义务人已超过履行期限未能及时履行；或者虽已开始履行，但在期限到来时，未能履行完毕，处于不完全不充分的状态。

(2) 执行主体必须是单行法律授权的行政机关。法律只将行政强制执行权的一部分授权行政机关，并规定了严格的条件。没有法律授权，任何行政机关不能采取行政强制措施。

(3) 强制执行的目的是迫使义务人履行义务或者达到义务被履行的同一状态。

(二)原则

行政机关进行强制执行应当遵循以下原则。

(1) 先动员后强制的原则。在进行强制时，应当首先动员义务人自己履行，当义务人不履行时再实施强制措施。这是一个确定强制必要性的程序规则，反映了强制的目的和尽量减少使用强制的要求。

(2) 优先选择轻微方式的原则。如果有两个以上的强制措施可供选择时，那么该原则要求不得首先使用最严厉的措施，而应当遵照由弱到强的使用顺序。

(三)种类

行政强制执行可分为间接执行和直接执行。这两类执行是行政强制执行的主要方式和基本制度。

(1) 间接强制，包括代执行和执行罚两种方法。代执行指义务人逾期不履行义务，由他人代为履行可以达到相同目的的，行政机关可以自己代为履行或者委托第三人代为履行，向义务人征收代履行费用的方法；执行罚是指义务人逾期不履行不可替代的义务或特定物的给付义务，行政机关采取使义务人缴纳金钱方式以促使其履行义务的方法。

(2) 直接强制，指以代执行和强制金仍然难以达到义务履行的目的，无法采用或没有必要采用代执行强制金方法时，行政机关对义务人的人身或财产直接采取强制措施的方法。涉及人身自由和使用武器的直接强制，应由执行警察职能的机关实施。对财产的强制主要有强制划拨存款、强制扣押财产、强制收缴财物和强制拆除建筑物等方式。

第五节 行 政 处 罚

一、行政处罚法概述

(一)行政处罚法的概念

行政处罚，是国家行政管理机关对实施行政违法行为的公民、法人或者其他组织的行政制裁。行政处罚是行政违法行为引起的法律后果。所谓行政违法，是指公民、法人或者其他组织违反国家行政管理秩序，依照法律应当由国家行政机关给予行政处罚的行为。例如，公民违反治安秩序，公安机关应当依照治安管理处罚条例对该公民给予拘留或者其他法律规定的行政处罚。

行政处罚的基本特征有以下三个。

(1) 行政处罚是国家行政机关实施行政行为的基本形态之一，是国家惩罚权的体现。不具有国家管理职能的企事业单位和其他个人、社会组织，为维护内部工作生活秩序，按照组织章程或群众公约所采取的处罚措施，不是国家行政处罚。

(2) 行政处罚是维护正常行政管理秩序，调整国家行政机关与被管理者相互关系的重要手段。它与行政机关对行政机关工作人员的行政处分不同。行政处分是调整国家行政职务关系的行政纪律措施。行政机关工作人员执行国家公务，负有专门的职权和职责，应当受国家行政纪律的约束。行政处分和行政处罚既不应相互代替，也不能加以混淆。

(3) 行政处罚通过维护国家行政管理秩序来保障国家的、公共的和社会的利益。与惩罚犯罪的刑罚不同，行政违法行为与犯罪都是危害社会的行为，行政处罚与刑罚都是社会保卫方法，但是它们有违法程度和制裁措施的差别。犯罪是极端的反社会行为，任何一种犯罪的成立，不但说明该犯罪侵犯了刑法所保护的某一具体社会关系，而且还被看作是对整个统治秩序的破坏。在犯罪学上任何一种犯罪都应当同时具备犯罪的一般客体、同类客体和直接客体。刑罚是严厉的国家机关制定并由特定统一的司法机关适用。行政违法所危害的是国家行政管理秩序，社会危害程度较犯罪低，行政处罚的严厉程度也较刑罚低，而且在立法和执法上有分层次、分部门的多样性。正确区分行政处罚与犯罪，是为了实行刑罚优先和禁止以罚代刑，以维护国家利益。

(二)行政处罚法的基本原则

行政处罚法的基本原则是反映行政处罚的本质，体现行政处罚各种具体制度和规则的共同性质，调节行政处罚过程中发生的基本关系的普遍性规则。它对于正确认识和运用、遵守行政处罚法具有重要的指导和规范作用。

1. 处罚法定原则

行政处罚是国家惩罚权的重要方面，是国家维护正常统治秩序最经常、最普通使用的强制手段和方法，它涉及和影响公民、法人和其他组织多方面的权利和利益。为了克服行政处罚的随意性，防止和纠正对行政处罚的滥用，行政处罚法规定我国行政处罚实行法定原则，行政处罚的设定和实施必须依法进行。该原则有三层含义：①公民、法人或者其他组织的行为，只有法律明文规定应予行政处罚的，才受处罚，否则不受处罚；②行政处罚设定权只能由法律规定的国家机关在法定职权范围内行使；③行政处罚的适用，必须严格依照有关行政违法构成的实体法和适用行政处罚的程序法进行，否则行政处罚无效。

2. 公正公开的原则

公正原则的基本要求是罚责相当，行政违法所应承担的责任与所受到的处罚相适应。行政处罚机关应当首先查明违法事实和情节，并对违法行为的性质和社会危害程度作出正确评价，然后再依法给予行政处罚。任何畸轻畸重、罚责失当的处罚，都是背离公正原则的。

公开原则的基本要求有两方面：①关于行政处罚的国家有关规定必须是通过公布程序向社会公开的，未经公布的规定，不能作为行政处罚的依据；②对违法行为的处罚决定和处罚程序是公开的，允许当事人和社会了解和知道，前者便于全社会一体遵行，后者便于当事人和社会监督。

3. 处罚与教育相结合原则

处罚与教育相结合原则的基本要求是，行政处罚的设定和实施要同时发挥其强制制裁与思想转变的作用，防止将行政处罚变为国家对违法行为简单机械的报复，应重在纠正违法行为和意识转化，使被处罚者不再危害社会和自觉守法。首先是必须给予惩罚，否则就不足以制止违法行为和恢复正常秩序，不足以维护统治安全和弥补国家和社会不法侵害所遭受的损失，也不能使违法行为人通过受到处罚痛苦而警觉醒悟停止危害社会；其次是通

过处罚促使当事人变为守法者。法律规定被处罚人必须有责任能力、有选择行为方式自由，因而也是可以教育和转化的人。任何放弃教育努力的处罚或者以罚代教的做法都是不符合处罚与教育相结合原则的。

4. 保障当事人程序权利原则

正确处理惩罚与保护的相互关系，是行政处罚立法的重要指导思想。行政处罚法赋予当事人两类程序权利：一是在行政处罚决定过程中的陈述权、申辩权、被告知权和其他非诉讼程序权；二是行政处罚决定作出后的申请复议权、提起诉讼权和提出赔偿权等救济权。这些权利是公民、法人和其他组织对国家的公权利，是对国家的请求，需要以国家机关的义务行为来满足，对监督国家机关依法行使职权具有重要意义。尊重当事人的程序权还是行政处罚有效成立的法定条件之一。

保护当事人权利原则的基本要求是，使无辜的人不受行政处罚，使违法行为人受到公正处理，使遭受违法处罚的人得到及时补救。

(三)行政处罚机关的法律责任

行政处罚法主要集中在行政组织法和国家行政机关工作人员职务犯罪方面，规定了行政处罚实施机关的法律责任。追究违法责任的主要方式，是由上级行政机关或者有关机关对直接负有责任的行政机关主管人员和其他直接责任人员给予行政处分；对构成犯罪的，应依照刑法规定追究刑事责任，该法规定了违法行为的十几种情形。

行政处罚法关于法律责任的规定，并不排斥或免除国家机关和公务人员在其他方面的违法责任。国家机关违法设定行政处罚，应当依照国家立法制度的法律规定承担法律责任；行政机关违法实施行政处罚，应当依照国家行政复议、行政诉讼和国家赔偿制度的法律规定承担法律责任。

二、处罚的种类和设定

(一)行政处罚的种类

行政处罚法列举规定了六类行政处罚。这六类处罚不是按照单一标准划分的，也没有穷尽性质。这种规定主要是出于对公民、法人或者其他组织合法权益的影响程序和对行政管理秩序的保护作用，便于划分不同国家机关对各种行政处罚的权限而设定。这六类行政处罚如下。

(1) 警告，是国家对行政违法行为人的谴责和告诫，是国家对行为人违法行为所作的正式否定评价。从国家方面说，警告是国家行政机关的正式意思表示，会对相对一方产生不利影响，应当纳入法律约束的范围。对被处罚人来说，警告的制裁作用，主要是对当事人形成心理精神压力和不利的社会舆论环境。国家设定和适用警告处罚的目的，主要是使被处罚人认识其违法行为的性质和危害，纠正违法行为并不再继续和重新违法。

(2) 罚款，是行政机关对行政违法行为人强制收取一定数量金钱，剥夺行为人一定财产权利的制裁方法。广泛适用于各类行政违法行为。

(3) 没收违法所得、没收非法财物。没收违法所得，是行政机关将行政违法行为人占有的，通过违法途径和方法取得的财产收归国有的制裁方法。没收非法财物，是行政机关将行政违法行为人非法占有的财产和物品收归国有的制裁方法。

(4) 责令停产停业，是行政机关强制命令行政违法行为人暂时或永久地停止生产经营和其他业务活动的制裁方法。

(5) 暂扣或者吊销许可证、暂扣或者吊销执照，是行政机关暂时或永久撤销行政违法行为人拥有的国家准许其享有某些权利或从事某些活动的资格，使其丧失某些权利和活动资格的制裁方法。

(6) 行政拘留，是治安行政处罚种类，只能由全国人大的法律规定。这就是说，行政处罚新种类的创设权集中在全国人大，其他机关没有这种权力。

(二)行政处罚的设定

设定行政处罚，是国家机关创设行政处罚的行为规则，赋予行政机关行政处罚职权的立法活动。行政处罚法根据下述原则规定我国行政处罚设定制度：①符合我国的立法体制；②根据行政处罚的不同情况，区别对待；③依据法制原则。既要对现行某些不规范的做法适应改变，又要顾及我国法制建设的现实状况和实际需要。行政处罚设定制度的关键问题是行政规章的设定权。

1. 法律

全国人大及其常委会制定的法律，可以设定各种行政处罚，但限制人身自由的行政处罚，只能由法律设定。

2. 行政法规

国务院制定的行政法规，可以设定除限制人身自由以外的行政处罚。如果法律对违法行为已经作出行政处罚规定，行政法规需要作出具体规定的，不得超出法律规定的给予行政处罚的行为、种类和幅度的范围。

3. 地方性法规

有的地方人大制定的地方性法规可以设定除限制人身自由、吊销企业营业执照以外的行政处罚。如果法律、行政法规对违法行为已经作出行政处罚规定，地方性法规需要作出具体规定的，不得超出法律、行政法规规定的给予行政处罚的行为、种类和幅度的范围。

4. 部门规章

国务院各部、委制定的规章设定行政处罚有两种情形：①制定执行有关行政处罚的法律、行政法规的规章，但有关行政处罚的具体规定不得超出法律、行政法规规定的应当给予行政处罚的行为、种类和幅度的范围；②对违反行政管理秩序的行为，法律、法规没有

作出规定的，可以设定警告或一定数量罚款的处罚，罚款的限额由国务院作专项规定。

5. 地方规章

地方规章的设定权类似于部门规章：①可以在法律、法规规定的给予行政处罚的行为、种类和幅度的范围内作出具体规定，这里的法规包括行政法规和地方性法规；②对违反行政管理秩序的行为，法律、法规没有作出规定的，地方规章可以设定警告或一定数量罚款的行政处罚，罚款的限额由省、直辖市、自治区人大常委会规定。

行政处罚法规定，除法律、法规和规章以外的其他规范性文件不得设定行政处罚。

三、行政处罚的实施机关

行政处罚实施机关是关于谁有权运用行政处罚的重要制度。行政处罚在性质上是一项重要的国家行政权和国家制裁权，应当由国家行政机关行使。考虑到行政管理的实际需要和行政组织编制管理的现状，法律规定某些符合条件的组织，经过法律、法规的授权或行政机关的委托可以实施行政处罚。

1. 行政主管机关

国家行政机关行使国家行政处罚权，应当符合法律的要求：①只有法律规定享有处罚权的行政机关才能有行政处罚权；②具有行政处罚权的行政机关只能在法定的职权范围内实施行政处罚。行政机关只能对自己主管业务范围内违反行政管理秩序的行为给予行政处罚。如何划分行政机关对违法案件的权限分工，由管辖制度加以解决。

行政处罚法对行政机关综合执法作了规定，行政机关一般是按业务特点设置工作部门的，单行的法律、法规分行业和管理领域将包括行政处罚权在内的行政管理权授予某一行政主管机关，但是在行政管理实践中，往往需要将法律规定属于不同行政主管部门的处罚权集中于某一行政机关统一行使，以提高行政效能。针对这种情况，行政处罚法规定，除限制人身自由的行政处罚权只能由公安机关行使外，国务院或国务院授权的省、自治区、直辖市人民政府可以决定一个行政机关行使有关行政机关的行政处罚权。

2. 法律、法规授权的组织

作为行政机关行使行政处罚权的例外，某些组织在法定条件下可以成为实施行政处罚的主体，这些条件是指：①该组织具有管理公共事务的职能；②法律、法规明文授权；③在法定授权范围内行使行政处罚权。

法定授权组织的法律特征是：①以自己的名义实施行政处罚，直接向法律负责；②以自己的名义承担法律责任，参加复议或诉讼并承担相应的法律后果。

3. 行政机关委托的组织

某些组织可以接受行政机关的委托实施行政处罚，并与行政机关形成委托和被委托的法律关系。受委托组织必须具备法定条件：①该组织是依法成立的管理公共事务的事业组织；②该组织有熟悉有关法律、法规、规章和业务的工作人员；③对违法行为需要进行技术检查或者技术鉴定的，应有组织进行相应检查鉴定的条件。

在行政处罚委托法律关系中，行政机关进行委托负有以下法律义务：①具有法律、法规或者规章的依据；②委托事项必须在该机关的法定权限以内；③对被委托组织实施行政处罚的行为进行监督；④对被委托组织实施行政处罚的行为后果承担法律责任。

受委托组织的法律义务是：①以委托行政机关的名义实施行政处罚；②实施行政处罚不得超出委托范围；③不得再委托其他任何组织或个人实施行政处罚。

四、行政处罚的决定

行政处罚法对行政机关进行行政处罚规定了统一明确的决定程序。以前行政机关的一些处罚不当，重要原因之一是缺乏统一明确的程序规定，缺少必要的监督制约机制，随意性较大，容易造成对被处罚人合法权益的侵害。行政处罚法对行政处罚决定程序作了以下两项最基本的一般规定，集中反映了该程序的基本特征。

(1) 决定进行行政处罚，必须查明违法事实。违法事实是认定违法构成、裁量给予处罚的客观基础。所谓违法事实是指客观存在的违法诸情况的总和。这一规定的基本要求是：先查证，后处罚，处罚决定必须建立在可靠的客观依据之上。查清违法事实，是处罚决定程序的中心内容，也是处罚决定合法有效的必要条件。

(2) 赋予和保证当事人的程序权利。行政处罚法所有行政处罚当事人以程序权利，使其可以了解和直接参与行政处罚的决定过程。当事人的程序权利主要有了解权、陈述和申辩权、听证权利和其他权利。尊重和保证当事人了解权和陈述申辩权，是行政处罚决定成立的法定要件之一。所谓陈述和申辩权，是指在处罚决定作出之前，当事人有权提出自己的意见，提出自己掌握的事实，所持理由和证据，并对行政机关的指控进行辩解，申明自己的主张。

行政处罚法区别行政处罚的不同情况，规定了简易、一般和听证三种程序，其中一般程序是重心。

(一)简易程序

简易程序是针对事实确凿、处罚较轻的情况设置的，基本特点是当事人程序权利简单，执法人员当场决定给予处罚。

1. 适用简易程序的条件

有两项条件：①违法事实确凿并有法定依据；②处罚种类和幅度分别是：对公民处以50元以下罚款或警告；对法人或者其他组织处以100元以下的罚款或者警告。

2. 执法人员的义务

执法人员的义务主要包括表明身份；出具和交付依法填写、统一制定的行政处罚书；报所属行政机关备案。

3. 当事人的权利和义务

当事人的权利和义务主要包括履行行政处罚决定，要求执法人员依简易程序规定作出处罚决定，对处罚决定不服，依法申请行政复议或者提起行政诉讼。

(二)一般程序

一般程序是行政处罚典型和普遍适用的程序，主要特点是：①它适用于除适用简易程序和听证程序的情形以外的其他所有情形，广泛适用于各种行政处罚；②实行办案调查人员和处罚决定人员的分离制度。主要内容有以下两项。

1. 行政调查

行政调查应当全面、客观和公正地进行，以收集有关证据。行政调查人员有依法律、法规规定在必要时进行检查的权力。

行政处罚法规定了行政调查中行政机关及其执法人员的权力义务，主要有以下各项：①调查或检查时的执法人员不得少于两人并向当事人和有关人员出示证件表明身份；②执法人员有要求当事人如实回答询问并协助调查或检查的权力；③行政机关在收集证据时，可以抽样取证，例如，强制获取违禁印刷品作为证据样品；④对某些证据实行先行登记保存制度。在登记保存证据期间，当事人或有关人员有不得销毁或者转移证据的义务。这种方法适用于证据可能灭失或者以后难以取得的情况。在实施中，须经行政机关负责人批准并登记保存的，7 日内作出处理决定。

2. 行政处罚决定

行政处罚决定由行政机关负责人在对调查结果进行审查后，根据不同情况作出决定，行政处罚法规定了作出行政处罚决定的条件和决定的种类。对情节复杂或者重大违法行为给予较重的行政处罚，处罚决定应由行政机关负责人集体讨论后作出处理结果。行政处罚法还规定了行政处罚决定书的载明事项和制作送达方法。

在行政处罚决定作出之前，行政机关及其执行人员应当保证当事人享有和行使了解权和陈述、申辩的权利。

(三)听证程序

听证程序，是在行政机关作出行政处罚决定之前，公开举行专门会议，由行政处罚机关调查人员提出指控、证据和处理建议等，当事人进行申辩的程序。行政处罚法关于听证程序的规定主要有以下 4 项。

(1) 举行听证会的条件：①行政机关作出责令停产、停业、吊销许可证或者执照和较大数额罚款的行政处罚决定；②经当事人提出听证要求，由行政机关组织。

(2) 听证会的实行程序，主要内容是提出听证要求；通知听证的举行时间、地点；举行听证的方式；听证会的主持人和当事人的回避申请权；当事人出席或委托代理；听证的举行；听证笔录的制作。

(3) 处罚决定的作出。由行政机关在听证结束后，依照一般程序的有关规定作出处罚决定。

(4) 当事人对限制人身自由的行政处罚有异议的，依照治安管理处罚条例的有关规定执行。

五、行政处罚的执行

行政处罚法在执法方面最有特色的，是规定了作出罚款决定的机关与收缴罚款的机构分离制度。行政处罚执行制度的主要内容有三项。

(一)一般规定

当事人应当及时履行行政处罚决定规定的义务；原则上，在当事人申请行政复议或提起行政诉讼期间，行政处罚不停止执行；行政机关应当健全对行政处罚的监督制度。

(二)罚款的收缴

原则上，作出罚款决定的行政机关应当与收缴罚款的机构分离。作出处罚决定的行政机关及其执法人员不得自行收缴罚款。当事人应当在法定期限内，到指定的银行缴纳罚款，银行应当收受罚款，并将罚款直接上缴国库。作为例外，行政处罚法规定了当场收缴罚款的条件和收缴办法。

对于罚款、没收违法所得或者没收非法财物拍卖的款项，必须全部上缴国库。任何行政机关或者个人不得以任何形式私分、截留；财政部门不得以任何形式向行政处罚决定机关返还。

(三)行政强制措施

除经申请和批准当事人可以暂缓或分期缴纳罚款的以外，当事人逾期不履行行政处罚决定的，作出行政处罚决定的行政机关可以采取强制措施：①到期不缴纳罚款的，每日按罚款数额的3%加处罚款；②根据法律规定，将查封、扣押的财物拍卖或者将冻结的存款划拨抵缴罚款；③申请人民法院强制执行。

第六节 行政诉讼法

一、行政诉讼法概述

行政诉讼法是规范行政诉讼活动的，我国的行政诉讼，简明地说，就是人民法院通过司法诉讼程序处理行政争议案件的制度。行政诉讼解决的行政争议，是公民、法人和其他组织同国家行政机关之间就行政机关的侵权行为发生的纠纷，可以纳入诉讼的具体争议范

围，在人民法院的受案范围中讨论。

行政机关也处理行政案件，例如，行政复议案件和公务员的纪律处分案件，这在某些国家也是行政诉讼的问题，但是在我国它们与行政诉讼是分开的。我国行政诉讼的裁判机关是普通人民法院，不是独立的行政法院，这是一个重要的特点。处理案件的国家机关的性质很重要，因为国家机关的性质决定着其活动的性质和活动程序。我国之所以建立行政诉讼的制度，主要是考虑利用司法机关的活动特点来更好地处理行政案件。建立行政诉讼制度，并不是说行政机关没有力量和能力处理行政争议案件，而是要为行政案件的公正处理提供一种不同于行政程序的裁判机制。

行政诉讼法，是规定人民法院和人民检察院的诉讼职能，诉讼参与人的诉讼权利义务及其运用方式的法律规范的总和，它是人民法院、诉讼当事人和其他诉讼主体进行行政诉讼的行为准则。行政诉讼主体的诉讼行为和诉讼关系是行政诉讼法的调整对象。

制定行政诉讼法以后，国家机关加快了相关法律、法规的制定和解释工作，使行政诉讼的进行有了完备的法律基础。行政诉讼法的制定和实施，不仅使行政诉讼案件的处理有了系统的程序法依据，而且还极大地促进了我国行政法制建设的整体发展。现在我国行政管理方面的综合性和基本制度性的立法，包括国家赔偿法、行政处罚法、行政复议法都是在实施行政诉讼法的推动下加快制定出来的。

行政诉讼法规定了行政诉讼的基本原则，有司法诉讼的共同性原则，例如，法院行使审判权的原则，以事实为根据、以法律为准绳的原则等；它还规定了行政诉讼法的部门法原则，这就是人民法院对具体行政行为进行合法性审查的原则。它是确定行政诉讼中法院的基本职能，处理行政诉讼中人民法院与行政机关的相互关系的基本准则。其含义主要有两个方面：①司法机关在行政诉讼中的任务主要是解决行政决定的合法性问题，而不是适当性问题；②司法机关审判是对行政行为进行合法性审查，确定行政行为与法律要求的一致性。行政行为是正确合法的，就应当确认其法律上的效力；如果行政机关的决定违法，但是行政事项还需要继续处理，应当由行政机关依法办理，法院原则上不能代替行政机关行使行政职权。

二、受案范围和管辖

(一)受案范围

受案范围，是指法律规定的人民法院受理和审判行政案件的范围。它规定了人民法院审查具体行政行为合法性的职权范围，规定了公民、法人和其他组织在受到行政活动不法侵害时得到司法保护的范围。

根据《中华人民共和国行政诉讼法》第 12 条的规定，人民法院受理的行政案件，可以分为涉及人身权、财产权的案件和法律、法规规定的其他行政案件两大类型。

(1) 对于行政机关侵犯公民、法人或者其他组织人身权、财产权的具体行政行为，公民、法人或者其他组织均可以提起行政诉讼，人民法院应当受理。法律列举了侵犯公民、法人或者其他组织人身权、财产权的十二种具体行政行为：①行政机关的行政处罚，包括拘留、罚款、吊销许可证等；②行政机关的强制措施，包括限制人身自由或者对财产的查封、扣押、冻结，劳动教养也属于行政强制措施；③认为符合法定条件申请行政机关颁布许可证和执照，行政机关拒绝颁发或者不予答复的；④对行政机关作出的关于确认土地、矿藏、水流、森林、山岭、草原、荒地、滩涂、海域等自然资源的所有权或者使用权的决定不服的；⑤对征收、征用决定及其补偿决定不服的；⑥申请行政机关履行保护人身权、财产权的法定职责，行政机关拒绝履行或者不予答复的；⑦认为行政机关侵犯经营自主权的；⑧认为行政机关滥用行政权力排除或者限制竞争的；⑨认为行政机关违法集资、摊派费用或者违法要求履行其他义务的；⑩行政机关没有依法发给抚恤金的；⑪认为行政机关不依法履行、未按照约定履行或者违法变更、解除政府特许经营协议、土地房屋征收补偿协议等协议的；⑫认为行政机关侵犯其他人身权、财产权等合法权益的。

(2) 法院还应当受理法律、法规规定的其他行政案件。这一规定有两层含义：①在行政诉讼法生效以前法律、法规规定可以起诉的行政案件，应当依照法律、法规的规定予以受理；②在行政诉讼法生效以后，如果需要扩大受案范围，可以通过单行的法律、法规作出规定。

(3) 人民法院不予受理的案件。行政诉讼法规定以下四类案件人民法院不予受理：①涉及国家行为的行政案件，例如，国防、外交行为；②涉及抽象行政行为的案件，例如，关于行政法规、规章的行政争议；③涉及行政机关人事管理的案件，例如，对行政机关工作人员奖惩任免的行政决定引起的争议；④涉及法律规定由行政机关最终裁决的具体行政行为。

(二)管辖

行政诉讼管辖，是关于人民法院审理第一审行政案件职权划分的诉讼制度，主要内容有级别管辖、地域管辖和裁定管辖。

1. 级别管辖

级别管辖是关于上下级法院之间受理第一审行政案件职权分工的诉讼制度。第一审行政案件原则上都由基层人民法院管辖，最高人民法院、中级人民法院和高级人民法院管辖本辖区内重大复杂的案件。除此以外，中级人民法院管辖确认发明专利权和海关处理的案件，以及对国务院各部门和省、自治区、直辖市人民政府的具体行政行为提起诉讼的案件。

2. 地域管辖

地域管辖是关于同级人民法院受理第一审行政案件职权分工的诉讼制度。行政案件原则上由最初作出具体行政行为的行政机关所在地人民法院管辖，对于经过行政复议的行政案件、限制人身自由强制措施的行政案件以及涉及不动产的行政案件的管辖，法律分别作了专门的规定。

3. 裁定管辖

由人民法院作出裁定或决定，而不是直接根据法律确定管辖法院的，称为裁定管辖。裁定管辖包括移送管辖、指定管辖和管辖权转移，对此，行政诉讼法都作了规定。

三、诉讼参加人

(一)概述

诉讼参加人，是为了保护其合法权益而参加诉讼的原告、被告、第三人、共同诉讼人。诉讼参加人是行政诉讼权利义务的主要承担者，确立他们的法律地位和法律能力条件，是使他们承担诉讼义务、行使诉讼权利的基础和前提。

诉讼参加人中的原告或者第三人是外国人、无国籍人或者外国组织，在中华人民共和国进行的行政诉讼称为涉外行政诉讼。根据国家主权原则和对等原则，法律规定了涉外行政诉讼的基本规则，包括对等原则、同等原则、适用有关国际条约的原则和委托中国律师进行诉讼的原则。

(二)原告和被告及共同诉讼人

原告和被告是行政诉讼中最基本的诉讼参加人，没有原告和被告，诉讼就不能成立和进行。原告是指以自己的名义，向法院对争议相对方提出指控并要求法院进行裁判的人。认为行政机关和行政机关工作人员的具体行政行为侵犯其合法权益，并且依照行政诉讼法程序提起诉讼的公民、法人和其他组织可以取得原告资格。侵害行为同原告的权益具有直接的事实上的因果关系，遭受侵害的权益是为行政法和行政诉讼法所保护的。

被告是指受到原告指控，人民法院认定其应当履行被告义务的行政机关。被告的成立，取决于原告指控的合法，原告指控的合法和被告参加诉讼的必要性都由人民法院决定。

共同诉讼人是共同原告和共同被告的总称，是共同诉讼的当事人。共同诉讼是指当事人一方或双方为两人以上的诉讼，可以分为必要共同诉讼中的共同诉讼人和普通共同诉讼中的共同诉讼人。

(三)第三人和诉讼代理人

行政诉讼的第三人是指同诉讼中争议的具体行政行为有利害关系，为了维护自己的合法权益而参加到他人业已开始、尚未结束的诉讼中去的，原告以外的公民、法人或其他组织。参加方式既可以由第三人自己提出申请并经人民法院准许，也可由人民法院通知参加。

第三人主张行政行为违法，将行政机关视为被告，第三人应当享有和承担原告的诉讼权利和义务。第三人主张维持原具体行政行为，要求法院驳回原告的诉讼请求，他没有将原诉当事人任何一方视为被告，第三人不能取得相当于原告的法律地位，但可以提出主张和证据，参加辩论、反驳原告的诉讼请求、支持被告的主张，以最终确定被诉行政行为的合法性。如果法院判决对其权益产生了不利影响，第三人有权提起上诉。

诉讼代理人是指代理人以被代理人的名义在代理权限内活动，活动后果由被代理人承受的诉讼行为。根据代理产生的不同原因，代理人可分为法定代理人和委托代理人。法定代理人是由法律直接规定产生，而委托代理是基于当事人及其法定代理人的委托而产生。

四、诉讼证据

(一)概念和种类

行政诉讼证据是指能够证明行政案件真实情况的一切事实。证据的客观真实、证据与案件事实的内在联系以及证据的法定要求，是诉讼证据的基本属性。

法律规定的诉讼证据有九种：书证、物证、视听资料、电子数据、证人证言、当事人的陈述、鉴定意见、勘验笔录及现场笔录。

(二)举证责任

行政诉讼举证责任，是行政被告对其作出的具体行政行为及其合法性提出证据加以证明的法定诉讼义务，不履行这一义务将导致败诉。行政被告的举证内容是提出作出该具体行政作为的主要证据和所依据的规范性文件。履行举证责任的时限，是第一审庭审结束以前，届时行政被告未能履行举证义务，人民法院可以判决撤销被诉具体行政作为。

(三)证据的收集、保全和审查

行政被告的证据收集权受到限制，在诉讼过程中，行政被告不得自行向原告和证人收集证据，被告的律师负有同样的义务。人民法院有证据收集权，可以要求当事人提供或者补充证据，或者向有关行政机关及其他组织、公民调取证据。

五、行政案件的受理

(一)起诉和受理

起诉，是指公民、法人或其他组织认为行政机关和行政机关工作人员的具体行政行为侵犯了自己的合法权益，要求人民法院对行政机关和行政机关工作人员的具体行政行为进行司法审查并作出裁判的行为。

提起诉讼应当符合下列条件：起诉人必须是认为具体行政行为侵犯其合法权益的公民、法人或者其他组织；提起行政诉讼要有明确的被告；有具体的诉讼请求和事实根据；属于人民法院受案范围和受诉人民法院管辖。

人民法院对起诉人的起诉进行审查，认为起诉符合法定条件的，应当立案予以受理；认为起诉缺乏根据和理由，应当裁定不予受理。起诉人对裁定不服的，可以提起上诉。人民法院应当在接到起诉状之日起 7 日内，进行审查并决定是否立案受理。

(二)第一审程序

第一审是人民法院对案件的初次审理。法院最初审理的案件，在行政诉讼中称为第一审案件。法院审理第一审案件的程序为第一审程序。诉讼管辖规定了各级人民法院审理第一审案件的范围。经第二审发回重申的案件和未经第二审程序发生法律效力被决定再审的案件的审理，应当按照第一审程序进行。

1. 审理前的准备

(1) 依法组成合议庭。人民法院受理行政案件，应当成立合议庭作为审判组织。合议庭的组成原则，实行陪审制和审判员制相结合。合议庭的活动，实行少数服从多数的原则。

(2) 通知被告应诉。人民法院应当在法定期限内将起诉状副本发送被告，将被告答辩状副本发送原告。被告应当在法定期限内向人民法院提交作出具体行政行为的有关材料，提出答辩状，被告不提出答辩状的，不影响法院审理的进行。

(3) 审判人员审阅诉讼材料，进行调查研究，收集证据。

(4) 决定开庭审理的方式。行政案件原则上实行公开审理，但涉及国家秘密、个人隐私和法律另有规定的除外。

(5) 决定是否裁定停止被诉具体行政行为的执行。诉讼期间，原则上不停止具体行政行为的执行，但有下列情形之一的，停止具体行政行为的执行：①被告认为需要停止执行的；②原告申请停止执行，人民法院认为该具体行政行为的执行会造成难以弥补的损失，并且停止执行不损害社会公共利益的，裁定停止执行；③法律、法规规定停止执行的。

2. 开庭审理的程序

开庭审理分几个阶段进行：开庭准备；审查出庭情况；法庭调查；法庭辩论；合议庭评议；公开宣判。

3. 诉讼中止和终结

在诉讼进行中，由于发生不以人的意志为转移的客观情况，使诉讼程序暂时停止，待引起停止的情况消失后诉讼继续进行的制度是诉讼中止。在诉讼期间，发生了法律规定的特殊情况，诉讼已无可能或无必要进行下去而结束全部诉讼活动的制度是诉讼终结。

4. 排除妨碍诉讼的强制措施

对于扰乱、妨害人民法院和诉讼参加人进行正常诉讼活动的行为，行政诉讼法规定了强制措施，用以排除妨害。

(三)上诉审程序和审判监督程序

1. 上诉审程序

上诉审又称第二审，即上一级人民法院根据当事人的上诉，对尚未生效的一审裁判进行审理的活动。

根据行政诉讼法规定的二审终审的制度，一审行政案件的当事人不服法院的裁判，在法定期限以内，都可以向上一级人民法院提起上诉。对判决不服的，在判决书送达之日起15日内向上一级人民法院提起上诉；对裁定不服的，在裁定书送达之日起10日以内，向上一级人民法院提起上诉。

上诉案件的审理，一般按第一审程序进行。人民法院审理上诉案件，以开庭审理为原则，但也可以实行书面审理。

根据我国行政诉讼法的规定，第二审人民法院审理上诉案件可以作出以下处理。

(1) 维持原判。第一审人民法院的判决、裁定认定事实清楚，适用法律、法规正确的，判决驳回上诉，维持原判。

(2) 依法改判。第一审人民法院的判决认定事实清楚，适用法律、法规错误，第二审人民法院可依法改判。第一审人民法院认定事实不清、证据不足或违反法定程序可能影响案件正确判决的，二审法院可在查清事实后改判。

(3) 发回重审。原判决认定事实不清，证据不足，或者由于违反法定程序可能影响案件正确判决的，可以裁定撤销原判，发回原审人民法院重审。当事人对重审案件的判决、裁定可以上诉。

人民法院审理上诉案件，应当在收到上诉状之日起2个月内作出终审判决。有特殊情况需要延长的，由高级人民法院批准，高级人民法院审理上诉案件需要延长期限的，由最高人民法院批准。

2. 审判监督程序

审判监督程序，是指人民法院对已经发生法律效力的判决和裁定，发现在认定事实和适用法律上有错误，依法进行重新审理的制度。

各级人民法院的院长对本院已生效的判决、裁定，认为需要再审，提交审判委员会讨论决定；上级人民法院对下级人民法院已生效的判决、裁定有权提审或者指令下级人民法院再审；人民检察院对人民法院已生效的判决、裁定，发现违反法律、法规规定的，有权按照再审程序提起抗诉。

六、行政判决和侵权赔偿

(一)行政判决

行政判决是人民法院根据事实、依照法律，对具体行政行为的合法性和行政争议的权利义务作出的司法决定。人民法院经过审理，根据不同情况，可分别作出：维持判决、撤销判决、履行判决和变更判决。

维持判决，指人民法院经过审理，认为行政机关作出的具体行政行为证据确凿，适用法律、法规正确，符合法定程序，确认具体行政行为合法的判决。

撤销判决，是人民法院确认具体行政行为违法、不能取得或丧失法律效力的判决。作出撤销判决应当具有以下情形之一，主要证据不足的，适用法律、法规错误的，违反法定

程序的，超越职权的，滥用职权的。

履行判决，是人民法院对不履行或者拖延履行法定职责的，要求其在一定期限内履行法定职责的判决。

变更判决，是人民法院对构成违法但是有需要继续处理事项的具体行政行为，首先撤销原具体行政行为，再直接对有关行政事项作出处理的判决。人民法院只能对显失公正的行政处罚案件作出变更判决。

(二)侵权赔偿责任

侵权赔偿责任是指行政机关或者行政机关的工作人员作出的具体行政行为侵犯公民、法人或者其他组织的合法权益造成损害，由侵权行政机关对当事人进行赔偿的责任。

根据国家赔偿法的规定，当事人可以对人身权和财产权的损害请求行政侵权赔偿。法律对人身权的保护限于健康权、生命权和人身自由权。请求行政侵权赔偿，应当通过法定程序首先对具体行政行为的违法行进行确认。违法行进确认后当事人可以向赔偿责任机关提起，也可以在行政复议和行政诉讼中完成。

行政侵权赔偿机关，应当是行政侵权的行政机关。行政机关赔偿损失后，应责令有故意或者重大过失的行政机关工作人员承担部分或者全部赔偿费用。

七、执行

根据《中华人民共和国行政诉讼法》第 95 条的规定，当事人不履行人民法院发生效力的裁定、判决的，权利人可以申请第一审人民法院强制执行。第一审法院是指作出一审判决、裁定的法院。人民法院设置执行机构执行庭，通常由执行员、书记员和司法警察组成，具体办理执行案件。参加执行的，有执行当事人、执行异议人、执行协助人、执行委托人和其他应当或可以参加执行程序的人。

公民、法人或其他组织拒绝履行判决或裁定的，行政机关可以向第一审法院申请强制执行或依法强制执行。

行政机关拒绝履行人民法院的行政判决、裁定的，第一审人民法院可以采取以下执行措施：①从行政机关的银行账户上划拨应当归还的罚款和应当支付的赔偿金；②在规定期限内不履行的，从期满之日起，对该行政机关按日处以 50 元到 100 元的罚款，以促使其履行义务；③将行政机关拒绝履行的情况予以公告；④向该行政机关的上一级行政机关或者监察、人事机关提出司法建议，接受司法建议的机关，根据有关规定进行处理，并将处理情况告知人民法院；⑤追究刑事责任，拒不履行判决、裁定，情节严重构成犯罪的，依法追究主管人员和直接责任人的刑事责任。

执行的行使有以下步骤。

(1) 执行开始。人民法院依照法定程序开始行使诉讼执行权的途径，有申请执行、移交执行和委托执行。

(2) 执行中止和执行终结。执行中止指执行开始后出现不能继续的特殊情况，执行暂时停止进行，待该情况消失后继续进行执行。执行中出现执行无必要继续进行或者无法进行的情况，从而终止正在进行的执行程序，叫作执行终结。

(3) 执行补救。执行已经结束，发现执行造成错误需要进行补救的，叫作执行补救，主要有执行回转和再执行。

思考与练习

一、名词解释

行政主体　　行政组织　　行政强制　　行政处罚　　行政诉讼

二、简答题

1. 什么是行政法律关系？
2. 具体行政行为与抽象行政行为的区别是什么？
3. 行政强制执行的措施有哪些？
4. 行政处罚的种类和设定有哪些？
5. 行政诉讼的受案范围是什么？

三、案例分析

案例 1

个体工商户林某，经批准在某市 C 区滨江道旁摆摊经营烟酒、小食品及饮料，工商执照、占道许可证、税务登记证等证照齐全。公安机关发放的临时占用道路许可证期限为 2015 年 1 月 1 日至 2015 年 12 月 31 日。2015 年 10 月 8 日，C 区人民政府委托该区繁华地区治安办公室，对 C 区滨江道地段的个体摊位进行清理。林某摊位也属于清理对象，被要求撤摊易地经营，林某不同意。C 区人民政府通过治安办公室以书面方式责令林某停止营业。林某不服 C 区人民政府决定，于 2015 年 11 月 7 日向某市中级人民法院起诉。(注：滨江道为市管道，清理占道的个体摊位应由某市市政管理部门和某市公安交通管理部门共同实施。)

【解析】

行政行为的合法要件包括：行为主体合法；行为内容合法；行为程序合法。一个具体行政行为只有同时具备上述三个要素，该行政行为才是合法的。林某在某市 C 区滨江道旁摆摊经营烟酒、小食品及饮料，工商执照、占道许可证、税务登记证等证照齐全。公安机关发放的临时占用道路许可证期限为 2015 年 1 月 1 日至 2015 年 12 月 31 日。显然，林某在某市 C 区滨江道旁的个体经营在整个 2015 年度是完全合法的，而且滨江道为市管道，清理占道的个体摊位应由某市市政管理部门和某市公安交通部门共同实施。因此，不论是 C 区人民政府，还是受其委托的该区繁华地区治安办公室，都无权对 C 区滨江道地段的个

体摊位进行清理；其责令林某停止营业、易地经营的具体行政行为，是明显超出其合法权限的违法行为。

案例 2

某县王家庄村村民王某，为建造房屋，于 2015 年 12 月 20 日，未经主管机关批准，在村旁河道内采沙石。12 月 29 日，县水利局发现后，责令王某停止采沙，并处以罚款 500 元，同时没收运输沙石的马车。王某不服，于 2016 年 1 月 2 日向市河道主管机关申请复议，复议机关作出了维持县水利局处罚决定的复议决定。王某仍不服，于 2 月 15 日向县人民法院提起行政诉讼，县法院受理了此案。在审理过程中，被告县水利局辩称："对王某的处罚既有事实根据也有法律依据。"并申明："省政府《关于河道管理的若干规定》第 18 条规定：未经批准或不按照河道主管机关的规定在河道管理范围内采沙、取土、淘金、弃置沙石淤泥、爆破、钻探、挖筑鱼塘等， 由河道主管机关除责令其纠正违法行为、采取补救措施外，可以并处警告、罚款、没收非法所得和用于违法行为的工具……根据此规定，给予王某罚款和没收其马车的处罚是完全正确的。"县法院经审理认为，省政府《关于河道管理的若干规定》所设定的行政处罚种类超出了国务院《河道管理规定》的规定，因此判决撤销"没收马车"的处罚规定，维持"罚款"的处罚决定。

【解析】

(1) 根据《中华人民共和国行政处罚法》的规定，省政府的行政处罚设定权有两项：第一，根据《中华人民共和国行政处罚法》第 13 条第一款的规定，省级人民政府的规定"可以在法律、法规规定的给予行政处罚的行为、种类和幅度的范围内作出具体规定"。第二，根据《中华人民共和国行政处罚法》第 13 条第一款的规定，省级人民政府的规章在尚未制定法律、法规的情况下，对违反行政管理秩序的行为，可以设置警告或者一定数量罚款的行政处罚。罚款的限额由省、直辖市人民代表大会常务委员会决定。根据此款的规定，省级人民政府的规章在尚未制定法律、法规的情况下，只能设定两种处罚：警告和一定数量的罚款，且罚款数额由省级人大常委会规定。

(2) 该案中省政府的《关于河道管理的若干规定》不能作为对王某进行行政处罚的法律依据。因为该规定与国务院的《河道管理条例》相抵触。《河道管理条例》第 44 条规定："未经批准或不按照河道主管机关的规定在河道管理范围内采沙、取土、淘金、弃置沙石淤泥、爆破、钻探、挖筑鱼塘等， 由河道主管机关除责令其纠正违法行为、采取补救措施外，可以并处警告、罚款、没收非法所得。"该条例并未规定"没收用于违法行为的工具"的处罚。可见某省《关于河道管理的若干规定》设定的处罚种类，超出了《河道管理条例》规定的处罚种类。《河道管理条例》是国务院的行政法规，《关于河道管理的若干规定》是地方政府规章，行政规章必须与行政法规相一致，不能创新的行政处罚种类。因此本案中某省政府《关于河道管理的若干规定》不能作为行政处罚的法律依据，县人民法院判决撤销县水利局对王某的"没收马车"的处罚决定是正确的。

第八章　合　同　法

学习目标

了解合同及合同立法概况；理解并掌握合同从订立到履行直至终止全过程的基本制度；明确合同法对完善社会主义市场经济法律体系的重要作用，并能在实践中有效运用合同法知识。

第一节　合同法概述

一、合同法的概念和调整对象

(一)合同的概念和特征

合同是在平等民事主体的自然人、法人、其他组织之间设立、变更、终止民事权利义务关系的协议。具有以下特征。

(1) 合同主体具有平等性。合同是平等民事主体之间进行的民事法律行为，所以合同主体的法律地位平等。

(2) 合同主体的意思表示具有一致性。要约和承诺都必须表示当事人的真实意思，合同的成立是当事人意思表示一致的结果。

(3) 合同的内容具有确定性。合同作为当事人之间设立、变更、终止民事权利义务关系的协议，必须明确约定当事人的权利和义务。

(4) 合同的履行具有强制性。合同依法成立，就对当事人产生法律约束力。

(二)合同法的概念和调整对象

合同法是调整平等主体之间的合同关系的法律规范的总称。《中华人民共和国合同法》(以下简称《合同法》)于 1999 年 3 月 15 日在第九届全国人民代表大会第二次会议上获得通过，1999 年 10 月 1 日起施行，共计 428 条。它的调整对象是平等主体之间的财产流转关系。

(1) 它只调整平等主体之间的关系。合同法是民法的重要组成部分，而民法是调整平等主体之间关系的。

(2) 它只调整平等主体之间的财产流转关系，而且涉及财产流转的整个过程。合同法调整平等主体之间的财产流转关系，不仅可以导致设立、变更、终止一定的债权债务关系，还可以引起特权的变动。

二、合同法的基本原则

(一)平等、自愿原则

平等、自愿原则主要表现在以下两方面：一是合同当事人的法律地位平等，一方不得将自己的意志强加给另一方；二是当事人依法享有自愿订立合同的权利，任何单位和个人不得非法干预。

平等是自愿的前提。《合同法》规定："合同当事人的法律地位平等"，即在合同关系中，当事人无论具有什么身份，其法律地位是平等的，没有高低、从属之分。

(二)公平、诚实信用原则

《合同法》规定，当事人应当遵循公平原则确定各方的权利和义务，当事人行使权利、履行义务应当遵循诚实信用原则。

公平、诚实信用原则，要求当事人在合同订立、履行、终止的全过程，都必须要诚实、讲信用、相互协作，不得滥用权利。

(三)守法、不得损害社会公共利益原则

《合同法》规定，当事人订立、履行合同，应当遵守法律、行政法规，尊重社会公德，不得扰乱社会经济秩序，损害社会公共利益。

合同的订立和履行主要涉及当事人的利益，国家一般不予干预，而由当事人自主约定，采取自愿原则；但合同有时可能涉及社会公共利益，因而自愿原则也不是绝对的。对损害社会公共利益、扰乱社会经济秩序的行为，国家应当予以干预。

(四)依法成立的合同受法律保护原则

《合同法》规定，依法成立的合同对当事人具有法律约束力。当事人应当按照约定履行自己的义务，不得擅自变更或者解除合同。依法成立的合同，受法律保护。

第二节　合同的订立

一、合同的形式

合同的形式，是合同当事人意思表示一致的表现形式，是合同内容的外部表现，是合同内容的载体。它属于合同成立的形式要件，其作用在于证明合同关系的存在和确定当事人之间的权利义务关系。

《合同法》规定，当事人订立合同，有书面形式、口头形式和其他形式。法律、行政法规规定采用书面形式或当事人约定采用书面形式，应当采用书面形式。

(1) 书面形式。《合同法》规定，书面形式是指合同书、信件和数据电文等可以有形地表现所载内容的形式。

书面形式可分为一般书面形式和特殊书面形式。一般书面形式是指法律一般地要求当事人用文字符号表达其意思的形式，例如，合同形式为一般书面形式。特殊书面形式是指当事人除了用文字符号表达其意思外，还要经有关机关确认的形式，主要有以下三种：①公证形式，即当事人将其书面的意思表示提请国家公证机关，依照法定程序对该意思表示的真实性和合法性加以审查，并予以确认；②鉴证形式，即当事人将其书面的意思表示提请国家工商行政管理机关或有关上级机关对该意思表示的真实性和合法性进行审查而给予证明；③审核登记形式，即当事人将其书面的意思表示，提请国家有关主管机关予以审查，经确认真实、合法、将有关事项记载于审查机关并发给证明文件。

(2) 口头形式。它是指当事人基于口头约定达成协议而订立的合同。口头形式的合同在社会生活的各个领域中被广泛适用，凡法律未规定特定形式或当事人未约定采用特定形式的合同，都可采取口头形式。

(3) 其他形式。它是指采用书面形式、口头形式以外的方式来表现合同内容的形式，包括推定和沉默两种形式。推定形式是指当事人不直接用书面或者口头意思表示，而是通过实施某种行为来为意思表示。沉默形式是指当事人无言语表示，又无作为表示，而以消极行为来进行意思表示。

二、合同的内容

合同的内容是合同当事人订立合同过程中意思表示一致的具体化，主要记载合同当事人双方的权利和义务。《合同法》规定，合同的内容由当事人约定，一般包括以下条款。

(1) 当事人的名称或者姓名和住所。它是明确合同主体，使合同双方当事人得以特定化的条款，是合同不可缺少的条款。

(2) 标的。标的是合同双方当事人权利和义务共同指向的对象。合同不同，标的种类也不同。标的可以是货物，也可以是货币、工程项目、特定的工作成果、特定的技术、特定的行为、劳务等。

(3) 数量。数量是合同标的的计量尺度。数量记载要清楚，计量单位要明确，标点符号要正确，数字书写要规范。

(4) 质量。质量条款通过规格、性质、款式、标准等因素将合同的标的予以特定化。在约定质量条款时，要按法定的质量用语约定合同标的质量，并且依我国标准法规定的标准来确定。

(5) 价款或者报酬。它是区别有偿合同与无偿合同的重要标志。在有偿合同中，当事人约定了本条款，按约定执行，当事人没有约定本条款的，可依法定的标准确定相应的价款或者报酬。

(6) 履行期限、地点和方式。本条款是合同的重要内容，对于确定合同是否履行具有重要作用。

(7) 违约责任。从理论上讲，它不应是合同的主要条款，合同中是否约定违约责任不影响合同的成立和效力，但约定了本条款，更有利督促当事人自觉履行合同，也便于确定当事人违约后所应承担的违约责任。

(8) 解决争议的方法。本条款的约定不能违反我国仲裁法和民事诉讼法的有关规定。

此外，《合同法》规定了格式条款，它是当事人为了重复使用而预先拟定，并在订立合同时未与对方协商的条款，主要在商业惯例中形成。格式条款加快了商品交易的速度、简化了订约手续但由于是一方当事人事先拟定的，因此往往使当事人处于不平等的缔约地位。为保护双方当事人的合法权益，《合同法》明确规定了提供格式条款一方的义务、格式条款的无效表现和解释原则。

三、订立合同的程序

合同的订立程序，实际上是当事人之间通过协商，使双方的意思表示达成一致的过程。《合同法》规定，当事人订立合同，采取要约、承诺方式。

(一)要约

1. 要约的概念和构成要件

要约是当事人一方以缔结合同为目的向对方当事人所作的意思表示。《合同法》规定，要约是希望和他人订立合同的意思表示。

要约必须具备4个要件。

(1) 内容具体明确。要约是特定人的意思表示，是向相对人(受要约人)所作的意思表示。要约的内容应具备合同的必要条款。

(2) 要约必须有订立合同的意图，表明经受要约人承诺，要约人即受该意思表示的约束。由于要约是具有特定法律意义的意思表示，要约人要对其承诺负相应的法律责任，即一旦受要约人承诺，合同即告成立。

(3) 要约必须向要约人希望与之缔结合同的受要约人发出，但在特定的场合下，要约人也可以向不特定的人发出要约，例如悬赏广告。

(4) 要约必须送达受要约人。

2. 要约的法律效力

要约人在要约的有效期限内不得随意撤回、撤销或者变更其发出的要约，并在受要约人依法承诺时，与之建立合同关系。受要约人若在要约有效期间作出承诺，合同即告成立。

3. 要约的生效时间

我国合同法采取到达主义来确定要约的生效时间，即要约到达受要约人时生效。要约的形式不同，其具体的生效时间及法律效力存续的时间也不相同。

4. 要约的撤回和撤销

要约的撤回，是指在要约发生法律效力之前，要约人作出的以取消要约为目的的意思表示。《合同法》规定，要约可以撤回，撤回要约的通知应当在要约到达受要约人之前或者与要约同时到达受要约人。

要约的撤销，是指要约人在要约发生法律效力之后，作出的以取消要约为目的的意思表示。《合同法》规定，要约可以撤销，撤销要约的通知应当在受要约人发出承诺通知之前到达受要约人，但有法定情形之一的，要约不得撤销：要约人确定了承诺期限或者以其他形式明确表示要约不可撤销；受要约人有理由认为要约是不可撤销的。

5. 要约的失效

《合同法》规定在 4 种情形下要约失效：①拒绝要约的通知到达要约人；②要约人依法撤销要约；③承诺期限届满，受要约人未作出承诺；④受要约人对要约的内容作出实质性变更。

(二)承诺

1. 承诺的概念和构成要件

承诺是受要约人同意要约的意思表示。承诺必须具备以下要件：①承诺必须由受要约人向要约人作出；②承诺必须是对要约明确表示同意的意思表示；③承诺的内容不能对要约作出实质性的变更；④承诺应在要约有效期限内作出。要约中规定了承诺期限的，承诺应当在该期限内到达要约人；要约没有确定承诺期限的，应当根据不同情况确定：要约以对话方式作出的，应当即作出承诺；要约以非对话方式作出的，承诺应当在合理期限内到达。

2. 承诺的撤回

承诺的撤回，是指承诺人阻止承诺发生法律效力的意思表示。《合同法》规定，承诺可以撤回，但撤回承诺的通知应当在承诺通知到达要约人之前或者与承诺通知同时到达要约人。

(三)缔约过失责任

缔约过失责任，是指缔约人基于主观过错，违反缔约法定义务，给对方造成损失而依法承担的民事责任。

《合同法》规定，当事人在订立合同过程中有下列情形之一，给对方造成损失的，应当承担损害赔偿责任：①假借订立合同，恶意进行磋商；②故意隐藏与订立合同有关的重要事实或者提供虚假情况；③当事人在订立合同过程中知悉的商业秘密，无论合同是否成立，泄漏或不正当的使用的；④有其他违背诚实信用原则的行为。

第三节　合同的效力

一、有效的合同

(一)合同的有效条件

订立合同是一种民事法律行为，故民事法律行为的有效要件也是合同的有效要件。

(1) 行为人具有相应的民事行为能力。

(2) 意思表示真实。

(3) 不违反法律或者社会公共利益。

(二)合同的生效时间

依法成立的合同，自成立时生效。一般而言，合同的生效时间就是合同成立的时间。但有两种特殊的情况。

(1) 法律、行政法规规定应当办理批准、登记等手续生效的，自批准、登记时生效。

(2) 当事人对合同的效力可以约定附生效条件或者附生效期限，附生效条件的合同自条件成就时生效；附生效期限的合同，期限届至时生效。

二、效力待定的合同

效力待定合同是指合同已经成立，但因其不完全符合有关生效要件的规定，因此其效力能否发生尚不确定，一般须经有权人追认方能生效的合同。效力待定的合同主要有：①限制民事行为能力人订立的合同，经法定代理人追认后，该合同有效，但纯获利益的合同或者与其年龄、智力、精神健康状况相适应而订立的合同，不必经法定代理人追认；②行为人没有代理权、超越代理权或者代理权终止后以被代理人名义订立的合同，代理经被代理人追认的，合同有效，未经被代理人追认，对被代理人不发生效力，由行为人承担责任；③无处分权的人处分他人财产，经权利人追认或者无处分权的人订立合同后取得处分权的，该合同有效。

三、无效的合同

无效合同，是指已经成立，因欠缺法定有效条件而不发生法律效力的合同。《合同法》规定，有下列情况之一的合同无效：①一方以欺诈、胁迫的手段订立合同，损害国家利益；②恶意串通，损害国家、集体或者第三人利益；③以合法形式掩盖非法目的；④损害社会公共利益；⑤违反法律、行政法规的强制性规定。同时还规定，合同中的下列免责条款无效：造成对方人身伤害的；因故意或者重大过失造成对方财产损失的。

合同无效分为全部无效和部分无效。合同部分无效，不影响其他部分效力的，其他部分仍然有效。无效合同自始没有法律效力。合同无效，不影响合同中独立存在的有关解决争议方法条款的效力。

四、可变更或可撤销的合同

可撤销是指合同当事人订立合同时意思表示不真实，经有撤销权的当事人行使撤销权，使已经生效的合同归于无效的合同。撤销权在效力上具有一定的灵活性，不仅有撤销的效力，还有变更的效力。

《合同法》规定了三种可撤销的合同：①因重大误解订立的合同；②显失公平的合同；③一方以欺诈、胁迫的手段或者乘人之危，使对方在违背真实意思的情况下订立的合同。受损害方有权请求人民法院或仲裁机构变更或撤销合同，被撤销的合同自始没有法律约束力。合同当事人对合同变更或者撤销的请求权，可按自己的意愿选择性地行使。当事人请求变更的，人民法院或者仲裁机构不得撤销。以欺诈、胁迫手段订立的无效合同与以欺诈、胁迫手段订立的可撤销合同相比较前者损害国家利益，后者损害私人利益。

撤销权行使的限制，具有撤销权的当事人自知道或者应当知道撤销事由之日起 1 年内没有行使撤销权的，或者知道撤销事由后明确表示或者以自己的行为放弃撤销权的，其撤销权消灭。

合同无效或者被撤销后，因该合同取得的财产，应当予以返还；不能返还或者没有返还的，应当折价补偿。有过错的一方应当赔偿对方因此所受到的损失，双方都有过错的，应当各自承担相应的责任。当事人恶意串通，损害国家、集体或者第三人利益的，因此取得的财产收归国家所有或者返还集体、第三人。

第四节　合同的履行

一、合同履行的原则

(一)全面履行原则

全面履行原则又称正确履行或者适当履行原则，是指合同当事人按照合同规定的标的以及数量、质量、规格、履行期限、地点、方式等要求，全面履行合同义务。它是对实际履行原则的补充和扩展，其目的在于指导和督促当事人按时、保质、保量、正确地履行合同规定的义务，保护双方当事人的利益，实现当事人订立合同的目的。

(二)协作履行原则

协作履行原则，是指合同双方当事人不仅要严格履行各自的合同义务，而且要根据诚实信用原则，尽力协助对方履行义务。其主要内容包括：当事人之间要互通情况，互相照

顾；因发生客观情况而不能履行合同的，应及时通知对方，应采取积极措施加以补救，尽量减少损失；因对方违反合同而受到损失时，应及时采取措施防止损失扩大，否则，无权就扩大的损失要求赔偿；债权人应及地接受对方的履行，并为其创造必要的方便条件。

(三)经济合理原则

经济合理原则，是指当事人在履行合同时，应讲求经济效益，并符合当事人的利益和国家利益。在合同的内容不够具体分析，或者客观情况发生变化时，要求当事人遵循经济合理原则来履行合同，尽量节省开支，避免浪费，以取得最大的经济效益。

二、合同履行中的具体问题

(一)合同履行的几种规则

1. 合同条款约定不明时的履行规则

合同条款约定不明的，首先，由当事人协议补充。其次，按照合同有关条款或者交易习惯确定。再次，依法律的补充性规范确定：①质量要求不明确的，按照国家标准、行业标准履行，没有国家标准、行业标准的，按照通常标准或者符合合同的特定标准履行；②价款或者报酬不明确的，按照订立合同时履行地点市场价格履行，依法应当执行政府定价或者政府指导价的，按照规定履行；③履行地点不明确，给付货币的，在接受货币一方所在地履行，交付不动产的，在不动产所在地履行，其他标的，在履行义务一方所在地履行；④履行期限不明确的，债务人可以随时履行，债权人也可以随时要求履行，但应当给对方必要的准备时间；⑤履行方式不明确的，按照有利于实现合同目的的方式履行；⑥履行费用的负担不明确的，由履行义务一方负担。

2. 合同履行过程中价格发生变动时的履行规则

这是指执行政府定价或政府指导价的合同，在交付期限内确定标的物价格的规则：①在合同交付期内，政府价格调整的，按交付时的价格计价；②在合同交付期限外，逾期交付标的物的，遇价格上涨时，按原价执行，价格下降时，按新价执行；③逾期提取标的物或者逾期付款的，遇价格上涨时，按新价格执行，下降时，按原价执行。

3. 债务人向第三人履行债务和第三人向债权人履行债务时的规则

(1) 当事人约定由债务人向第三人履行债务的，债务人未向第三人履行债务或者履行债务不符合约定，应当向债权人承担违约责任。

(2) 当事人约定由第三人向债权人履行债务的，第三人不履行债务或者履行债务不符合约定，债务人应当向债权人承担违约责任。

(二)双务合同履行中的抗辩权

抗辩权，是指对抗请求权或者否认对方权利主张的权利。《合同法》规定了双务合同履行中的三种抗辩权。

1. 同时履行抗辩权

当事人互负债务，没有先后履行顺序的，应同时履行。一方在对方未履行之前，有权拒绝其履行要求；一方在对方履行债务不符合约定时，有权拒绝其相应的履行要求。

2. 后履行抗辩权

当事人互负债务，有先后履行顺序。先履行一方未履行的，后履行一方有权拒绝其履行请求；先履行一方履行债务不符合约定的，后履行一方有权拒绝其相应的履行请求。

3. 不安履行抗辩权

应当先履行债务的当事人，有确切证据证明对方有丧失或可能丧失履行债务能力情形的，可以中止履行。经营状况严重恶化；转移财产、抽逃资金，以逃避债务；丧失商业信誉；有丧失或者可能丧失履行债务能力的其他情形，当事人中止履行的，应当及时通知对方。

三、合同的保全

合同的保全，是指法律为防止债务人的财产不当减少而给债权人的债权带来不应有的危害，允许债权人对债务人或者第三人的行为行使代位权或撤销权来保护其债权的制度。合同法规定了债权人的代位权和撤销权两种保全制度。

1. 债权人的代位权

债权人的代位权，是指当债务人怠于行使其对第三人享有的权利而危害债权人的债权时，债权人为保全自己的债权，以自己的名义行使属于债务人权利的权利。

2. 债权人的撤销权

撤销权是指因债务人实施减少其财产的行为害及债权人的债权实现时，对债权人造成损害的，债权人为保全自己的债权，可依诉讼程序申请人民法院撤销债务人行为的权利。

第五节　合同的变更、转让及终止

一、合同的变更

(一)合同变更的概念

合同变更有广义、狭义之分。广义的合同变更包括合同内容和主体的变更。狭义的合

同变更仅指合同内容的变更。本节所讲的合同变更是狭义的合同变更。

(二)合同变更的后果

合同变更将导致以下后果：①当事人应按变更后的合同履行合同，否则构成违约；②未变更的权利义务继续有效，已经履行的债务不因合同的变更失去法律依据；③合同的变更并不影响当事人要求赔偿的权利。

二、合同的转让

(一)合同转让的概念和要件

合同转让，是指合同当事人一方将其合同的权利和义务全部或部分转让给第三人。它只有三种形态：合同权利转让、合同义务转移，以及合同权利义务的概括转让。

合同转让有三个要件：①转让前的合同必须合法有效；②转让须依当事人的协议或法律的规定；③符合法律规定的程序。

(二)合同权利转让

1. 合同权利转让的限制

合同权利的转让，是指合同的债权人将合同的权利全部或者部分转让给第三人的行为。《合同法》对合同权利转让的限制如下：①根据合同性质不得转让，这主要发生在具有人身属性或人身信任关系的债权之中，例如委托合同、雇佣合同等；②按当事人约定不得转让，即合同中约定不得转让；③依照法律规定不得转让，例如，依法律、行政法规的规定不能办理批准、登记手续的，则合同权利不得转让。

2. 合同权利转让的法律效力

债权人转让权利的，不以债务人的同意为必要，但应当通知债务人，未经通知，该转让对债务人不发生效力。合同权利转让后，即在转让人、受让人以及债务人之间发生相应的法律效力。

(三)债务承担

债务转让，是债务人将合同的义务全部或者部分转移给第三人的行为。在债务全部转移的情况下，债务人脱离原来的合同关系而由第三人取代原债务人，原债务人不再承担原合同中的责任；在债务部分转移的情况下，原债务人并没有脱离债的关系，而第三人加入债的关系。债务承担涉及债务人履行能力的变化，因此债务转让应当经债权人同意。

(四)合同权利义务的概括转移

合同权利义务的概括转移，又称合同承受，是指原合同当事人一方将其债权债务一并转移给第三人，由第三人概括地继受这些债权债务，主要有两种方式，即约定转移和法定转移。

1. 约定转移

约定转移是指合同的一方当事人与第三人订立权利义务转让协议，经对方当事人同意，将合同当事人地位转移给第三人。

2. 法定转移

法定转移是指由法律规定而发生的合同权利义务的概括转移，主要指当事人合并分立后所发生的债权债务的转移。

三、合同的终止

合同的终止，又称合同的消灭，是指合同依法成立后，由于一定法律事实的出现，使合同确立的权利义务关系消灭，合同不再具有法律效力。合同终止的原因和情况各不相同，《合同法》规定了以下几种情形。

(1) 债务已经按照约定履行，即清偿。当事人按照合同的约定行使权利，合同的目的实现，从而终止合同。

(2) 合同解除。合同解除是指合同有效成立后，没有履行或完全履行前，当约定的或法定的解除条件具备时，因享有解除权一方的意思表示，使合同关系终止。合同解除有两种：①约定解除，约定解除是当事人通过行使约定的解除权或者双方协商决定而进行的合同解除；②法定解除，即合同有效成立后，没有履行或没有履行完毕以前，当事人一方行使法定解除权而使合同终止。

(3) 债务相互抵消。抵消，是指合同当事人双方互负债务而其给付种类、品质相同，从而使双方的债务按对等数额互相消灭。抵消分为法定抵消和合意抵消。法定抵消即根据法律规定的条件而抵消；合意抵消即根据合同当事人的合同而抵消。

(4) 债务人依法将标的物提存。提存，是指由于债权人的原因而无法向其交付合同的标的物时，债务人将标的物提交提存机关而消灭合同关系的一项制度。我国的提存机关为公正机关。无提存机关的，当事人可以向当地基层人民法院提存。标的物提存后，原合同终止。标的物提存后，毁损、灭失的风险由债权人承担，提存费用由债权人负担。

(5) 债权人免除债务。免除，是指债权人以消灭合同债务为目的而放弃自己的债权的单方法律行为。《合同法》规定，债权人免除债务人部分或者全部债务的，合同的权利义务部分或者全部终止。

(6) 债权债务同归于一人(即混同)。混同，是指债权与债务同归于一人，致使合同权利义务归于消灭，债因混同而消灭。

(7) 法律规定或者当事人约定终止的其他情形。

第六节　违 约 责 任

一、违约责任的概念

违约责任，在英美法中常被称为违约的补救，是指在合同有效成立后，合同当事人违反合同义务所应承担的民事责任。

二、违约责任的归责原则

我国合同法在违约责任归责原则上采取了严格责任原则。严格责任是与过错责任相对立的一种归责形式，是指在违约的情况下，只要不属于法定或约定免责情形，违约这一客观事实本身即决定违约者应承担违约责任，而不必考虑违约者有没有主观上的过错。其要件包括以下两个方面。

1. 违约行为

违约行为是一种客观的违反合同的行为。违约行为的认定以当事人的行为是否客观上与约定的行为或者合同义务相符合为标准，而不管行为人的主观态度如何。违约行为的主体是合同当事人，违约行为侵害的客体是合同对方的债权。

2. 免责事由

免责事由包括法定事由和约定事由。法定事由主要限于不可抗力，而约定事由主要是免责条款。合同当事人有违约行为，如果存在法定的免责事由或在合同中有免责的条款，则当事人不用承担违约责任；否则，就应承担违约责任。

三、承担违约责任的方式

根据《合同法》的规定，当事人承担违约责任的方式主要有：继续履行、支付违约金、赔偿损失、定金制裁、采取其他补救措施等。

(一)继续履行

继续履行，又称为实际履行，是指当债务人不履行合同义务时，债权人可以请求人民法院或仲裁机构强制债务人实际履行合同义务。继续履行意味着当事人不得以其他方式代替合同义务的履行。当事人订立合同均基于一定目的，只有合同义务得到全面履行，当事人的订约目的才能最终实现。

(二)采取补救措施

采取补救措施主要适用于当事人交付的标的物质量不符合约定的情形。可以选择要求对方采取修理、更换、重做、退货、减少价款或者报酬等。

(三)支付违约金

违约金，是指按照当事人的约定或者法律的规定，一方当事人违约时应当向对方支付的一定数额的货币。约定的违约金低于造成的损失的，当事人可以请求人民法院或者仲裁机构予以增加；约定的违约金过分高于造成的损失的，当事人可以请求人民法院或者仲裁机构予以适当减少。

(四)赔偿损失

损失赔偿额应当相当于因违约所造成的损失，包括合同履行后可以获得的利益，但不得超过违反合同一方订立合同时预见的或者应当预见到的因违反合同可能造成的损失。

(五)定金制裁

当事人可以依照《中华人民共和国担保法》约定一方向对方给付定金作为债权的担保。债务人履行债务后，定金应当抵作价款或者收回。给付定金的一方不履行约定的债务的，无权要求返还定金；收受定金的一方不履行约定的债务的，应当双倍返还定金。当事人既约定违约金，又约定定金的，一方违约时，对方可以选择适用违约金或者定金条款。

四、违约责任的免除

违约责任的免除存在三种情况：①非违约方免于追究；②当事人在合同中约定的免责事由出现；③发生不可抗力事件。

思考与练习

一、名词解释

要约　　承诺　　合同保全　　合同转让

二、简答题

1. 《合同法》有哪些基本原则？
2. 简述构成要约的条件。
3. 简述合同的保全措施。
4. 当事人在什么情况下可以行使不安抗辩权？
5. 《合同法》规定了哪些归责原则？

三、案例分析

甲公司与乙公司签订一个供货合同，约定由乙公司在一个月内向甲公司提供一级精铝锭100吨，价值130万元。双方约定如果乙公司不能按期供货，每逾期一天须向甲公司支付货款价值0.1%的违约金。由于组织货源的原因，乙公司在两个月后才给甲公司交付了100吨精铝锭，甲公司验货时发现不是一级精铝锭，而是二级精铝锭，就以对方违约为由拒绝付款，要求乙公司支付一个月的违约金39 000元，并且要求乙公司重新提供100吨一级精铝锭。但是乙公司称逾期供货不是自己的过错，而是国家的产业政策调整所致，不应该支付违约金，而且提供的精铝锭是经过质量检验机构检验合格的产品，甲公司不应该小题大做，现在精铝锭供应比较紧张，根本不可能重新提供精铝锭。甲公司坚持乙公司应当支付违约金和按照合同约定的质量标准履行合同。双方为此发生争议，甲公司起诉至法院，要求乙公司支付违约金和重新履行合同。乙公司在答辩状中称，逾期供货不是自己的本意，也不是自己所能控制得了的，不应当支付违约金，即使支付违约金，也不应当支付39 000元之多，这个请求不公平。

1. 甲公司与乙公司之间签订的合同是否有效？
2. 乙公司没有按期交货是否违约？
3. 甲公司要求乙公司支付违约金和重新供货的说法有无根据？
4. 乙公司主张不能按时供货有无依据？
5. 乙公司主张违约金的数额太高了，自己不应该承担这么多的违约金的说法有无依据？

【解析】

1. 合同有效。
2. 乙公司没有在规定的时间内交货违反合同义务，应承担相应的违约责任。
3. 甲公司要求乙公司支付违约金和重新提供一级品标准的说法是有合同依据的。
4. 乙公司不能供货是因组织货源的原因造成的，不能组织货源是正常的市场风险，应当由乙公司承担责任。
5. 乙公司主张违约金的数额太高了，自己不应当承担这么多的违约金的说法也是没有法律依据的，39 000元违约金相当于合同金额的3%，并不是很高。

第九章　知识产权法

学习目标

了解知识产权的概念和特征；明确著作权的归属、著作权侵权行为种类和著作权的限制；熟悉专利权的保护对象及专利侵权行为种类；明确商标权人的权利和商标侵权行为的种类。

第一节　知识产权法概述

一、知识产权的概念和特征

知识产权是指民事主体依法对其智力劳动成果所享有的民事权利。与其他民事权利相比，有以下几个特征。

(1) 知识产权的客体是不具有物质形态的智力成果。

(2) 专有性。

(3) 地域性。

(4) 时间性。

二、知识产权法的渊源

知识产权法是调整公民、法人或其他组织在创造、使用和转让智力成果过程中发生的社会关系的法律规范的总称。知识产权包含在下列法律文件中。

(1) 宪法和基本法律的有关规定。

(2) 专门法律。关于知识产权的专门法律有《著作权法》《专利法》《商标法》以及全国人大常委会通过的有关决定。

(3) 有关行政法规和规章。如《中华人民共和国著作权法实施条例》《计算机软件保护条例》以及《科技保密规定》等。

(4) 有关地方性法规和规章。

(5) 我国缔结或加入的有关国际条约，如《世界知识产权组织公约》《世界版权公约》《保护工业产权巴黎公约》《伯尔尼保护文学和艺术作品公约》等。

第二节 著作权法

一、著作权法的概念和保护对象

(一)著作权法的概念

著作权又称版权，是著作权人对其文学、艺术、科学、技术作品依法享有的人身权和财产权。

(二)著作权法的保护对象

著作权的客体即著作权法保护对象，是文学、艺术、科学等领域中的作品。一件可受著作权法保护的作品须符合以下要件。

(1) 文学、艺术、科学等领域内人类的智力创造活动所产生的成果。

(2) 具有独创性。

(3) 具有可复制性。

(三)作品的种类

作品的种类：①文字作品；②口述作品；③音乐、戏剧、曲艺、舞蹈作品；④美术、摄影作品；⑤电影、电视、录像作品；⑥工程设计、产品设计图纸及其说明；⑦地图、示意图等图形作品；⑧计算机软件；⑨民间艺术作品。依法禁止出版、传播的作品，不受著作权法的保护。

此外，《著作权法》不适用于法律、法规，国家机关的决议、决定、命令和其他具有立法、行政、司法性质的文件及其官方正式译文，时事新闻，历法、数表、通用表格和公式。

二、著作权的主体和内容

(一)著作权的主体

著作权的主体即著作权人，是作品的所有人，著作权利益的承受者。包括以下三类。

1. 作者

作者是创作作品的人。著作权法所指创作，指直接产生文学、艺术、科学作品的智力活动。为他人创作进行组织工作、提供咨询意见、物质条件，或者进行其他辅助活动，均不视为创作。作者身份的认定，通常情况下以署名为准。

2. 继受人

继受人是指基于其他法律事实而取得著作权的人，包括：继承人、受遗赠人、作品原件的持有人、国家。

3. 外国人

任何外国人或者其作品，虽然未在我国境内首先发表，但是其所属国与我国签订了知识产权双边协定或者共同参加知识产权国际公约的国民都可成为我国著作权的主体。

(二)特殊作品著作权的归属

(1) 演绎作品的著作权人。对已有作品进行改编、翻译、注释、整理而产生的新的作品称为演绎作品。演绎作品的著作权由演绎者享有，但行使著作权时不得侵犯原作品的著作权，在演绎创作前必须得到原作品作者的授权许可，并在演绎创造过程中保持原作品的完整性，在演绎作品中指明原作者姓名。

(2) 合作作品的著作权人。合作作品是两人以上合作创作的作品。合作作品的著作权由合作作者共同享有。合作作品如果是可以分割使用的，合作者对合作作品整体享有著作权，各位作者对各自创作的部分可以单独享有著作权，但单独行使其著作权时不得侵犯合作作品整体的著作权。

(3) 汇编作品的著作权人。汇编作品指对作品、作品的片段或者不构成作品的数据或者其他材料选择、编排而成的新作品，如选集、数据库、期刊、辞书等。汇编作品的著作权由汇编人享有，汇编人在行使著作权时，不得侵犯原作品的著作权，在汇编作品时，应该经过原作品作者的授权，并支付一定的报酬。

(4) 视听作品的著作权人。电影作品和以类似摄制电影的方法创作的作品如电视剧、录像等，称为视听作品。视听作品的著作权由制片者享有，但编剧、导演、摄影、作词、作曲等作者享有署名权，并可对各自创作的可以单独使用的部分单独行使其著作权。

(5) 职务作品的著作权人。职务作品是作为雇员的公民为完成所在单位的工作任务所创作的作品，可以是新闻作品、工程设计和产品设计作品、地图、计算机软件、美术设计作品等。如果该职务作品主要是利用法人或者其他组织的物质技术条件创作，并由法人或者其他组织承担责任的，或者根据法律、行政法规规定或者合同约定著作权由法人或者其他组织享有的，那么该作品的著作权就由公民所在的法人或其他组织享有，作者享有署名权，并且有权利获得法人或者其他组织的奖励。除此之外，著作权由作者享有，但法人或者其他组织有权在其业务范围内优先使用，期限是两年。

(6) 委托作品的著作权人。委托作品是作者根据委托合同而创作的作品。委托作品的著作权的归属由委托人和受托人通过合同约定。如果合同没有明确约定著作权归属的或者没有订立合同的，著作权属于受托人。

(7) 原件所有权转移的作品的著作权归属。根据法律，美术、书法等作品原件所有权发生转移，但作品的著作权不发生转移。作品原件的展览权仍由原件所有人享有。

(8) 作者身份不明的作品的著作权归属。除了署名权以外，著作权的其他权利均由作

品原件的合法持有人行使。

(三)著作权的内容

著作权的内容包括人身权和财产权。

1. 著作人身权

著作人身权主要包括以下4项权利。

(1) 发表权，发表权即决定作品是否公之于众的权利。发表的前提是作者本人同意和向不特定的人披露。未经作者同意而披露作品属于侵犯作者的权利；只在特定范围内公开作品不构成发表。发表权的具体内容包括：决定作品何时、何地、以何种方式公布于众。

(2) 署名权，指表明作者身份在作品上署名的权利。署名权的内容包括：决定署名的方式；未被署名的作者有权要求确认其作者身份；禁止他人在自己的作品上署名；禁止自己的姓名被盗用在他人作品上。

(3) 修改权，指修改或者授权他人修改作品的权利。所谓修改，是指在已完成的作品上，增添新的内容或删除不必要的内容等改动。修改权必须是由作者本人来行使，具有对作品支配的意义。他人未经授权，不得擅自修改作品。在出版行业中，编辑对作品中存在的错、漏字句加以更正或补充，对明显错误的事实部分加以纠正不属于行使修改权。

(4) 保护作品完整权，指保护作品不受歪曲、篡改的权利。

2. 著作财产权

著作财产权是指作者对其作品进行全面支配的权利。这种权利是因使用作品而取得，我国著作权法称为使用权和获得报酬权。著作财产权包括：以复制、表演、播放、展览、发行、摄制电影、电视、录像或者改编、翻译、注释、编辑等方式使用作品的权利；以及许可他人以上述方式使用作品，并由此获得报酬的权利。

在转让法律所规定的著作权的财产权时，必须订立书面合同。

3. 权利的限制

权利的限制是平衡著作权人与公众利益，保障作品利用和传播的一项重要制度。

合理使用规定在下列情况下使用作品，可以不经著作权人许可而无偿使用其作品，但应当指明作者姓名、作品名称，并且不得侵犯著作权人依照本法享有的其他权利：①为个人学习、研究或者欣赏，使用他人已经发表的作品；②为介绍、评论某一作品或者说明某一问题，在作品中适当引用他人已经发表的作品；③为报道时事新闻，在报纸、期刊、广播、电视节目或者新闻纪录影片中引用已经发表的作品；④报纸、期刊、广播电台、电视台刊登或者播放其他报纸、期刊、广播电台、电视台已经发表的社论、评论员文章；⑤报纸、期刊、广播电台、电视台刊登或者播放在公众集会上发表的讲话，但作者声明不许刊登、播放的除外；⑥为学校课堂教学或者科学研究，翻译或者少量复制已经发表的作品，供教学或者科研人员使用，但不得出版发行；⑦国家机关为执行公务使用已经发表的作品；⑧图书馆、档案馆、纪念馆、博物馆、美术馆等为陈列或者保存版本的需要，复制本馆收

藏的作品；⑨免费表演已经发表的作品；⑩对设置或者陈列在室外公共场所的艺术作品进行临摹、绘画、摄影、录像；⑪将已经发表的汉族文字作品翻译成少数民族文字在国内出版发行；⑫将已经发表的作品改成盲文出版。

法定许可是指在法律明文规定的范围内不经著作权人许可使用作品，但应向著作权人支付报酬。著作权人声明不许使用的不得使用。此类作品包括以下 4 种。

(1) 报刊转载、摘编。

(2) 营业性表演。

(3) 制作录音制品。

(4) 制作广播电视节目。

三、著作权的保护

(一)著作权的保护期限

作品的署名权、修改权、保护作品完整权的保护期不受限制。自然人作品的财产性权利，比如，复制权、发行权、出租权等的保护期限为作者终生及其去世后 50 年，截止于作者死亡后第五十年的 12 月 31 日。合作作品的发表权、著作财产权的保护期截止于最后死亡的作者死亡后第五十年的 12 月 31 日。法人或其他组织的作品的财产权的保护期为作品首次发表后第五十年的 12 月 31 日，但自作品完成后 50 年内未发表的，不再保护。

(二)著作权许可使用合同

使用他人作品应当同著作权人订立著作权许可使用合同或取得许可。著作权使用许可合同的主要条款包括：①许可使用作品的方式；②许可使用的权利是否专有使用权；③许可使用的范围、期间；④付酬标准和办法；⑤违约责任；⑥双方认为需要约定的其他内容。合同的有效期限不超过 10 年，期满可以续订。同著作权人订立合同或者取得许可使用其作品，应当采取书面形式，但是报社、杂志社刊登作品除外。合同中著作权人未明确许可的权利，未经著作权人许可，另一方当事人不得行使。取得某项专有使用权的使用者，有权排除包括著作权人在内的一切他人以同样的方式使用作品，但是如果使用者许可第三人行使同一权利，必须取得著作权人的许可。

此外，《著作权法》还规定，图书出版者出版图书应当和著作权人订立出版合同，并支付报酬，在合同约定期间享有专有出版权。图书出版者重印、再版作品的，应当通知著作权人，并支付报酬。作者向报社、杂志社投稿的，15 日内未收到报社刊登通知的，或者 30 日内未收到杂志社刊登通知的，可以将同一作品向其他报社、杂志社投稿，双方另有约定的除外。图书出版者经作者许可，可以对作品修改、删节。报社、杂志社可以对作品作文字性修改、删节，对内容的修改应当经作者许可。

(三)侵犯著作权的行为及其法律责任

1. 侵权行为的表现形式

《著作权法》第45条规定的侵权行为：①未经著作权人许可，发表其作品的；②未经合作者许可，将与他人合作创作的作品当作自己单独创作的作品发表的；③没有参加创作，为谋取个人名利，在他人作品上署名的；④歪曲、篡改他人作品的；⑤未经著作权人许可，以表演、播放、展览、发行、摄制电影、电视、录像或者改编、翻译、注释、编辑等方式使用作品的，本法另有规定的除外；⑥使用他人作品，未按规定支付报酬的；⑦未经表演者许可，从现场直播其表演的；⑧其他侵犯著作权以及与著作权有关的权益的行为。

《著作权法》第46条规定的侵权行为：①剽窃、抄袭他人作品的；②未经著作权人许可，以营利为目的，复制发表其作品的；③出版他人享有专有出版权的图书的；④未经表演者许可，对其表演制作录音录像出版的；⑤未经广播电台、电视台许可，复制发行其制作的广播、电视节目的；⑥制作、出售假冒他人署名的美术作品的。

2. 侵犯著作权的法律责任

(1) 民事责任。侵害著作权和邻接权的，应当根据情况，承担停止侵害、消除影响、赔礼道歉、赔偿损失等民事责任。为了加强著作权被侵犯后的法律救济，《著作权法》还规定：侵权赔偿额可以以著作权人的实际损失或侵权人的所得计算，并包括权利人为制止侵权所执法的合理开支；在按上述两种方法都无法计算时，可以法定赔偿额50万元以下赔偿。著作权人如果有证据证明侵权人正在实施或即将实施侵权行为，如不及时制止将会使其合法权益受到难以弥补的损害的，可在起诉前向人民法院申请采取责令停止有关侵权行为和财产保全的措施。在证据有可能灭失或以后难以取得的情况下，著作权人可在起诉前向人民法院申请保全证据。复制品的出版者、制作者、发行者和出租者如果不能证明其复制品有合法来源的，均需承担法律责任。

(2) 行政责任。没收违法所得、罚款、警告、责令停止制作和发行侵权复制品、没收侵权复制品及制作设备。

(3) 刑事责任。依照《刑法》第217条、218条的规定，侵犯著作权，违法所得数额较大或者有其他严重情节的，应当承担侵犯著作权罪的刑事责任。

(四)解决著作权纠纷的途径

1. 调解

著作权侵权纠纷和著作权合同纠纷，都可以调解，根据自愿、合法原则进行。

2. 仲裁

著作权合同纠纷的当事人可以依据合同中的仲裁条款或者事后达成的书面仲裁协议，向著作权仲裁机构申请仲裁。对于仲裁裁决，当事人应当履行。当事人不履行仲裁裁决的，另一方可以申请人民法院执行。

3. 诉讼

著作权侵权纠纷当事人不愿调解，或者调解不成，或者调解达成协议后一方反悔的，可以向人民法院起诉。著作权合同纠纷当事人没有在合同中订立仲裁条款，事后又没有书面仲裁协议的，可以直接向人民法院起诉。当事人对行政处罚不服的，可以在收到行政处罚决定书 3 个月内向人民法院起诉，期满不起诉又不履行的，著作权行政管理部门可以申请人民法院执行。

第三节 专利权法

一、专利法的概念和保护对象

(一)专利法的概念

专利一词通常有三种含义：一是专利权的简称；二是指专利法的保护对象，即发明创造；三是指专利文献。一般情况下，专利与专利权通用。专利权是指国家主管部门依照专利法的规定，授予发明人或合法申请人对某项发明创造在法定期间内所享有的一种独占权或专有权。

(二)专利法的保护对象

专利法的保护对象即专利权的客体，是我国专利法所规定并受到专利法保护的发明创造。

(1) 发明。专利法所称的发明是指对产品、方法或者其改进所提出的技术方案。

(2) 实用新型，指对产品的形状、构造或其结合所提出的适于实用的新的技术方案。

(3) 外观设计，指对产品的形状、图案、色彩或其结合所作出的富有美感并适用于工业上应用的新设计。

(4) 不授予专利权的对象。下列对象不授予专利权：①违反国家法律、社会公德或妨害公共利益的发明创造；②科学发现；③智力活动的规则和方法；④疾病的诊断和治疗方法；⑤动植物品种；⑥用原子核变换方法获得的物质。

二、专利权的主体和内容

(一)专利权的主体

专利权的主体即专利权人，是指有权提出专利申请并取得专利权的人。专利权的主体具体包括以下 4 类。

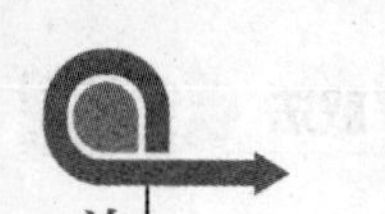

1. 发明人或者设计人

发明人须具备如下条件：①发明人是直接参加发明创造活动的人；②发明人必须是对发明创造的实质性特点作出创造性贡献的人。

2. 发明人的单位

依照专利法，执行本单位的任务或者主要是利用本单位的物质技术条件所完成的发明创造为职务发明创造，申请专利的权利属于该单位。专利申请被专利机关批准后，该单位为专利权人。

3. 合法受让人

合法受让人是指以转让、继承方式取得专利权利的人。专利申请权和专利权可以依法进行转让，专利权中的财产权可以依法继承。专利权经合法转让后，受让人即为专利权人。

4. 外国人

外国人包括外国自然人和外国法人。依照我国《专利法》和《巴黎公约》规定，在中国没有经常居所或者营业所的外国人、外国企业或者外国其他组织在中国申请专利的，依照其所属国同中国签订的协议或者共同参加的国际条约，或者依照互惠原则办理。

(二)专利权的内容

1. 专利权人的权利

专利权人的权利主要包括：①独占实施权，指法律赋予专利权人有禁止他人不经其许可实施其专利的权利，依法对其获得专利的发明创造享有制造权、使用权、销售权、许诺销售权、进口权；②转让权，指专利权人将其专利权转移给他人所有，方式有出卖、赠与、投资入股等；③实施许可权，指专利权人许可他人实施专利并收取专利使用费。

2. 专利权人的义务

专利权人的义务主要是缴纳专利年费。专利年费是专利人自专利权被授予的当年开始缴纳年费。专利权人不缴纳年费或者缴纳的数额不足的，可能导致专利权失效。

三、专利权的授予条件和程序

(一)授予专利的条件

授予专利的条件主要是指取得专利权的发明创造应当符合《专利法》第22条规定的新颖性、创造性和实用性三项条件。

1. 新颖性

新颖性是发明、实用新型和外观设计获得专利的首要条件。新颖性是指在申请日以前没有同样的发明或者实用新型在国内外出版物上公开发表过、在国内公开使用过或者以其他方式为公众所知，也没有同样的发明或者实用新型由他人向国务院专利行政部门提出过申请并且记载在申请日以后公布的专利申请文件中。

如果申请专利的发明创造在申请日以前 6 个月内，有下列情况之一的，不丧失新颖性：①在中国政府主办或者承认的国际展览会上首次展出；②在规定的学术会议或者技术会议上首次发表；③他人未经申请人同意而泄露其内容的。

2. 创造性

创造性，是指同申请日以前已有的技术相比，该发明有突出的实质性特点和显著的进步，该实用新型有实质性特点和进步。判断创造性所应用的客观标准仍然是现有的技术，但不包含抵触申请。判断创造性的主观标准是“发明和实用新型所属领域里普通技术人员的知识水平”为基准。

3. 实用性

实用性是指一项发明或者实用新型必须可在实践中实现并且能够产生积极效果。

(二)授予专利的程序

1. 专利申请的原则

(1) 先申请原则。该原则是指两个和两个以上的申请人分别就同样的发明创造申请专利的，专利权授给最先申请的人。

(2) 书面原则，是指提出专利申请、办理任何手续必须采取书面形式。

(3) 单一性原则，即“一项发明一项申请”。

2. 专利申请文件

申请人申请发明或者实用新型专利时，应当提交请求书、说明书及其摘要和权利要求书等文件，申请外观设计专利时，应当提交请求书及该外观设计的图片或者照片等文件，并且应当写明使用该外观设计的产品及其所属的类别。

3. 专利申请的审批

(1) 初步审查。指对专利申请是否符合法律规定的形式要求以及是否存在明显的实质性缺陷进行的审查。实用新型和外观设计专利申请，经初步审查没有发现驳回理由的，专利行政部门即作出授予实用新型专利权和外观设计专利权的决定，发给相应的证书，同时予以登记并公告。实用新型专利权和外观设计专利权自公告之日起生效。

(2) 公布申请。发明专利申请经初步审查认为符合法律规定的，自申请日起满 18 个月即行公布。

(3) 实质审查。自申请日起 3 年内，申请人可以要求专利机关进行实质审查，如果申请人逾期不提出申请并且不能提交正当理由的，专利申请将被视为自动撤回。

进行实质审查后，如果认为不符合法律规定的，通知申请人在指定的期限内陈述意见，或者对其申请进行修改，发明专利申请经申请人陈述意见或者进行修改后，仍然被认为不符合法律规定的，将被驳回。专利申请人对专利行政机关驳回申请的决定不服的，可以向专利复审委员会请求复审。专利申请人对专利复审委员会的复审决定不服的，可以向人民法院起诉。

四、专利权的保护

(一)专利权的保护范围

发明或者实用新型专利权的保护范围以专利文件中记载的权利要求的内容为准，说明书及附图可以用于解释权利要求。外观设计专利的保护范围以表示在图片或者照片中的该外观设计的专利产品为准。

(二)专利权的保护期限

《专利法》规定，发明专利的保护期限为 20 年，实用新型和外观设计专利权的保护期限为 10 年，自申请日起计算。

(三)专利侵权行为

(1) 制造专利产品。

(2) 使用专利产品、使用专利方法以及使用依照该专利方法直接获得的产品。

(3) 许诺销售和销售专利产品以及许诺销售和销售依照该专利方法直接获得的产品。

(4) 进口专利产品或进口依照该专利方法直接获得的产品。

(5) 假冒他人专利。

(四)专利侵权纠纷的处理

(1) 当事人协商解决。

(2) 行政处理。我国专利行政管理部门负有对专利侵权行为进行行政处罚的职责。当自己的专利权受到侵害以后，权利人可以向专利行政管理部门请求保护。当事人如果不服专利行政管理部门对于专利侵权的处罚决定，可以依行政诉讼程序向人民法院提起行政诉讼。

(3) 司法解决。当专利权受到不法侵害时，专利权人可以直接向人民法院起诉，也可因不服专利管理机关调解而向法院起诉。

第四节　商　标　法

一、商标法的概念和保护对象

(一)商标法的概念

1. 商标

商标是指能够将不同的经营者所提供的商品或者服务区别开来，并可为视觉所感知的标记。商标的识别作用通过具有显著特征的文字、图形对商品和服务的标示而实现。

2. 商标权

商标权是指商标权人依法对其注册商标享有的专用权。我国商标权的取得采取注册原则，只有经商标局核准注册的商标，才享有商标专用权，并受到法律的保护，非注册商标不能享有商标专用权。

3. 商标法

商标法是调整商标在注册、使用、管理和保护的活动中所发生的各种社会关系的法律规范的总和。

(二)商标权的取得

1. 取得商标权的途径

在我国，取得商标权的唯一条件是商标注册。

2. 商标注册原则

(1) 申请在先原则。两个或两个以上的申请人，在同一种商品或者类似商品上，以相同或者近似的商标申请注册的，初步审定并公告申请在先的商标；同一天申请的，初步审定并公告使用在先的商标，驳回其他人的申请，不予公告。

(2) 自愿注册原则。但是人用药品和烟草制品，必须使用注册商标，否则不得在市场上销售。

3. 商标注册条件

下列标志不得作为商标使用：①同中华人民共和国的国家名称、国旗、国徽、军旗、勋章相同或者近似的，以及同中央国家机关所在地特定地点的名称或者标志性建筑物的名称、图形相同的；②同外国的国家名称、国旗、国徽、军旗相同或者近似的，但该国政府同意的除外；③同政府间国际组织的名称、旗帜、徽记相同或者近似的，但经该组织同意或者不易误导公众的除外；④与表明实施控制、予以保证的官方标志、检验印记相同或者近似的，但经授权的除外；⑤同“红十字”会、“红新月”会的名称、标志相同或者近似的；⑥带有民族歧视性的；⑦夸大宣传并带有欺骗性的；⑧有害于社会主义道德风尚或者有其他不良影响的。

县级以上行政区划的地名或者公众知晓的外国地名不得作为商标，但是地名具有其他含义或者作为集体商标、证明商标组成部分的除外，已经注册的使用地名的商标继续有效。

下列标志不得作为商标注册(经过使用取得显著特征，并便于识别的，可以作为商标注册)：①具有本商品的通用名称、图形、型号的；②直接表示商品的质量、主要原料、功能、用途、重量、数量及其他特点的；③缺乏显著特征的。

4. 商标权取得的程序

(1) 申请。《商标法》规定，申请注册商标的，应当按照规定的商品分类表填报使用商标的商品类别和商品名称。同一申请人在不同类别的商品上使用同一商标的，应当按商品分类表提出注册申请。注册商标需要在同一类的其他商品上使用的，应当另行提出注册申请。已经注册的商标，如果需要改变文字、图形的，应当重新提出注册申请。注册商标若需变更注册人的名义、地址或者其他注册事项的，应当提出变更申请。

所有申请的意思表示均以向商标局交送申请文件的方式进行，商标局收到申请文件的日期为商标注册的申请日。

(2) 审查。商标局接到商标注册申请后，要审查各种申请文书是否符合规定，商标标识是否合法，所附证件是否齐全等。符合条件的，由商标局初步审定，予以公告，否则由商标局驳回申请，不予公告。对驳回申请、不予公告的商标，商标局应当书面通知申请人。申请人不服的，可以在收到通知 15 天内申请复审，由商标评审委员会做出终局决定，并书面通知申请人。

(3) 核准注册。对初步审定的商标，自公告之日起 3 个月内，任何人均可以提出异议。无异议或者经裁定异议不能成立的，予以核准注册，发给商标注册证，并予公告；经裁定异议成立的，不予核准注册。对初步审定、予以公告的商标提出异议的，商标局应当听取异议人和申请人陈述事实和理由，经调查核实后，作出裁定。当事人不服的，可以在收到通知 15 天内申请复审，由商标评审委员会做出终局裁定，并书面通知异议人和申请人。

注册商标有效期满，需要继续使用的，应当在期满前 6 个月内申请续展注册，在此期间未能提出申请的，可以给予 6 个月的宽展期。宽展期满仍未提出申请的，注销其注册商标。每次续展注册的有效期为 10 年，续展次数不受限制。

二、商标权人的权利

(1) 使用权，指注册商标所有人在核定使用的商品上使用核准注册的商标的权利。

(2) 禁止权，指商标所有人禁止任何第三人未经其许可在相同或类似商品上使用与其注册商标相同或近似的商标的权利。

(3) 转让权，是指注册商标所有人将其注册商标转移给他人所有的权利。

(4) 许可权，是注册商标所有人许可他人使用其注册商标的权利。

三、取得商标的原则

1. 自愿注册与强制注册相结合原则

经商标局核准注册的商标为注册商标，商标注册人享有商标专利权，受法律保护。未经注册的商标，在不侵害他人注册商标的前提下，虽可使用，但不受法律保护，也不能取得商标专用权。对于绝大多数产品是否申请注册商标，采取自愿注册的原则，由商标使用人自行决定，法律不作强制性的规定，但对人用药品和烟草制品的商标采用强制注册原则，即这两类商品必须使用注册商标，否则，其商品不得在市场销售。

2. 申请在先与禁止恶意抢先注册相结合原则

《商标法》规定，两个或者两个以上的申请人，在同一种商品或者类似商品上，以相同或者近似的商标申请注册的，初步审定并公告申请在先的商标；同一天申请的，初步审定并公告使用在先的商标，驳回其他人的申请，不予公告，但禁止恶意抢先注册他人的商标和其他的在先权利，如外观设计权、著作权、企业名称等。

四、商标权的保护

(一)侵犯商标权的行为

侵犯商标权的行为是指侵害他人注册商标专用权的行为。《商标法》规定，有下列行为之一的，均属侵犯注册商标专用权。

(1) 未经注册商标所有人的许可，在同一种商品或者类似商品上使用与其注册商标相同或者近似的商标的。

(2) 销售明知是假冒注册商标的商品的。

(3) 伪造、擅自制造他人注册商标标识或者销售伪造、擅自制造的注册商标标识的。

(4) 给他人的注册商标专用权造成其他损害的。

(二)商标权的保护方式

商标注册人的专用权受到侵害的，可以请求工商行政管理机关或司法机关予以法律保护。具体保护方式主要有以下三种。

(1) 行政处罚。《商标法》规定，注册商标专用权受到侵犯时，被侵权人可以向侵权人所在地的县级以上工商行政管理部门要求处理。有关工商行政管理部门有权责令侵权人立即停止侵权行为，赔偿被侵权人的损失，赔偿额为侵权人在侵权期间因侵权所获得的利润或者被侵权人在被侵权期间因被侵权所受到的损失。侵犯注册商标专用权，未构成犯罪的，工商行政管理部门可以处以罚款，当事人不服的，可以在收到通知15天内，向人民法

院起诉；期满不起诉又不履行的，由有关工商行政管理部门申请人民法院强制执行。

(2) 民事处罚。《民法通则》规定，商标专利权人在其商标权受到不法侵害时，有权要求人民法院依法责令侵权人停止侵害，消除影响，恢复名誉，赔偿损失及承担其他民事责任。

(3) 刑事处罚，即人民法院依照我国商标法和刑法的有关规定对假冒注册商标的犯罪行为所作的制裁。《商标法》规定，假冒他人注册商标，构成犯罪的，除赔偿被侵权人损失外，依法追究刑事责任。

思考与练习

一、简答题

1. 知识产权的特征是什么？
2. 特殊著作权的归属怎样确定？
3. 著作权侵权行为的种类有哪些？
4. 专利权人的权利有哪些？
5. 专利侵权行为有哪些？
6. 商标侵权行为的种类有哪些？

二、案例分析

甲公司指派员工唐某从事新型灯具的研制开发，唐某于1999年3月完成了一种新型灯具的开发。甲公司对该灯具的技术采取了保密措施，并于2000年5月19日申请发明专利。2001年12月1日，国家专利局公布该发明专利申请，并于2002年8月9日授予甲公司专利权。此前，甲公司与乙公司于2000年7月签订专利实施许可合同，约定乙公司使用该灯具专利技术4年，每年许可使用费10万元。

2004年3月，甲公司欲以80万元将该专利技术转让给丙公司。唐某、乙公司也想以同等条件购买该专利技术，最终甲公司将该专利出让给了唐某。唐某购得专利后，拟以该灯具专利作价80万元作为出资，设立一家注册资本为300万元的有限责任公司。

2004年12月，有人向专利复审委员会申请宣告该专利无效，理由是丁公司已于1999年12月20日开始生产相同的灯具并在市场上销售，该发明不具有新颖性。经查，丁公司在获悉甲公司开发出新型灯具后，以不正当手段获取了甲公司的有关技术资料并一直在生产、销售该新型灯具。

1. 唐某作为发明人，依法应享有哪些权利？

2. 甲公司在未获得专利前，与乙公司签订的专利实施许可合同是否有效？如甲乙双方因此合同发生纠纷，应如何适用有关法律？

3. 甲公司为何将专利技术出让给唐某？该专利技术转让合同成立后，对甲公司和乙公司之间的专利实施许可合同的效力有何影响？

4. 唐某拟以该专利作价80万元设立注册资本为300万元的有限责任公司，是否符合法律规定？为什么？

5. 该专利是否应当因为不具有新颖性而被宣告无效？为什么？

6. 对丁公司的违法行为应如何定性？为什么？

【解析】

1. 署名权、获得奖励权、获得合理报酬权。

2. 有效。专利申请公布以前，适用技术秘密转让合同的有关规定；专利申请公开以后、授权之前，参照适用专利实施许可合同的有关规定；授权以后，适用专利实施许可合同的有关规定。

3. 因唐某享有在同等条件下优先受让的权利。不影响专利实施许可合同的效力，甲公司的权利义务由唐某承受。

4. 如果该灯具技术是高新技术，唐某的出资符合法律规定；如果该技术不是高新技术，唐某的出资则不符合法律规定。根据法律规定，除高新技术成果外，以工业产权出资的金额不得超过有限责任公司注册资本的20%。

5. 不应被宣告无效。根据法律规定，在申请日前6个月内，他人未经申请人同意而泄露发明创造内容的，该发明创造并不丧失新颖性。

6. 在该专利申请公布之前，丁公司的行为属于侵犯甲公司商业秘密的不正当竞争行为，因为在专利申请公布前，该技术属于商业秘密；在该技术被授予专利权后，丁公司继续使用该技术的行为属于专利侵权行为，因为丁公司未经专利权人许可，以生产经营为目的制造和销售专利产品，构成专利侵权行为。

第十章　经　济　法

学习目标

树立正确的市场经济法律意识；掌握我国的经济法律制度；了解经济法的概念、调整对象和内容；明确经济法的主体和分类；识记不正当竞争行为的主要表现和消费者权益与经营者义务；理解税收、税法的概念；明确金融法律制度。

第一节　经济法概述

一、经济法的概念和调整对象

经济法是调整国家在协调经济运行过程中发生的经济关系的法律规范的总称。简而言之，经济法是调整国家经济协调关系，即国家在协调经济运行过程中发生的经济关系，包括企业组织管理关系、市场管理关系、宏观调控关系和社会保障关系等。

二、经济法律关系

经济法律关系是指经济法律规范确认的当事人之间的具有经济权利义务内容的社会关系。经济法律关系由主体、客体和内容三个要素构成。

(一)经济法律关系的主体

经济法律的主体即经济法主体，是指参与经济法律关系并依法享有经济权利和承担经济义务的当事人，包括：国家机关、社会组织、企业内部组织、个体工商户、农户、公民等。

(二)经济法律关系的客体

经济法律关系的客体，是指经济法律关系主体的权利义务共同指向的对象，包括物、行为、智力成果等。

(三)经济法律关系的内容

经济法律关系的内容，是指经济法主体享有的经济权利和经济义务，包括经济职权、经济职责、经济权利和经济义务的关系。

经济职权是指国家机构依法行使领导和组织经济建设职能时所享有的一种具有命令与

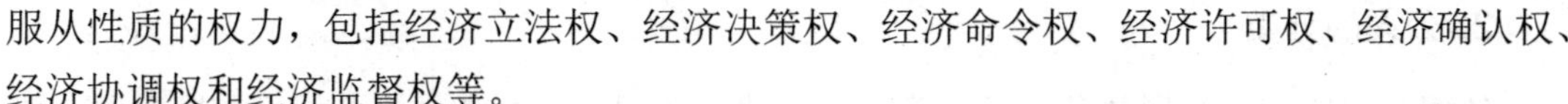

服从性质的权力，包括经济立法权、经济决策权、经济命令权、经济许可权、经济确认权、经济协调权和经济监督权等。

经济职责是指国家机关和企业单位依照法律的规定必须为或不能为一定行为的责任。

经济权利是指经济法主体依法享有的为或者不为和要求他人为或者不为一定行为的权利，包括国有资产管理权、经营管理权、自主经营权、承包经营权、请求权等。

经济义务是指经济法主体为满足权利主体的要求必须为或者不为一定行为的责任。

三、经济法的基本原则

(一)资源优化配置原则

虽然在市场经济体制下，价值规律在资源配置中起主导作用，但现代各国国家宏观调控对资源配置起基础性作用。

(二)国家适度干预原则

这是体现经济法本质特征的原则，国家对社会经济生活的干预是伴随着国家的产生而产生的，但国家干预必须适度。

(三)社会本位原则

这是对国家干预经济生活范围的定位。经济法对社会经济生活的干预是有限制的，就其调整的本位思想而言，是以“社会本位”即社会公共利益为出发点的，因而与“国家本位”“个体本位”区别开来。

(四)经济公平原则

这一原则来源于法律所追求的公平、正义。经济公平的基本要求是任何一个经济关系主体在以一定的物质利益为目标的活动中，能够实现建立在价值规律基础之上的利益平衡。

第二节　市场主体法

一、公司法

(一)公司的概念及其分类

1. 公司法的概念

公司是依法定条件和程序设立的以营利为目的企业法人。公司法是调整公司设立、组织及其对内对外活动中发生的社会关系的法律规范的总称。

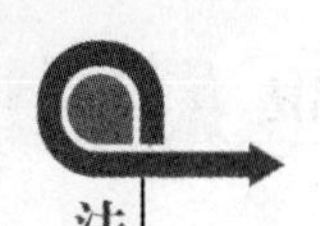

2. 公司的分类

依据公司股东对公司债务所承担责任的形式，公司可划分为无限公司、有限公司、股份公司、两合公司和股份两合公司。

无限公司是指由两个以上的股东所组成，股东对公司的债务负无限连带清偿责任的公司。

有限公司也称有限责任公司，是指由法定数量的股东所组成，股东对公司债务以其出资额为限承担责任，而公司以其全部资产对公司债务承担责任的企业法人。

两合公司是由无限责任股东和有限责任股东共同组成的公司；无限责任股东对公司债务负连带无限责任，有限责任股东以其出资额为限对公司债务负有限责任。

股份两合公司是由无限责任股东和有限股份股东组成的公司；其资本分为等额股份，有限股份股东以其认购的股份对公司承担有限责任，无限责任股东对公司债务负无限连带清偿责任。

我国公司法规定的公司分为有限责任公司和股份有限公司。

(二)有限责任公司

1. 有限责任公司的设立

有限责任公司的设立条件主要有以下 5 个。

(1) 股东符合法定人数，由 50 个以下股东出资设立。

(2) 有符合公司章程规定的全体股东认缴的出资额。法律、行政法规以及国务院决定对有限责任公司注册资本实缴、注册资本最低限额另有规定的，从其规定。

(3) 股东共同制定公司章程。

(4) 有公司的名称，建立符合有限公司要求的组织机构。

(5) 有公司住所。

有限责任公司的设立程序为：①制定公司章程；②依法须经审批的，申请政府有关部门审批，向有关部门递交申请书并附送可行性研究报告、公司章程、资信证明及要求的其他文件；③申请登记注册，由股东代表或代表人持有关文件到工商行政管理部门办理登记注册，领取营业执照，并于 30 日内到税务部门办理纳税登记。

2. 有限责任公司的变更

公司变更包括分立、合并及其他重要事项的变更。有限责任公司变更，须修改公司章程，向原登记机关办理变更登记并予以公告。

(1) 股东向股东以外的人转让出资。股东之间可以转让出资，股东向股东以外的人转让出资，须经全体股东过半数同意，但不同意的股东，应当购买该出资。其他股东在同等条件下对转让出资有优先购买权。

(2) 变更注册资本。变更注册资本包括增加注册资本和减少注册资本，应由股东会作出决议。

(3) 变更组织形式。有限责任公司可以依法变更为股份有限公司但须由股东会作出决议，并依法办理有关审批手续。

(4) 合并与分立，应当由股东会作出决议，不设股东会的，由董事会作出决议，报请政府授权部门批准，并以工商行政管理机关核准登记注册。合并包括吸收合并和新设合并，分立包括新设分立和派生分立。

(5) 其他事项的变更。其他事项的变更包括变更名称、住所、经营场所、法定代表人、经营范围和经营方式等，均由股东会作出决议，并依法办理变更登记。

3. 有限责任公司的终止

有限责任公司终止的原因有：①公司章程规定的营业期限届满或规定的终止事由出现；②股东会或全体股东决定终止；③违反国家法律、法规、危害社会公共利益，被依法撤销；④破产。

4. 有限责任公司的组织机构

(1) 有限责任公司的股东会。有限责任公司的股东会由全体股东组成，是公司的权力机构。股东会会议分定期会议和临时会议，定期会议按公司章程规定定期召开；临时会议经代表 1/10 以上表决权的股东，1/3 以上的董事，监事会或者不设监事会的公司的监事提议召开临时会议的，应当召开临时会议，股东会由董事长主持。

股东在股东会上对所议事项按其出资比例行使表决权。股东会审议公司增加或者减少注册资本、分立、合并、解散或者变更公司形式以及修改公司章程等事项，必须经代表 2/3 以上表决权的股东通过。

(2) 有限责任公司的董事会。有限责任公司设立董事会成员为 3～13 人，但是，股东人数较少或者规模较小的公司，可以设一名董事，不设董事会，执行董事可以兼任公司经理。董事会设董事长 1 人，可以设副董事长，其产生办法由公司章程规定。

国有独资公司设董事会，董事会成员中应当有公司职工代表。

董事会会议由董事长召集和主持，董事长因特殊原因不能履行职务时，由副董事长召集和主持；副董事长不能履行职务或者不履行职务的，由半数以上董事共同推举一名董事召集和主持。

有限责任公司的经理由董事会聘任或解聘，经理对董事会负责，列席董事会会议。

(3) 有限责任公司的监事会。有限责任公司的监事会其成员不得少于 3 人，股东人数较少或者规模较小的有限责任公司，可以设一至二名监事，不设监事会。监事会由股东代表和适当比例的公司职工代表组成，具体比例由公司章程决定。监事会中的职工代表由公司职工民主选举产生，监事会是公司的监督机构。

(三)国有独资公司

国有独资公司，是指国家单独出资、由国务院或者地方人民政府授权本级人民政府国有资产监督管理机构履行出资人职责的有限责任公司。

国有独资公司不设股东会，由国有资产监督管理机构行使股东会职权。国有资产监督

管理机构可以授权公司董事会行使股东会的部分职权，决定公司的重大事项，但公司的合并、分立、解散、增减资本和发行公司债券，必须由国有资产监督管理机构决定；其中，重要的国有独资公司合并、分立、解散、申请破产的，应当由国有资产监督管理机构审核后，报本级人民政府批准。

(四)股份有限公司的设立

1. 股份有限公司的设立

股份有限公司设立条件：①发起人符合法定人数，设立股份有限公司应当有 2 人以上 200 人以下为发起人，其中须有过半数的发起人在中国境内有住所；②有符合公司章程规定的全体发起人认购的股本总额或者募集的实收股本总额；③股份发行、筹办事项符合法律的规定；④发起人制定公司章程，采取募集设立的经创立大会通过；⑤有公司名称，建立符合股份有限公司要求的组织机构；⑥有公司住所。

股份有限公司设立的方式有发起设立和募集设立。

发起设立，是指由发起人应当书面认足公司章程规定其认购的股份，一次缴纳的，应即缴纳全部出资；分期缴纳的，应即缴纳首期出资。以非货币财产出资的，应当依法办理其财产权的转移手续。

募集设立，是指由发起人认购公司应发行股份的一部分，其余部分向社会公开募集或者向特定对象募集而设立公司。募集方式包括定向募集和社会募集两种。

股份有限公司以发起设立方式设立的，其设立程序较为简单，发起人认足公司章程规定发行的股份，向公司登记机关申请设立登记并报送有关主管部门的批准文件和其他文件，由公司登记机关核准登记后，发给营业执照，公司即告成立。以募集方式设立的，其设立程序较为复杂，包括以下步骤：①订立发起人协议；②办理设立公司的申请手续；③经过批准，由国务院授权的部门或者省级人民政府批准；④申请公开发行股票；⑤募集股份；⑥召开创立大会。创立大会后 30 日内，董事会应向工商行政管理机关申请办理企业法人登记，经核准登记注册后，公司即告成立，取得法人资格。

2. 股份有限公司的股份发行

股份有限公司的资本划分，股份以股票为表现形式。股票是公证签发的证明股东所持股份的凭证。

股份的发行遵循公开、公平、公正的原则，必须同股同利。股票发行价格可以按票面金额，也可以超过票面金额，但不得低于票面金额。超过票面金额发行的，须经国务院证券管理部门批准，其所得溢价款列入公司资本公积金。

3. 股份有限公司的股份转让

记名股票，由股东以背书或法律、行政法规规定的其他方式的转让，公司将受让人的姓名或者名称及住所记载股东名册。无记名股票的转让，由股东在依法设立的证券交易场所将该股票交付给受让人后即发生转让的效力。

国家授权投资的机构可以依法转让其持有的股份，也可以购买其他股东持有的股份。转让或购买股份的审批权限、管理办法，由法律行政法规另行规定。

4. 上市公司

上市公司是指所发行的股票经国务院或者国务院授权的证券管理部门批准在证券交易所上市交易的股份有限公司。

(五)公司债券

公司债券是公司依照法定程序发行的、约定在一定期限还本付息的有价证券。股份有限公司、国有独资公司和两个以上的国有企业或者其他两个以上的国有投资主体投资设立的有限责任公司，为募集生产经营资金，可以依照公司法的规定发行公司债券。

二、合伙企业法

(一)合伙企业的概念及形式

合伙企业是指依法在中国境内设立的由各合伙人订立合伙协议，共同出资、合伙经营、共享收益、共担风险，并对合伙企业债务承担无限连带责任的营利性组织。

合伙协议应当依法由全体合伙人协商一致，以书面形式订立。合伙企业在其名称中不得使用“有限”或者“有限责任”字样。

(二)合伙企业的设立条件

设立合伙企业，应当具备下列条件：①有两个以上合伙人，并且都是依法承担无限责任者；②有书面合伙协议，合伙协议以全体合伙人签名、盖章后生效；③有各合伙人实际的出资；④有合伙企业的名称；⑤有经营场所和从事合伙经营的必要条件。

(三)合伙企业的内部关系

1. 合伙的财产

合伙企业存续期间，合伙人的出资和所有以合伙企业名义取得的收益均为合伙企业的财产。合伙企业的财产由全体合伙人依法共同管理和使用。

合伙人在合伙企业清算前私自转移或者处分合伙企业财产的，合伙企业不得以此对抗不知情的善意第三人。

合伙企业存续期间，合伙人向合伙人以外的人转让其在合伙企业中的全部或部分财产份额时，须经其他人合伙人一致同意。

合伙人以其在合伙企业中的财产份额出质时，须经其他合伙人一致同意。未经其他合伙人一致同意而出质的，其行为无效，或者作为退伙处理，由此给其他合伙人造成损失的，依法承担赔偿责任。

2. 合伙企业的事务执行及分配

各合伙人对合伙企业事务享有同等的权利，可以由全体合伙人共同执行合伙企业事务，也可以由合伙协议约定或全体合伙人决定，委托 1 名或数名合伙人执行合伙企业事务。执行合伙企业事务的合伙人，对外代表合伙企业。

合伙企业的利润和亏损，由各合伙人平均分配和分担。合伙协议不得约定将全部利润分配给部分合伙人或者由部分合伙人承担全部亏损。

(四)合伙企业的外部关系

1. 合伙人对外行为的效力

合伙人或者事务执行人只要是在正常业务范围内，按通常方式处理属于该合伙企业业务范围的事务，其对外实施的法律行为，对合伙企业具有约束力。当然，法律并不禁止合伙企业通过内部协议对合伙人执行合伙企业事务和对外代表合伙企业的行为加以限制，但这种内部限制若要对第三人发生效力，必须以第三人知道这一情况为条件，如果第三人不知情，则该内部限制不对该第三人发生抗辩力，即不得对抗不知情的善意第三人。

2. 合伙企业的债务

合伙企业对其债务，应先以其全部财产进行清偿。财产不足清偿到期债务的，各合伙人应当承担无限连带清偿责任。

3. 合伙人的债务清偿

合伙人的债权人不得以该债权对合伙企业主张抵消权，因为其对合伙企业负债，是对全体合伙人负债，而对他欠债只是个别合伙人。合伙人个人的债权人不得代位行使该合伙人在合伙企业中的权利，因为合伙具有人合的性质，如果允许个别合伙人的债权人随意插手合伙事务，则不利于合伙关系的稳定和合伙企业的正常运营。合伙人个人的债权人可以依法追索该合伙人在合伙企业中的收益和财产份额。这样，既保护了债权人的利益，也不妨碍该债务人正常行使其作为合伙人的正当权利。

(五)入伙与退伙

1. 入伙

入伙，指合伙存续期间，合伙人以外的第三人加入合伙，从而取得合伙人的资格。新合伙人入伙应遵循下列规则：①经全体合伙人同意；②依法订立书面入伙协议；③对入伙前合伙企业的债务承担连带责任。

2. 退伙

退伙，指合伙人退出合伙，从而丧失合伙人资格。退伙有两种：声明退伙和法定退伙。声明退伙又称自愿退伙，是指合伙人基于自愿的意思表示而退伙；法定退伙是指合伙人基于法律规定而退伙。

(六)合伙企业的解散和清算

合伙企业具备下列法定情形之一时，应当解散：合伙协议约定的经营期限届满，合伙人不愿继续经营的；合伙协议约定的解散事由出现；全体合伙人决定解散；合伙人已不具备法定人数；合伙协议约定的合伙目的已经实现或者无法实现；被依法吊销营业执照；出现法律、行政法规规定的合伙企业解散的其他原因。

合伙企业解散后应当进行清算，并通知和公告债权人。原合伙人对合伙企业存续期间的债务仍应承担连带责任，但债权人在 5 年内未向债务人提出偿债请求的该责任消灭。

三、个人独资企业法

(一)个人独资企业的概念和特征

个人独资企业，是指依法在中国境内设立，由一个自然人投资，财产为投资人个人所有，投资人以其个人财产对企业债务承担无限责任的经营实体。

个人独资企业具有以下法律特征：①其出资人仅限于一个自然人；②它是一个自然人企业，不具有法人资格；③企业主对企业享有全部权利，对企业的财产享有所有权并可直接支配；④企业主对企业的经营及债务承担无限责任。

(二)个人独资企业的设立条件

设立个人独资企业应当具备下列条件：①投资人为一个自然人；②有合法的企业名称；③有投资人申报的出资；④有固定的生产经营场所和必要的生产经营条件；⑤有必要的从业人员。

(三)个人独资企业的投资人及事务管理

1. 个人独资企业的投资人

个人独资企业法对投资人作了排除性的规定：法律、行政法规禁止从事营利性活动的人，不得作为投资人申请设立个人独资企业。同时还规定：个人独资企业投资人在申请企业设立登记时明确以其家庭共有财产作为个人出资的，应当依法以家庭共有财产对企业债务承担无限责任。

2. 个人独资企业的事务管理

(1) 管理方式。个人独资企业投资人可以自行管理企业事务，也可以委托或聘用他人管理企业事务。投资人委托或聘用他人管理企业事务时，应当与受托人或被聘用人签订书面合同，明确委托的具体内容和授予的权限。投资人对受托人或被聘用人员职权的限制，不得对抗善意第三人。

(2) 用工及社会保障。个人独资企业，应当依法与职工签订劳动合同，保障职工的劳动安全，按时、足额发放职工工资。个人独资企业应当依国家规定参加社会保险，为职工缴纳社会保险费。

(四)个人独资企业的解散和清算

个人独资企业有下列情形之一时，应当解散：投资人决定解散；投资人死亡或被宣告死亡，无人继承的；依法吊销营业执照；法律、行政法规规定的其他情形。个人独资企业解散，由投资人自行清算或者由债权人申请人民法院指定清算人进行清算。

四、外商投资法

外商投资是外国企业、其他经济组织或个人依照中华人民共和国法律的规定，在中国境内以直接投资方式参与或独立设立的各类企业的总称，主要有中外合资经营企业、中外合作经营企业和外资企业三种形式。

(一)中外合资经营企业法

1. 中外合资经营企业的概念和特征

中外合资经营企业(以上简称合营企业)，是指中国合营者与外国合营者依照我国法律的规定，在中国境内共同出资设立的企业。它有两个特征：①它是中国合营者与外国合营者共同举办的；②它是股权式企业，其组织形式为有限责任公司。

2. 合营设立

中国合营者向企业主管部门呈报拟与外国合营者设立合营企业的项目建议书和初步可行性研究报告，经企业主管部门审查同意并报批准后，向合营企业所在地的省级工商行政管理部门办理登记手续。

3. 合营企业的出资

(1) 合营各方的出资比例。在合营企业的注册资本中，外国合营者的投资比例一般不低于 25%。

(2) 出资方式。合营者可以货币出资，也可以用建筑物、厂房、机器设备或其他物料、工业产权、专有技术、场地使用权等作价出资。

(3) 出资期限。合营各方应在合营合同中订明出资期限，并按合同规定的期限缴清各自的出资额。

4. 合营企业的组织机构

合营企业的组织机构主要有：①董事会，是合营企业的最高权力机构，决定合营企业的一切重大问题，董事会由董事组成，董事由合营各方委派，合营一方担任董事长的，由他方担任副董事长，董事长为企业法定代表人；②经营管理机构，设总经理 1 人，副总经理若干人，总经理执行董事会各项决议，组织领导合营企业的日常经营管理工作。

(二)中外合作经营企业法

1. 中外合作经营企业的概念和特征

中外合作经营企业(以下简称合作企业)是指中国合作者和外国合作者依照我国法律的规定，在中国境内以合作企业合同为基础而共同举办的企业。其特征为：它是以合作企业合同为基础的契约式合营；其投资或合作条件、收益或产品分配、风险及亏损的分担、经营管理的方式和合作企业终止时财产的归属等都在合作企业合同约定。

2. 合作企业的资本

(1) 出资。中外合作者的投资或提供的合作条件可是现金、实物、土地使用权、工业产权、非专利技术和其他财产。合作企业的注册资本与投资总额的比例，参照合营企业的规定。

(2) 资本回收。通过加速固定资产折旧提前回收投资或通过提高外国合作者的利润、产品分成比例提高回收投资。

3. 合作企业的组织机构

合作企业的管理形式有三种：①董事会制。具有法人资格的法人型合作企业一般采取董事会制，董事会是企业的最高权力机构，中外合作者一方担任董事长的，另一方担任副董事长，总经理负责日常经营管理工作。②联合管理制中，不具备法人资格的合伙型合作企业一般采用联合管理机构形式，由中外合作各方选派代表组成联合管理机构，依照合同或章程的规定，决定合作企业的重大问题。③委托管理，合作各方一致同意，合作企业可以委托中外合作的一方进行经营管理，也可以委托合作方以外的第三方进行经营管理。

(三)外资企业法

1. 外资企业的概念

外资企业是指依照中国有关法律在中国设立的、全部资本由外国投资者投资的企业。外资企业不包括外国的企业和其他经济组织在中国境内的分支机构。外资企业的全部资本属于外国投资者所有，全部财产所有权属于外国投资者。

2. 对外资企业的监督管理

(1) 对外资企业投资的监督管理。外资企业的注册资本要与其经营规模相适应，注册资本与投资总额的比例应符合中国法律的规定。外国投资者要按规定的期限和数额缴纳出资，其在经营期内不得减少注册资本。在企业终止、清算结束前，不得将企业的资金汇出或者携出中国境外。

(2) 对外资企业财务的监督管理。外资企业应当依照中国法律、法规和财政机关的规定，建立财务会计制度并报企业所在地财政、税务机关备案，并且应依照中国法律、法规的规定缴纳税款，同时应当提取储备基金和职工奖励及福利基金。

(3) 对外资企业劳动工资的监督管理。外资企业在中国境内雇用职工，依照中国的法律、法规签订劳动合同，合同中应当订明雇用、解雇、报酬、福利、劳动保护保险等事项。外资企业不得雇用童工。

第三节 市场管理法

一、反不正当竞争法

(一)不正当竞争的表现形式

不正当竞争，是指经营者违反法律规定，损害其他经营者的合法权益，扰乱社会经济秩序的行为。经营者，是指从事商品经营或者营利性服务的法人、其他经济组织和个人。不正当竞争行为的表现形式有以下几类。

(1) 公用企业或者其他依法具有独占地位的经营者，限定他人购买其指定的经营者的商品，以排挤其他经营者。

(2) 政府机构的限制竞争行为，如限定他人购买其指定的经营者的商品，限制其他经营者正当的经营活动，限制外地商品进入本地市场或本地商品流向外地市场。

(3) 违背购买者的意愿，搭售商品或附加其他不合理条件。

(4) 串通投标，抬高或压低标价。

(5) 欺骗性交易行为，如假冒他人的注册商标；擅自使用知名商品特有的名称、包装、装潢，或使用与知名商品近似的名称、包装、装潢，造成和他人的知名商品相混淆，使购买者误认为是该知名商品；擅自使用他人的企业名称或姓名，引人误认为是他人的商品；在商品上伪造或冒用认证标志、名优标志等质量标志，伪造产地，对商品质量作引人误解的虚假表示。

(6) 商业贿赂行为，如在账外暗中给予对方回扣，提供免费度假、色情服务等。凡在账外暗中给予对方单位或个人回扣的，以行贿论处；对方单位或者个人在账外暗中收受回扣的，以受贿论处。

(7) 虚假广告宣传，如对商品的质量、制作成分、性能、用途、生产者、有效期限、产地等作引人误解的虚假宣传。

(8) 侵犯商业秘密，如以盗窃、利诱等不正当手段获取、披露、使用权利人的商业秘密。

(9) 降价排挤行为，以排挤竞争对手为目的，以低于成本的价格销售商品。

(10) 不正当奖售行为，如采用谎称有奖或故意让内定人员中奖的欺骗方式进行有奖销

售；利用有奖销售的手段推销质次价高的商品；抽奖式的有奖销售，最高奖金额不超过5000元。

(11) 诋毁商誉行为，如以不正当手段损害竞争对手的信誉、商品声誉。

(二)不正当竞争行为的法律责任

1. 民事责任

不正当竞争行为，给被侵害者造成损害的，应承担损害赔偿责任及合理费用。

2. 行政责任

如责令停止违法行为，责令改正，消除影响；行政处分；罚款；没收违法所得；吊销营业执照。

3. 刑事责任

侵犯商标专用权的行为，销售伪劣商品的行为，进行商业贿赂的行为，负有监督检查不正当竞争行为职责的国家机关工作人员滥用职权、玩忽职守等行为，构成犯罪的，都要依法追究刑事责任。

二、消费者权益保护法

(一)消费者的权利

消费者是指为生活消费需要而购买、使用商品或接受服务的个人。我国消费者权益保护法规定的消费者的权利有9项。

(1) 安全保障权。消费者在购买、使用商品和接受服务时享有人身、财产安全不受损害的权利。

(2) 知悉真情权。消费者享有知悉其购买、使用的商品或者接受的服务的真实情况的权利。

(3) 自主选择权。消费者享有自主选择商品或者服务的权利。

(4) 公平交易权。消费者有与经营者在质量合格、价格合理、计量准确的条件下进行交易的权利。

(5) 求偿权。消费者因购买、使用商品或接受服务受到人身、财产损害的，享有依法获得赔偿的权利。

(6) 结社权，即建立消费者组织的权利。

(7) 获得有关知识权。消费者享有获得有关和消费者权益保护方面的知识的权利。

(8) 人格尊严和民族风俗习惯受尊重权。

(9) 监督批评权。消费者享有对商品服务以及保护消费者权益工作进行监督的权利，有权对保护消费者权益工作提出批评、建议。

(二)经营者的义务

(1) 依照法律、法规的规定和与消费者的约定履行义务。

(2) 接受消费者的监督。

(3) 保证商品或服务的安全。经营者应当保证其提供的商品或服务符合保障人身、财产安全的要求。对可能危及人身、财产安全的商品和服务，应当向消费者作出真实的说明和明确的警示，并说明和标明正确使用商品或接受服务的方法以及防止危害发生的方法。

(4) 有关商品或服务真实的信息，不作引人误解的虚假宣传。当消费者询问商品服务的质量和使用方法等问题时，应当作出真实、明确的答复，商品提供应当明码标价。

(5) 标明其真实名称和标记。

(6) 出具购货凭证或服务单据。

(7) 保证商品或服务质量的义务。

(8) 履行“三包”(包修、包换、包退)或其他责任。

(9) 不得以格式合同等方式排除或限制消费者的权利。

(10) 不得侵犯消费者人格权；不得对消费者进行侮辱、诽谤；不得搜查消费者的身体及其携带的物品；不得侵犯消费者的人身自由。

(三)法律责任

(1) 人身损害的民事责任，包括：支付医疗费、治疗期间的护理费、因误工减少的收入；使消费者残疾的，还应支付残疾者生活自助用具费、生活补助费、残疾赔偿金以及由其抚养的人所必需的生活费用等；造成死亡的，应支付丧葬费、死亡赔偿金以及由死者生前抚养的人所必需的生活费等费用；停止侵害、恢复名誉、赔礼道歉、并赔偿损失等。

(2) 财产损害的民事责任，包括修理、重做、更换、退货、补足商品数量、退还货款和服务费用、赔偿损失等。

第四节　财税金融法

一、税法

(一)税收的概念及特征

税收是指国家为实现其公共职能而凭借其政治权力，依法强制，无偿地取得财政收入的活动或手段。它有以下三个特征。

(1) 强制性。纳税人必须依法纳税，自觉履行纳税义务，否则就要受到法律的制裁。

(2) 无偿性。国家以税收形式取得无偿征收，是一种单方法律行为。

(3) 固定性。税收是按税法规定的比例或数额征收，在征税以前，国家预先规定征收对象和征收数额或比例等。

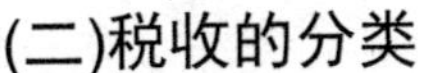

(二)税收的分类

(1) 依据税赋能否转嫁，分为直接税和间接税，如所得税为直接税，而各类商品税即为间接税。

(2) 依据税收计征标准，分为从量税和从价税，如资源税为从量计征，而增值税为从价计征。

(3) 依据征税对象，分为商品税、所得税和财产税。

(4) 依据税收管理权和收益权，分为中央税和地方税。

(5) 依据税收与价格关系，分为价内税和价外税。

(6) 依据课税标准是否有依附性，分为独立税和附加税。

(三)我国税收的种类

1. 商品税

商品税是以商品(包括劳务)的销售额或营业额为征税对象，以依法确定的商品的流转额为计税依据而征收的一类税，主要包括增值税、消费税、营业税和关税。

增值税是以应税商品或劳务的增值额为计税依据而征收的一种商品税。纳税主体为在我国境内销售货物、提供应税劳务及以进口货物的单位或个人，税率分三档：基本税率(为17%)、低税率(为13%)和零税率(适用于法律不禁止或不限制报送出口货物及海关管理的保税区的货物)。

消费税是以特定的消费品的流转额为计税依据而征收的一种商品税。纳税主体为在我国境内从事生产、委托加工和进口应税消费品的单位和个人，范围包括11个税目，税率为定额税率和比例税率。

营业税是以应税商品或劳务的销售收入额(或称营业收入额)为计税依据而征收的一种商品税。纳税主体为在我国境内提供应税劳务、转让无形资产、销售不动产单位和个人，范围包括9个项目。

关税以进出关境的货物或物品的流转额为征税对象而征收的一种商品税，范围包括准许进出我国关境的各类货物和物品。

2. 所得税

所得税是以所得为征税对象，向获取所得的主体征收的一类税，分企业所得税和个人所得税两类。

3. 财产税

财产税是以财产为征税对象，并由对财产进行占有、使用或收益的主体缴纳的一类税，主要包括资源税、房产税、土地使用税、土地增值税、耕地占用税、契税和车船使用税等。

(四)税收的征收管理

1. 税务管理

在税务登记方面，凡从事生产、经营的纳税人必须在法定期限内依法办理税务登记。在账簿、凭证管理方面，包括账簿设置及凭证的使用和保存管理，此外还有发票的管理。在纳税申报方面，纳税人必须按规定在申报期限内办理纳税申报。

2. 税款征收

税法设置了一系列制度，包括征纳主体、征收方式、征纳期限、税收减免、税收退补和税收保全等规定。

3. 税务检查

这是法律赋予税务机关的权力，纳税人必须接受检查，并如实提供有关资料。

二、银行法

(一)我国金融机构体系

我国已建立了在国务院领导下独立创造货币政策的中央银行和以国有商业银行为主体、多种金融机构并存的金融机构体系。

(1) 中国人民银行，是我国的中央银行，负责制定和实施货币政策，实行行长负责。

(2) 商业银行，是指依照商业银行法和公司法设立的吸收公众存款、发放贷款、办理结算等业务的企业法人，包括；国有商业银行(中国工商银行、中国农业银行、中国建设银行和中国银行)、股份制商业银行(交通银行、中信实业银行、光大银行、民生银行等)、城市与农村合作银行、外商投资的银行。

(3) 政策性银行，指由政府设立，专门从事政策性速效业务的政府金融机构，如国家开发银行、中国农业发展银行和中国进出口银行。

(4) 非银行金融机构，是依法设立的，从事一定范围的金融业务的金融企业，如信托投资公司、保险公司。

(二)中央银行(中国人民银行)

1. 货币政策及其实现手段

货币政策是中央银行为实现其特定的经济目标而采用的各种控制和调节货币供应量的方针和措施的总称，与国家的财政政策和外汇政策共同构成了国家调节宏观经济的三个主要间接手段。我国货币政策目标是保持货币币值的稳定，并以此促进经济增长。中国人民银行为实现货币政策目标，实施三大手段，即法定存款准备金、再贴现和公开市场业务。

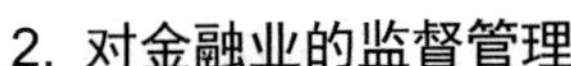

2. 对金融业的监督管理

在监管体制上，我国法律明确规定由中国人民银行行使对银行信托等金融业的监督管理权。中国人民银行的监管范围包括：按规定审批金融机构的设立、变更、终止及其业务范围；对金融机构存款、贷款、结算、呆账等进行稽核、检查监督；对金融机构的违法行为进行监督。中国人民银行的监管方式主要是依法建立的以资产负债比例管理和风险管理为基础的监督管理体系，并依法处理金融机构及其他有关组织和个人的违法行为。

(三)商业银行

1. 商业银行的经营原则

商业银行以效益性、安全性、流动性为经营原则，自主经营、自担风险、自负盈亏、自我约束。

2. 商业银行的资产负债比例管理和风险管理

我国商业银行贷款必须遵守下列规定：①资本充足率(即资本总额与风险资产总额的比例)不得低于 8%；②贷款余额与存款余额的比例不得超过 75%；③流动性资产余额与流动性负债余额的比例不得低于 25%；④对同一贷款人的贷款余额与商业银行资本余额的比例不得超过 10%；⑤中国人民银行对负债比例管理的其他规定。

三、保险法

(一)保险的概念和分类

保险，是指投保人根据合同约定，向保险人支付保险费，保险人对于合同约定的可能发生的事故因其发生所造成的财产损失承担赔偿保险金的责任，或者当被保险人死亡、伤残、疾病或者达到合同约定的年龄、期限时承担给付保险金责任的商业保险行为。

保险是一种商业行为，第八届全国人大常委会 1995 年 6 月通过的《中华人民共和国保险法》明确规定它调整商业保险活动(社会保险专门的法律调整)。因投保人投保与保险人订立合同而建立保险关系，并对双方当事人具有法律约束力。保险一般有以下几种分类方法。

(1) 按投保人的意愿划分，可分为强制保险和自愿保险。强制保险指投保人必须依法参加的保险，如机动车辆第三者责任险、旅客意外伤害险等。自愿保险是指投保人自愿选择参加的保险，如人寿保险、家庭财产保险等。

(2) 按保险标的划分，可分为财产保险和人身保险。财产保险是指以物或其他财产利益为保险标的的保险，如企业财产保险、家庭财产保险等。人身保险是指以人的寿命和身体为保险标的的保险，如人寿保险、意外伤害保险等。

(3) 按保险合同，可分为原保险和再保险。原保险是指保险人直接与被保险人订立保

险合同而设立的保险。再保险是指原保险合同的保险人作为投保人，或者被保险人与另一保险人就原保险合同标的订立保险合同而设立的保险，也称“保险的保险”。

(二)保险合同的当事人和关系人

(1) 保险人。是指收取保险费并按照法定或约定提供经济保障，在保险事故发生或约定事件出现时，负责赔偿或承担给付义务的保险公司。

(2) 投保人。是指与保险人订立保险合同，负有交付保费义务的人。

(3) 被保险人。是指其财产或人身受保险合同保障，享有赔偿请求权的人。在财产保险中，被保险人为保险财产的所有人或经营管理人；在人身保险中，被保险人为保险标的本身。

(4) 受益人。是指被保险人或投保人，保险合同中指定或法定的享有保险利益的人。受益人一般只在人身保险中存在，其受益权在被保险人死亡后产生。

保险人和投保人是保险合同的当事人，被保险人和受益人是保险合同的关系人。

(三)投保人的义务

(1) 据实告知的义务。据最大诚意原则，投保人有义务将有关保险标的危险情况如实告知保险人，若投保人隐瞒不报或错误申报，保险人有权解除合同或不负赔偿责任。

(2) 按期交付保险费义务。若投保人不按期交保险费，保险人可视情况要求其补交保险费及利息或解除保险关系。

(3) 维护保险财产安全的义务。

(4) 危险及事故通知义务，危险增加时或保险事故发生后投保人应及时通知保险人。

(5) 实施求助义务。保险事故发生后，投保人有义务采取一切必要的措施求助，以减少损失，应采取而未采取措施以致损失扩大的责任自负。

(四)保险人的义务

保险人的主要义务是赔偿或给付。财产保险中保险人的赔偿责任包括两个方面：①赔偿保险财产事故所受的损失，按实际损失额赔偿，但最高不超过保险金额；②补偿对保险财产施救、保护、整理、检验、估价等合理费用，这部分费用的补偿也不超过保险财产所投保的保险金额，但应与保险财产的赔偿分别计算。人身保险中的保险人的给付责任是按约定支付保险金。

财产保险中保险标的损害若属第三人行为造成的，投保人或被保险人向保险人取得赔偿后，应将向第三人求偿权利转让给保险人。保险人有权向第三人追偿。

思考与练习

一、简答题

1. 经济法律关系的概念及构成。
2. 不正当竞争行为的表现形式。
3. 消费者的权利与经营者的义务。
4. 税收的概念与种类。
5. 我国的金融机构体系。
6. 保险合同当事人的义务。

二、案例分析

案例 1

王某与吴某共同出资组建日化公司，根据公司章程规定，吴某以现金、专利技术出资，出资额为 260 万元人民币，王某以现金出资，出资额为 150 万元人民币。吴某任公司执行董事兼总经理，负责公司的经营管理。一段时间后，公司经营不善出现亏损，吴某便与刘某签订股份转让协议，将其部分出资以 95 万元人民币转让给刘某，并在未经王某同意的情况下，以王某名义与刘某签订股份转让协议，将王某全部出资 150 万元人民币也转让给了刘某，王某对以上股份转让均不知情。股份转让后，吴某和刘某通过股东会纪要的形式修改了公司章程，并同意刘某接替吴某出任公司执行董事，负责公司的经营决策。转让完成后办理了公司变更登记。刘某进入公司经营一段时间后，公司经营状况不佳，刘某便与韩某签订了股份转让协议，将其部分出资 195 万元人民币转让韩某，转让完成后，办理了工商变更登记。王某得知以上情况后，以吴、刘、韩 3 人无权转让属于他的股权为由，诉至法院。

【解析】

王某与吴某共同组建公司，办理工商注册登记各自认缴出资额，成为公司股东。吴某在王某不知情的情况下，将王某的全部股份以王某的名义全部转让给刘某，该转让是一种侵权行为，应立即停止侵权，该转让无效。吴某将自己持有的股份转让给刘某，违反了公司法的规定，根据公司法的规定，股东之间可以相互转让其全部股权或部分股权，股东向股东以外的人转让其股权时，应就其股权转让事项书面通知其他股东征求同意，在其他股东过半数同意后方可转让。吴某的股份转让是在王某不知情的情况下进行的，因此，根据公司法规定，转让协议无效。另外，刘某不是公司的合法股东，因此，根据公司法规定，其与韩某签订的股份转让协议也属无效协议。

案例 2

某市甲、乙两厂均生产一种“记忆增强器”产品。甲厂产品的质量比乙厂产品好得多，

因而其市场占有率远远高于乙厂。王某是甲厂技术人员，乙厂为提高本厂的市场占有率，付给王某一大笔“技术咨询费”，获取其提供的甲厂技术秘密。乙厂运用这些技术对自己的产品进行了改进，同时，乙厂在本市电视台发布广告，声称本厂生产的记忆增强器功效迅速质量可靠，其他厂家生产的同类产品质量无保证，呼吁消费者当心。另外，乙厂还以高额回扣诱使本市几家大型商场的购货人员不再采购甲厂产品。本市消费者李某等人在使用乙厂产品一段时间后，不仅记忆力没有增强，反而出现了神经衰弱症状。李某等人在电视台的协助下，向乙厂反映了情况。乙厂随后发现，王某提供的甲厂技术资料缺少几项关键技术，致使乙厂产品存在质量缺陷。请回答:

(1) 乙厂的下列行为，何者构成不正当竞争?

A. 向甲公司的工作人员行贿，以获得甲厂的技术秘密

B. 向本市大型商场的购货人员行贿，使他们只采购本厂产品

C. 在电视广告中发布使人误解的虚假宣传

D. 在电视广告中散布虚假事实，损害竞争者的商品信誉

(2) 关于消费者李某等人的损害赔偿请求权，下列意见何者为正确?

A. 有权就其所受损失要求乙厂赔偿

B. 有权就其所受损失要求本市电视台赔偿

C. 有权就其所受损失要求销售乙厂产品的商场赔偿

D. 有权就其所受损失要求王某赔偿

【答案】

(1) ABD

(2) AC

第十一章　劳 动 法

学习目标

了解劳动法的概念和调整对象；熟悉劳动就业、工资工时和休息休假制度；明确社会保险与福利的规定；理解劳动法的基本原则和劳动合同；明确违反劳动法的责任；熟知劳动者的权利与义务；知晓解决劳动争议的途径。

第一节　劳动法概述

一、劳动法的概念和调整对象

劳动法是调整劳动关系以及与劳动关系密切联系的其他社会关系的法律规范的总称。现行劳动法于 1994 年 7 月 5 日第八届全国人大常委会通过，自 1995 年 1 月 1 日施行。

劳动法的调整对象是劳动关系以及与劳动关系有密切联系的其他社会关系，其中，劳动关系是劳动法的主要调整对象。

1. 劳动关系

劳动关系是指劳动者与用人单位之间在劳动过程中发生的社会关系。它具有以下特点：①劳动关系的当事人具有限定性，即劳动关系的一方必须是劳动者，另一方则是用人单位；②劳动关系是在劳动过程中发生的社会关系，与劳动有着直接的联系；③劳动关系是具有从属性的社会关系，劳动者是用人单位的职工，用人单位是劳动者的管理者和劳动力的支配者。

2. 与劳动关系密切联系的其他社会关系

社会关系本身不是劳动关系，但和劳动关系有密切联系，是发生劳动关系的前提或直接结果。社会关系包括：①劳动行政主管部门与用人单位之间在劳动力招收、录用方面发生的关系；②劳动者和用人单位之间在劳动力市场相互选择而发生的关系；③劳动者与用人单位、社会保险机构之间发生的关系；④工会代表劳动者并为维护劳动者合法权益与用人单位之间发生的关系；⑤劳动争议处理机构在处理劳动争议时与用人单位、劳动者之间发生的关系；⑥劳动行政主管部门在监督劳动法实施过程中与用人单位之间发生的关系等。

二、劳动法的基本原则

劳动法的基本原则是制定劳动法律制度的指导思想，是调整劳动关系以及与劳动关系

密切联系的其他社会关系的基本准则。根据我国现阶段经济制度和劳动法的基本要求，劳动法的基本原则有以下 4 项。

(1) 维护劳动者合法权益与兼顾用人单位利益相结合的原则。维护劳动者的合法权益是劳动法的立法宗旨，劳动法明确规定了劳动者应享有的基本权利和在各个劳动环节中的具体权利，规定了用人单位必须履行劳动法上的义务。劳动法在突出体现保护劳动者合法权益的同时，也兼顾用人单位的利益。这是因为，从法律上权利义务相一致的原则来讲，劳动者享受劳动权利是以履行劳动义务为前提的，劳动者只有在全面履行劳动义务的条件下，才能充分享受法律赋予的权利。

(2) 按劳分配与公平救助相结合的原则。在贯彻按劳分配原则的同时，要求兼顾公平救助原则。公平救助原则的实现受制于按劳分配原则的贯彻，只有真正贯彻按劳分配原则，调动劳动者的劳动积极性，创造出更多、更丰富的物质财富，才能使公平救助原则得到充分体现。

(3) 劳动者平等竞争与特殊劳动保护相结合的原则。建立劳动者平等竞争机制，是发展社会主义市场经济、提高劳动生产率的客观要求，也是公民在法律面前一律平等原则的重要体现。劳动法在坚持劳动者平等竞争原则的同时，也注重对特殊劳动者的劳动保护，使他们真正与其他劳动者处于平等的法律地位。

(4) 劳动行为自主与劳动标准制约相结合的原则。用人单位与劳动者经过双方选择，在平等自愿、协商一致的基础上，签订劳动合同，确立劳动关系。他们进入劳动过程之后，用人单位享有法律赋予的劳动管理权、劳动力分配自主权等，劳动者自愿接受这些条件而成为单位集体劳动的一员，这些都充分体现了劳动行为自主的原则。在实行劳动行为自主的同时，国家制定劳动标准，明确规定劳动的基本条件，以制约用人单位的行为，保护劳动者的合法权益。

三、劳动者的权利和义务

(一)劳动者的权利

(1) 平等就业和选择职业的权利。平等就业和选择职业是劳动者生存权的前提条件。所谓平等就业，是指劳动者在就业方面一律平等，不因民族、种族、性别、宗教信仰不同而受歧视。所谓选择职业权，是指劳动者在就业时，有权根据自己的意愿、兴趣选择用人单位，不受外在力量的强迫。

(2) 取得劳动报酬是其赖以生存的物质条件，是劳动者的基本劳动权利之一。劳动报酬是指劳动者付出劳动后从用人单位取得的包括工资、奖金、津贴等在内的合法收入。

(3) 休息休假的权利。休息休假权是劳动者依法享有的在法定工作时间之余进行充分休息的一项权利。

(4) 获得劳动安全卫生保护的权利。劳动安全卫生保护权是劳动者在劳动过程中依法要求用人单位提供安全卫生的劳动条件，保护其生命安全和身体健康的一项基本的劳动权利。给予劳动者安全卫生保护，是维护劳动者生存和健康的需要，也是生产力发展的客观要求和提高劳动生产率的重要手段。

(5) 接受职业技能培训的权利。职业技能培训是为了增强和提高劳动者从事各种职业所需要的技术业务知识和实际操作技能而进行专门教育的训练活动，这是劳动者受教育的一个重要方面。赋予劳动者这一权利，有利于提高劳动者的文化素质和职业技能水平。

(6) 享受社会保险和福利的权利。社会保险是国家在劳动者丧失劳动能力或劳动机会时，为保障其基本生活而依法强制实行的一项物质帮助制度。福利是国家和社会为方便劳动者工作和生活、适应其物质文化需要而举办的各项事业。劳动者享受这项权利是法律赋予公民物质帮助权利的一个方面。

(7) 提请劳动争议处理的权利。劳动争议的发生和处理，直接关系到劳动者的工作和生活，与劳动者的切身利益息息相关。赋予劳动者这项权利，明确劳动者在劳动争议处理中的主动地位，有利于劳动争议的尽快解决和保护劳动者的合法权益，有利于培养和增强劳动者的法律意识。

(8) 法律、法规规定的其他权利。法律、法规规定的其他权利包括：依法享有参加和组织工会的权利；参与民主管理的权利；参加社会义务劳动的权利；提出合理化建议的权利；从事科学研究、技术革新、发明创造的权利；依法解除劳动合同的权利；对用人单位管理人员违章指挥、强令冒险作业有拒绝执行的权利；对危害生命安全和身体健康的行为有批评、举报和控告的权利；对违反劳动法的行为进行监督的权利等。

(二)劳动者的义务

(1) 完成劳动任务。完成劳动任务是劳动者所应担负的首要义务，劳动者只有完成了劳动任务，才能获得相应的劳动报酬，使整个劳动过程得以延续，生产得到发展，才能实现建立劳动关系的目的。

(2) 提高职业技能。规定劳动者负有提高职业技能的义务，是要求劳动者自觉地在学习和实践中不断接受新的业务知识，提高业务能力和操作技能，做一名积极主动、好学上进、有责任感的熟练劳动者。

(3) 劳动安全卫生规程。劳动安全卫生规程是国家为了保护劳动者在劳动过程中的生命安全和身体健康而制定的一系列法律、法规和规章等，认真执行这些规程，能够避免或减少工伤事故和职业病的发生，保证安全生产。劳动者是劳动过程的直接参加者，只有认真执行劳动安全卫生规程，才能切实保护自身的生命安全和身体健康。

(4) 遵守劳动纪律和职业道德。劳动纪律是人们在共同劳动过程中必须遵守的规章制度，是组织社会劳动的基础，是保证劳动得以正常有序进行的必要条件。职业道德是劳动者在劳动实践中形成的共同行为准则，是劳动者进行劳动时的必然要求，也是社会主义精神文明的基本要求。

第二节　劳动就业与劳动合同

一、劳动就业

(一)劳动就业的概念和特征

劳动就业，是指具有劳动能力的公民在法定劳动年龄内从事某种有劳动报酬或经营收入的社会职业。劳动就业具有以下特征。

(1) 劳动者是具有劳动权利能力和劳动行为能力的公民，包括法定劳动年龄内能够参加劳动的盲、聋、哑和其他有残疾的公民。

(2) 劳动者必须从事法律允许有益于国家和社会的某种社会职业。

(3) 劳动者所从事的社会职业必须有一定的劳动报酬或合法经营收入，能够用以维持劳动者本人及其扶养的一定家庭人口的基本生活需要。

(二)劳动就业的原则

(1) 国家促进就业原则。国家促进就业，是指国家为保障公民实现劳动权利所采取的创造就业条件、扩大就业机会的各种措施的总称，主要包括制定劳动就业方针、拟订劳动就业计划、开辟就业途径、设置就业基金、提供就业服务、实施就业保障等。

(2) 平等就业原则。平等就业，是指劳动者享有平等的就业权利和就业机会。劳动者享有平等的就业权利，就业不因民族、种族、性别、宗教信仰不同而受歧视。同时，劳动者享有的就业机会，每一个劳动者都能平等地、公平地进入劳动力市场，自主择业。

(3) 劳动者与用人单位双向选择原则。劳动者与用人单位双向选择，是指劳动者自由选择用人单位，用人单位自主择优录用劳动者。

(4) 劳动者竞争就业原则。劳动者竞争就业，是指劳动者通过用人单位考试或考核竞争取胜而获得就业岗位。劳动者是劳动力市场的竞争主体，劳动者之间为获得就业岗位则按照用人单位规定的用人条件进行考试或考核，合格者方能获得就业岗位。

(5) 照顾特殊群体就业原则。特殊群体包括妇女、残疾人、少数民族人员、退伍军人等。用人单位录用职工时，除国家规定的不适合妇女的工种或者岗位外，不得以性别为由拒绝录用妇女或提高对妇女的录用标准。对其他特殊群体人员的就业，法律、法规有特别规定的，按照规定执行。

二、劳动合同

(一)劳动合同的概念和作用

1. 劳动合同的概念

劳动合同又称劳动契约或劳动协议，是指劳动者与用人单位之间确立劳动关系，明确双方权利和义务的协议。

劳动合同除具有合同的一般特征外，还具有本身独有的法律特征：①劳动合同是建立劳动关系的一种法律形式，以合同形式确立了劳动者与用人单位的权利和义务；②劳动合同的主体具有特定性，一方是劳动者，另一方是用人单位；③劳动合同的内容具有劳动权利和义务的统一性和对应性；④劳动合同的当事人之间存在着职业上的从属关系，劳动者要接受用人单位的管理；⑤劳动合同的订立、变更、终止和解除，按照劳动法律、法规的规定进行。

2. 劳动合同的作用

劳动合同是产生劳动法律关系的法律事实。劳动者同用人单位订立劳动合同，对于保障劳动者的合法权益，合理使用劳动力，增强企业活力，发挥劳动者的积极性和创造性，提高劳动生产率，促进社会主义现代化建设，具有重要的作用。

(二)劳动合同的订立

1. 劳动合同订立的原则

订立劳动合同，应当遵循平等、自愿、协商一致的原则，不得违反法律、法规的规定。劳动合同的主体、内容、形式和订立程序必须合法；当事人双方在签订劳动合同时法律地位平等；订立合同完全出于当事人自己的意志；合同条款须经双方平等协商，取得一致意见，并经用人单位与劳动者在劳动合同文本上签字或者盖章生效。

2. 劳动合同的内容

劳动合同的内容即劳动合同的条款，是对合同当事人双方权利和义务的具体规定。劳动合同应当具备以下条款。

(1) 用人单位的名称、住所和法定代表人或者主要负责人。

(2) 劳动者的姓名、住址和居民身份证或者其他有效身份证件号码。

(3) 劳动合同期限。

(4) 工作内容和工作地点。

(5) 工作时间和休息休假。

(6) 劳动报酬。

(7) 社会保险。

(8) 劳动保护、劳动条件和职业危害防护。

(9) 法律、法规规定应当纳入劳动合同的其他事项。

劳动合同除前款规定的必备条款外，用人单位与劳动者可以约定试用期、培训、保守秘密、补充保险和福利待遇等其他事项。

3. 劳动合同的法律效力

劳动合同依法成立，从合同订立之日或者合同约定生效之日起就具有法律效力，即在双方当事人之间形成劳动法律关系，对双方当事人产生法律约束力。具体表现主要是：①当事人双方必须亲自全面履行劳动合同所规定的义务；②劳动合同的变更和解除都必须遵循法定的条件和程序，任何一方当事人都不得擅自变更和解除合同；③当事人违反劳动合同必须依法承担违约责任；④双方在劳动合同履行过程中发生争议，必须依法定方式处理。

(三)劳动合同的变更

1. 劳动合同变更的含义和条件

劳动合同的变更，是指当事人双方对依法成立、尚未履行的劳动合同条款所作的修改或增减。劳动合同的变更只限于劳动合同条款内容的变更，不包括当事人的变更；劳动合同的变更只能在法律允许的范围内进行。

根据劳动法律、法规的有关规定和劳动合同的实践，允许变更劳动合同的条件是：①订立劳动合同时所依据的法律、法规已经修改或废止；②企业经有关部门批准转产、调整生产任务，或者由上级主管机关决定改变单位的工作任务；③企业严重亏损或发生自然灾害，确实无法履行劳动合同规定的义务；④当事人双方协商同意；⑤法律、法规允许的其他情况。

2. 劳动合同变更的程序

变更劳动合同，应当遵循平等自愿、协商一致的原则，不得违反法律、行政法规的规定。劳动合同变更的程序，一般分为以下三个步骤：①及时提出变更合同的要求，当事人一方要求变更劳动合同时，应及时向对方提出，说明变更的理由、内容、条件以及请求对方答复的期限等内容；②按期作出答复，当事人一方得知另一方提出变更合同的要求，应在对方规定的期限内作出答复，可以表示同意，也可以提出不同意见，另行协商，还可以在不违背法律规定的情况下表示不同意；③双方达成书面协议，当事人双方就变更劳动合同的内容经过协商，取得一致意见，应当达成变更劳动合同的书面协议，载明变更的具体内容、变更的生效日期，经双方签字盖章生效。

劳动合同部分内容变更后，其他内容可以维持，也可以作相应的修改。

(四)劳动合同的解除

劳动合同的解除，是指劳动合同订立后、期限届满前，经劳动合同当事人协商一致，依法终止原订劳动合同的法律行为。

1) 用人单位有下列情形之一的，劳动者可以解除劳动合同。

(1) 未按照劳动合同约定提供劳动保护或者劳动条件的。

(2) 未及时足额支付劳动报酬的。

(3) 未依法为劳动者缴纳社会保险费的。

(4) 用人单位的规章制度违反法律、法规的规定，损害劳动者权益的。

(5) 因《劳动合同法》第二十六条第一款规定的情形致使劳动合同无效的。

(6) 法律、行政法规规定劳动者可以解除劳动合同的其他情形。

用人单位以暴力、威胁或者非法限制人身自由的手段强迫劳动者劳动的，或者用人单位违章指挥、强令冒险作业危及劳动者人身安全的，劳动者可以立即解除劳动合同，不须事先告知用人单位。

2) 劳动者有下列情形之一的，用人单位可以解除劳动合同。

(1) 在试用期间被证明不符合录用条件的。

(2) 严重违反用人单位的规章制度的。

(3) 严重失职，营私舞弊，给用人单位造成重大损害的。

(4) 劳动者同时与其他用人单位建立劳动关系，对完成本单位的工作任务造成严重影响，或者经用人单位提出，拒不改正的。

(5) 因《劳动合同法》第二十六条第一款第一项规定的情形致使劳动合同无效的。

(6) 被依法追究刑事责任的。

三、集体合同

(一)集体合同的概念

集体合同又称团体协议或集体协议，是劳动者集体与企业协商订立的有关劳动报酬、工作时间、休息休假、劳动安全卫生、保险福利等重大事项的协议，它是为维护职工整体利益，保障职工合法权益而订立的。订立集体合同，也是维护企业的利益，保障生产经营任务完成的重要手段。

(二)集体合同的内容

集体合同的内容包括：①劳动报酬；②工作时间；③休息休假；④劳动安全与卫生；⑤保险福利；⑥合同期限；⑦变更、解除、终止集体合同的协商程序；⑧双方履行集体合同的权利和义务；⑨履行集体合同发生争议时协商处理的约定；⑩违反集体合同的责任；⑪双方认为应当协商约定的其他内容。

第三节 工资、工作时间与休息休假

一、工资

(一)工资的概念和分配原则

工资是指用人单位按照法律规定和劳动合同约定的标准，根据劳动者提供的劳动数量和质量，以货币形式支付给劳动者的劳动报酬，是劳动者取得劳动报酬的基本形式。工资总额由计时工资、计件工资、奖金、津贴和补贴、加班加点工资、特殊情况下的工资共六部分组成。工资分配应当遵循以下原则。

(1) 按劳分配原则。按劳分配，即按照劳动者提供的劳动数量和质量分配个人消费品，等量劳动领取等量报酬。

(2) 同工同酬原则。同工同酬是指提供的劳动数量和质量相同，领取相等的劳动报酬。

(3) 工资水平随经济发展逐步提高原则。在国民收入分配和工资分配中，应当正确处理积累与消费的关系，保持工资水平与经济发展水平相协调，形成一种适应社会主义市场经济的，符合社会主义生产建设目的，又能促进经济发展的工资增长机制。

(4) 国家对工资总量宏观调控原则。国家对工资总量的宏观调控是指国家对地区、部门全面实行动态调控的弹性劳动工资计划。

(二)最低工资制度

最低工资，是指劳动者在法定工作时间内提供了正常劳动的前提下，其用人单位应支付的最低劳动报酬。国家实行最低工资保障制度，最低工资的具体标准由省、自治区、直辖市人民政府规定，报国务院备案。用人单位支付劳动者的工资不得低于当地最低工资标准。

(三)工资的支付

《劳动法》规定：“工资应当以货币形式按月支付给劳动者本人。不得克扣或者无故拖欠劳动者的工资。”这是对劳动者取得工资的法律保障。工资支付的内容包括：工资必须以货币形式支付给劳动者，不得以实物及有价证券替代支付；工资必须在用人单位与劳动者约定的日期按月及时支付，实行周、日、小时支付的工资应依法足额支付；工资应支付给劳动者本人。

二、工作时间与休息休假

(一)工作时间

工作时间是指劳动者根据国家法律规定，在一定时间内(工作日、工作周)应该劳动的小时数。它是衡量每个劳动者的劳动贡献和付给劳动报酬的主要标准，也是对劳动者进行劳动保护的具体体现。我国标准日工作时间不超过 8 小时，平均每周工作时间不超过 40 小时。任何用人单位或个人不得擅自延长劳动时间，按规定延长工作时间的，用人单位或个人应依法支付工资报酬或安排补休。

(二)休息休假

1. 休息休假的概念

休息休假是指劳动者在任职期间，根据国家规定，不从事劳动和工作而自行支配的休息时间和法定节假日。休息休假应从广义理解，包括劳动者在休息休假时间内各种方式的休息和休假，如参与各种社会活动、接受业余教育和培训等。

2. 休息休假的种类

休息休假的种类，随着社会经济条件的发展而有所变化。目前我国休息休假的种类主要有：①日休，即 8 小时工作时间及午餐时间以外的休息时间；②周休，用人单位应当执行劳动者每周工作时间不超过 40 小时的工时制度；③法定假日，即元旦、春节、国际劳动节、国庆节，以及法律、法规规定的其他休假节日；④探亲假，指法律规定与家属分居两地的职工，与父母或配偶团聚的带薪假期，职工探望配偶，每年给予一方探亲假一次，假期 30 日；未婚职工探望父母，原则上一年一次，假期 20 日；已婚职工探望父母，每 4 年一次，假期 20 日。

第四节　劳动保护与职业培训

一、安全卫生

(一)劳动安全卫生的概念

劳动安全卫生，是指国家为了改善劳动条件、保护劳动者在劳动过程中的安全健康而进行的劳动保护，包括劳动安全、劳动卫生两类。

(二)劳动安全卫生管理制度

劳动安全卫生管理制度，是指贯彻劳动安全卫生法律、法规，有效地保护劳动者在劳

动过程中的安全健康而制定的各种制度。劳动安全卫生制度包括：①安全生产责任制度；②安全技术措施计划管理制度；③劳动安全卫生教育制度；④劳动安全卫生检查制度；⑤劳动防护用品发放和管理制度；⑥伤亡事故和职业病的统计报告处理制度。

二、女职工特殊保护

女职工在劳动方面的特殊保护，是反映根据女职工身体结构、生理机能的特点以及抚育子女的特殊需要，在劳动方面对妇女特殊权益的法律保障。中华人民共和国境内一切国家机关、人民团体、企业、事业单位的女职工，都有权获得特殊劳动保护。

女职工特殊保护的主要内容有：①在劳动就业和享受待遇报酬上，用人单位必须严格遵循男女平等、男女同工同酬的原则；②禁止安排女职工从事有害妇女健康的劳动；③对女职工进行“四期”保护，“四期”是指妇女的经期、孕期、产期和哺乳期，在女职工经期，不得安排其从事高空、低温、冷水作业和国家规定的第三级体力劳动强度的劳动，在女职工孕期和哺乳期，不得安排其从事国家规定的第三级体力劳动强度的劳动和其他禁忌从事的劳动，不得安排其延长工作时间和夜班劳动，女职工生育，享受不少于90天的产假；④用人单位不得在保险福利方面歧视女职工。

三、职业培训

(一)职业培训的概念和分类

职业培训，又称职业技能培训或职业技术培训，是指根据社会职业的需要和劳动者从业的意愿及条件，按照一定标准，对劳动者进行的旨在培养和提高其职业技能的教育训练活动。

职业培训分为两部分：①就业前的培训，即劳动就业培训；②就业后的培训，即职工在职培训。

(二)劳动就业培训

劳动就业培训，是指对就业前的公民或失业人员进行的教育和训练，包括后备劳动者培训和转业培训。后备劳动者培训，是指对达到就业年龄的青年在就业前进行劳动技能教育；转业培训，是指职工失业后，为使其再次就业而组织的专门教育。

(三)职工在职培训

职工在职培训，是指对在职职工的培训，包括为富余职工转换岗位进行的培训。职工在职培训实行全员培训方针，即对全体职工，包括各类干部和全体工人，分期分批地进行培训，全面提高其文化技术素质、管理素质和思想政治素质。

第五节　社会保险与福利

一、社会保险

(一)社会保险的概念和特征

1. 社会保险的概念

社会保险是指国家通过立法强制征集专门资金用于保障劳动者在丧失劳动能力或劳动机会时基本生活需要的一种物质帮助制度。国家发展社会保险事业，建立社会保险制度，设立社会保险基金，使劳动者在年老、患病、工伤、失业、生育等情况下获得帮助和补偿。

2. 社会保险的特征

社会保险作为一种特定的社会保障措施，具有以下几个方面的特征：①强制性，社会保险是通过法律规定强制实施的，劳动者必须参加投保；②特定性，社会保险有特定的对象，即处于某种劳动关系之中的劳动者；③互助性，社会保险是一种社会互助互济措施和行为；④非营利性，社会保险不以营利为目的。

(二)社会保险项目和社会保险待遇

我国社会保险项目分为养老保险、医疗保险、工伤保险、失业保险和生育保险。

劳动者在下列情形下，依法享受社会保险待遇：①退休；②患病、负伤；③因工伤残或者患职业病；④失业；⑤生育。

劳动者死亡后，其遗属依法享受遗属津贴。劳动者享受社会保险待遇的条件和标准由法律、法规规定。

二、社会福利

(一)社会福利的概念和特征

1. 社会福利的概念

社会福利，是指国家或社会团体为全体公民兴办的公益性事业，如教育、文化、体育、卫生、环境保护及敬老院、养老院等设施。

2. 社会福利的特征

社会福利事业具有以下特征：①服务对象具有广泛性，包括劳动者和全体社会成员；②免费、减费提供某种生活用品或劳务，其目的不在于营利，而是方便群众，改善人们的

生活；③费用主要来源于国家财政，同时也鼓励社会力量兴办社会福利事业。

(二)社会福利的种类

与劳动者关系比较密切的社会福利主要有兴建职工疗养设施，发展托儿所、幼儿园事业，以及为有残疾的劳动者提供的社会福利等。

第六节　劳动争议与法律责任

一、劳动争议

(一)劳动争议的概念

劳动争议又称劳动纠纷，是指劳动者与用人单位之间因执行劳动法律、法规或履行劳动合同、集体合同发生的争执。劳动争议有以下特点。

(1) 劳动争议的当事人一方是劳动者或其团体，另一方是用人单位或其团体。若争议不是发生在劳动关系双方当事人或其团体之间，即使争议内容涉及劳动问题，也不构成劳动争议。

(2) 劳动争议的内容，涉及劳动权利和劳动义务。

(3) 劳动争议的形式，表现为当事人双方提出不同主张和要求的意思表示。

(二)劳动争议处理机构

(1) 劳动争议调解委员会。劳动争议调解委员会是指内部设立的调解企业与职工之间发生的劳动争议的组织机构。调解委员会由职工代表、用人单位代表和工会代表组成。调解委员会组成人员的具体人数由职工代表大会提出并与单位法人代表协商确定；用人单位代表的人数不得超过委员会人员总数的 1/3。调解委员会主任由用人单位工会代表担任，调解委员会的办事机构要设在工会，没有成立工会组织的用人单位，调解委员会的设立及其组成由职工代表与用人单位代表协商解决。

(2) 劳动争议仲裁委员会。劳动争议仲裁委员会是县、市、市辖区设立的仲裁企业与职工之间发生的劳动争议的组织机构。仲裁委员会由劳动行政部门代表、同级工会代表、用人单位方面的代表组成。仲裁委员会主任由劳动行政部门代表担任，仲裁委员会的办事机构是劳动行政主管部门的劳动争议处理机构，负责办理仲裁委员会的日常事务。

(3) 人民法院。人民法院受理依法提起诉讼的劳动争议案件。

(三)劳动争议处理途径

(1) 协商。劳动争议发生后，当事人可以协商解决，协商不是处理劳动争议的必经程序，不愿协商的，可以申请调解。

(2) 调解。劳动争议发生之日起 30 日内，当事人可以向本单位劳动争议调解委员会申请调解；但是，调解也不是处理劳动争议的必经程序，当事人任何一方不愿调解的，可以直接向有管辖权的劳动争议仲裁委员会申请仲裁。

(3) 仲裁。调解不成的，当事人一方可以向劳动争议仲裁委员会申请仲裁，提出仲裁要求的一方应当自劳动争议发生之日起 60 日内申请仲裁。对仲裁裁决无异议的，当事人必须履行。

(4) 诉讼。劳动争议当事人对仲裁裁决不服的，可以自收到仲裁裁决书之日起 15 日内向人民法院提起诉讼。一方当事人在法定期限内不起诉又不履行仲裁裁决的，另一方当事人可以申请人民法院强制执行。

二、违反劳动法的法律责任

(一)行政责任

行政责任是指违法行为人依法应当承担的，由有关行政机关或违法行为人所在单位以行政处罚或纪律处分的方式予以追究的法律责任。

违反劳动法的行政处罚大多由劳动行政部门(劳动监察机构)实施，如警告、通报批评、责令改正、责令停业、查封、吊销许可证、罚款等；有的则由其他特定行政部门或政府实施，如吊销营业执照由工商行政部门决定，治安处罚由公安部门决定，停产整顿由政府决定。

违反劳动法的纪律处分可分为两大类：①有关行政机关作为行政管理实体对其公务人员的行政处分，以及对在其人事管理权限内的用人单位或劳动服务单位领导人员及其他管理人员的行政处分，包括警告、记过、记大过、降级、撤职、留用察看和开除；②用人单位对其职工的纪律处分，除上述各种行政处分外，还包括除名和强制辞退(解除劳动合同)，以及罚款、扣发或停发工资 (奖金)等经济处罚。

(二)民事责任

民事责任主要表现为损害赔偿责任，用人单位违反劳动法对女职工和未成年工的保护规定，对女职工或未成年工造成损害的；劳动者违反劳动法规定的条件解除劳动合同或违反劳动合同中约定的保密事项，对用人单位造成经济损失的等，应当承担赔偿责任。

(三)刑事责任

《劳动法》规定，以暴力、威胁或者非法限制人身自由的手段强迫职工劳动，或者侮辱、体罚、殴打、非法搜查和拘禁劳动者，构成犯罪的，对责任人员依法追究刑事责任。

思考与练习

简答题

1. 我国劳动法的调整对象是什么?
2. 劳动者有哪些权利和义务?
3. 什么是劳动合同?劳动合同的内容是什么?
4. 简述社会保险的概念和特征。
5. 劳动争议的处理有哪些途径?

第十二章　国　际　法

学习目标

了解国际法与国内法的关系；理解国际公法的特征和基本原则；熟知联合国的常设机构；明确我国加入世界贸易组织对我国法制建设的影响。

第一节　国际法概述

一、国际法的含义

从某种意义上说，国际法是与国内法相对应的法律体系，其调整范围非常广泛。根据调整范围和侧重点的不同，人们通常将国际法分为国际公法、国际私法和国际经济法三个相互联系的主要部分。

国际公法，是以调整国家之间关系为对象的有约束力的原则、规则和规章制度的总称，人们往往将国际公法简称为国际法。

国际私法是以涉外民事法律关系为调整对象，以解决法律冲突为中心任务的一个独立的法律部门。冲突规范是国际私法特有的规范，是国际私法的中心和主要组成部分，大多数国际私法专家认为国际私法基本上就是冲突法。冲突规范是指明某一涉外法律关系应适用何国实体法的规则，是一种特殊类型的法律规范。

国际经济法是调整国际经济关系的法律规范的总和，包括国际贸易法、国际货币法、国际投资法、国际经济组织法、国际税收、国际经济合作与发展等。

国际公法是国际法的基础，主要调整国际关系；国际私法主要调整国际民事法律关系的法律适用，与国内民法有较为密切的关系；国际经济法重在国际经济贸易的调整，既调整国家与国家之间的贸易关系，也调整企业间的国际经济交易关系。随着世界各国、各地区的交往越来越密切和科学技术，尤其是通信、交通手段的发展与进步，国际法在国际事务乃至国内事务中所起的作用越来越大，了解、掌握、运用国际法，对于促进世界的和平发展、维护国际利益、保障个人及相关组织的权益，都十分必要。

二、国际法的渊源

国际法的渊源，是指国际法规范的表现形式。国际法是国家在国际交往中应当遵循的行为准则，当两个国家在国际关系中对同一件事情的做法截然不同，又都声称自己的行为符合国际法时，就涉及一个寻找判断是非的标准问题。国际法渊源的意义就在于解决判断

是非标准的问题。

国际公法的渊源主要有国际条约和国际习惯。

(1) 国际条约是国家之间所缔结的、以国际法为标准确定它们之间权利和义务的国际书面协定，两个国家之间签订的条约称作双边条约，几个或众多国家签订的条约为多边条约。国际条约一般只对其缔约国有约束力，我国参加了在联合国登记的目前仍有效的 300 多个多边条约中的 200 多个，和其他国家缔结过的双边条约超过 1 万个。

(2) 国际习惯是各国长期反复使用并承认其法律约束力的行为规范。现代的外交特权与豁免，起初就是在各国交往中的一种惯常做法，如我国古代的“两国交兵，不斩来使”的做法。今天，许多原以国际习惯形式表现出来的国际法规则都已经条约化。

此外，一般法律原则、司法判例、公法学家的学说以及重要国际组织的决议，也是国际公法的渊源。

国际私法和国际经济法的渊源表现为国内法渊源和国际法渊源，前者如国内立法、私法判例等，后者如国际条约、国际惯例等。

三、国际法与国内法的关系

国际法来源于国内法，同时又对国内法的发展有较大的影响，二者相互影响、相互作用、相互配合，共同维系着全球文明的发展。国际法和国内法是两个不同的法律体系，它们之间是密切联系，相互渗透和相互制约的。国内法的制定者是国家，国际法是国家参与制定的。国家在参加制定国际法时会考虑国内法的立场，在制定国内法时也必须顾及其承担的国际法义务，因为，一个国家正式缔结或参加一项国际条约，就承担了该条约规定的义务(声明保留的条款除外)，无论该国国内法的规定与条约是否一致。

国际条约在其缔约国内能否直接适用，各国做法有区别，有直接适用的，也有通过专门立法“转化”适用的。我国在国际条约的适用方面采取直接适用和转化适用相结合的方式，以直接为主，表明我国恪守条约必须遵守原则，忠实履行依条约所承担国际义务的诚意和决心。

第二节 国 际 公 法

一、国际公法的特征

国际公法与国内法相比有如下特征。

(1) 国际公法主要是调整国家之间的关系，因此国际法律关系的主体主要是国家，国际法还调整国家与民族、国家与国际组织、民族与国际组织之间的关系。国内法的主体是国家管理和支配之下的自然人、法人、其他组织和国内国家机关，调整的主要是它们之间的关系。

(2) 国际公法是在国家之间的交往中形成的法律，不是国际法主体之上的法律，而是

它们之间的法律；不是在国家之上的高级权力强加于国家的法律，而是国家公认的法律。

(3) 国际公法的实施主要依靠国家本身，国际公法是有约束力的，国际上没有一个超越国家的立法机构，也没有超越国家的强制执行机构。国际公法的强制执行通过国家单独或集体采取措施予以保证，如联合国安理会通过决议所采取的强制措施。国际法院对国家之间的争议没有像国内法院对当事人的强制管辖权，国际法院在当事国自愿的前提下受理案件，当事国一般自觉执行法院判决。

二、国际公法的主体

(一)国际公法主体的概念

国际公法的主体是指具有直接享受国际公法权利和承担国际公法义务的能力的国际法律关系参加者。作为国际法的主体应具备三个条件。

(1) 有独立参加国际法律关系的能力。

(2) 有直接承担国际公法上义务的能力。

(3) 有直接享受国际公法上权利的能力。

国际公法的主体包括国家和国际组织。

(二)国家的要素

国家作为国际公法的基本主体，是组成国际社会的主要成员，构成国家必须具备 4 个要素。

1. 定居的居民

有一定数量定居的居民，才能形成社会，形成一定的经济和政治结构，组成国家。居民的多少以及这些居民是否属于同一民族或种族并不具有决定意义。

2. 确定的领土

国家领土是指处于国家主权支配之下的地球的特定部分，是国家赖以存在的物质基础，也是国家主权活动和行使排他性权利的空间。国家领土通常包括领陆、领水(内水和领海)、领空和底土(地下领土)，至于领土面积的大小、边界是否完全正式划定以及该领土是否属于一个完整的地理单位并不影响国家的形式和存在。

3. 政权组织

政权组织即代表国家实行有效统治、对外进行交往的政治组织，至于政府的性质和形式对国家的形成并不重要。

4. 主权

主权作为国家区别于其他实体的固有属性，具体体现在不受任何其他国家控制的独立处理对内对外事务的权利，是国家的国有属性。在一定地域内，尽管有政权组织、定居的居民，但是如果没有主权，就只能是一个国家的地方行政区、殖民地或其他政治实体。

争取独立的民族与国家相比，虽然不能像国家那样进行全面的国家交往，承受的国际公法的权利和义务也有限，但是也是国际公法是主体，如巴勒斯坦人民得到许多国家的承认，联合国邀请巴解组织为联合国观察员，参加联合国的某些活动。

(三)国家的基本权利

国家的基本权利与基本义务是相互统一的，任何国家在国际公法上都既享有权利又承担义务。

1. 独立权

独立权是指每个国家都有按照自己的意志处理本国对内对外事务，不受他国干涉和控制的权利。独立权是国家主权的根本体现，一个国家如果丧失了独立就沦为他国的殖民地或附属国。国际公法上的独立权不仅指政治上的独立，而且包括经济上的独立。

2. 平等权

平等权意味着国家的国际法律地位平等和享受权利平等。一切国家不论其大小、强弱、社会、政治、经济制度的性质，不论其发展水平的高低，其法律地位一律平等。

3. 自保权

自保权是指国家保卫自己独立和生存的权利。一方面，国家有权使用自己的力量进行国防建设，防御外来侵略；另一方面，国家遭武力攻击时，有权行使单独或集体的自卫。国家进行自卫，不得对他国造成威胁，更不能以自卫之名，行侵略之实。

4. 管辖权

(1) 领域管辖，国家对领土内的一切人或物和发生的事件，有权管辖。

(2) 国籍管辖，国家对一切具有本国国籍的人实行管辖，即使是居住在他国。

(3) 保护性管辖，为了保护国家及其公民的重大利益，在一定条件下，国家有权对外国人在该国领土外对该国或其公民的犯罪行为进行管辖。

(4) 普遍管辖，根据国际公法的规定，某些特定的犯罪，由于危害国际和平与安全即全人类共同利益，不论犯罪行为发生于何地以及罪犯的国籍如何，各国都有权管辖，如战争犯罪、贩卖奴隶或毒品、灭绝种族、海盗等。

(四)国家责任

国家对其违反国际义务的行为应承担国际法律责任，承担责任的形式有以下 4 种。

(1) 限制主权，指全面或局部限制国家行使主权，只适用于对他国进行武装侵略、侵犯他国主权、独立和领土完整、破坏国际和平与安全的国家，如海湾战争结束后联合国对伊拉克的制裁。

(2) 恢复原状，指将被破坏的事物恢复到行为前的状态，如归还非法掠夺的财产等。

(3) 赔偿，指对受害国的物质损失付给相应的货币或物质赔偿。关于赔偿范围，既包括对国家的赔偿，又包括对受害国国民的赔偿。

(4) 道歉，向受害国表示道歉，给受害国以精神上的补偿。

(五)国际组织

两个以上国家或其政府、人民、民间团体基于特定目的，以一定协议形式而建立的常设团体，都可成为国际组织。目前，国际组织有数千个，其目的、组织结构、活动程序各有不同，按成员来分，可分为由主权国家组成的政府间国际组织和由民间团体或个人组成的非政府间国际组织；还可以分为全球性国际组织和区域性国际组织。

国际公法上的国际组织，是指由国家或其政府基于国际条约所创立的政府间国际组织，不包括由不同国家的民间团体、个人创立的非政府国际组织。在国际组织中所有成员都享有平等主权，国际组织的诞生使国家不再是国际公法的唯一主体。国际组织活动范围广泛：国际政治组织以联合国为代表，它是最有影响力的政府间国际组织；国际经济组织主要有世界银行、国际货币基金组织和世界贸易组织等。

三、和平共处五项基本原则是当代国际公法的基本原则

国际公法的基本原则是指各国公认的、具有普遍约束力的、作为国际公法其他规则和制度基础的法律原则。国际公法的基本原则主要体现在《联合国宪章》、1970 年 10 月 24 日联合国大会通过《关于各国依照联合国宪章建立友好关系及合作的国际法联合宣言》(以下简称《国际法原则宣言》)和中国等国提出并倡导的和平共处五项原则等重要的国际法文件中。

中国首先提出并倡导的和平共处五项原则，即相互尊重主权和领土完整、互不侵犯、互不干涉内政、平等互利、和平共处，是对《联合国宪章》等文件中国际法原则的高度概括，是一个系统化的原则。它首次出现在 1954 年中国和印度《关于中国西藏地方与印度之间通商和交通协定》的序言中，同年 6 月，中印两国总理发表联合声明重申“并且感到在他们与亚洲以及世界其他国家的关系中也应该适用这些原则”。和平共处五项原则提出之后，得到了世界各国人民的支持，其中与中国发表联合声明或公报，签订条约或协定，承认和平共处五项原则的国家达一百多个；和平共处五项原则也在 1955 年亚非会议等一系列国际法文件中得到确认，它的重大意义已为各国认识，成为现代国际法的基本原则。

(一)相互尊重主权和领土完整原则

相互尊重主权和领土完整原则是五项原则中最根本的原则。国家主权原则是国际法的基石，而国家主权首先体现在国家的领土完整上面，将两者合并提出，具有重要意义。

国家主权，在国际公法上指国家独立自主地处理其对内对外事务的最高权力。国家主权在国际法上有如下特征。

(1) 主权是国家最主要的属性。

(2) 主权是国家的固有权利，并非外界所赋予，国际公法只是对其加以确认。

(3) 主权在国内表现为领土最高权，在对外关系上表现为独立权。

(4) 不能把主权绝对化，主权者负有相互尊重对方主权的义务，所有国家应同等地受国际法的约束。

(二)互不侵犯原则

互不侵犯原则是尊重国家主权和领土完整原则的直接引申和重要保障。该原则是指国家在相互关系中，不得以任何方式或任何借口直接或间接地干涉别国主权管辖范围内的一切内外事务。每个国家都有权独立地选择自己国内的政治、社会、经济及文化制度，这是一国的内部事务，他国不得干涉。

互不侵犯原则的内容有：各国有义务不首先使用武力、有义务以和平方式解决国际争端、有义务避免侵略战争的宣传、有义务不侵犯他国国界和侵入他国领土、对侵略战争负有国际责任、不得以国家领土作为军事占领的对象、不得采取任何强制行动剥夺被压迫民族行使民族自决权等。

(三)互不干涉内政原则

互不干涉内政原则是主权平等原则的要求。不干涉内政，是指国家在相互交往中不得以任何理由或任何方式，直接或间接地干涉他国主权管辖范围内的一切事务，国际组织也不得干涉属于成员国国内管辖的事项。

(四)平等互利原则

这是从传统国际法的国家平等原则之上发展而来的一项原则。国家的平等指国家在国际法上的权利平等，主权国家享有同样的权利并负有同样的义务。不同国家在国际政治生活中所起的作用不一样，国家力量的差异不能造成其法律上的不平等。在国与国的交往中，只有在平等的基础上才能互利，在互利的条件下才是真正的平等。不能以损害对方来满足自己的要求，更不能以牺牲他国利益和欺诈、强迫他国来实现自己的利益。

(五)和平共处原则

和平共处五项原则是总称，又是一项单列的原则，有三个方面的内容。

(1) 各国不应因社会制度和意识形态的不同而相互攻击和敌视，甚至尝试颠覆和消灭对方，而应和平地同时存在和共处。

(2) 各国应在和平的环境和条件下，友好往来，善意合作，发展相互关系。

(3) 各国应以和平方式解决相互间的争端。

四、联合国及其常设机构的职权与议事规则

(一)联合国概述

联合国是当前国际社会最重要的普遍性国际组织，是继国际联盟之后，根据 1945 年在旧金山会议上签订的《联合国宪章》成立的，总部设在美国纽约。

(二)联合国常设机构的职权和议事规则

联合国设六个常设机构：联合国大会、安全理事会、经济及社会理事会、托管理事会、国际法院和秘书处。

1. 联合国大会

联合国大会由全体会员国组成，每年举行一次常会，从每年 9 月的第三个星期二开始举行，必要时，秘书长、安理会或过半数会员国的请求，大会还可以召开特别会议和紧急特别会议。大会具有广泛的职权，可以讨论宪章范围内，或者有关联合国任何机关的职权的任何问题或事项，除安理会正在处理的事项外，它可以就这些问题或事项向会员国或安理会提出建议。

2. 安全理事会

安全理事会简称安理会，是联合国在维持国际和平与安全方面负主要责任的机关，由常任理事国和非常任理事国组成。常任理事国为中、俄、美、英、法五个国家，不经选举且永久担任；十个非常任理事国由联合国大会按地区分配名额竞选选举产生，任期为二年，每年改选五个国家，不得连选连任，这种选任理事国的方式，使安理会能反映不同国家的利益和愿望，又不使安理会过于庞大。安理会主席由理事国按国名英文字首的排列次序轮流担任，任期为一个月。

3. 经济及社会理事会

经济及社会理事会简称经社理事会，是在联合国大会权力之下负责协调联合国经济、社会、人权和文化活动的机关，由 54 个理事国组成。理事国由大会选举产生，任期为 3 年，每年改选 1/3，可连选连任。从 1972 年起，中国一直当选为经社理事会理事国。

4. 托管理事会

托管理事会是在大会权力下负责监督托管领土行政管理的机关。自联合国成立以来，置于国际托管制度下的领土共 11 个，1994 年，最后一块托管地独立。托管理事会无地可管，其地位和职能将是联合国改革中有待解决的一个问题。

5. 国际法院

国际法院是联合国的主要司法机关，由联合国大会和安理会从候选人中分别独立选举

出15名不同国籍的法官组成，选出的法官要能代表世界各大文化和主要法系，所以，席位按地区分配。作为惯例，安理会常任理事国在国际法院均有本国的法官，法官的任期为9年，每3年改选5名，可以连选连任。法官不代表任何国家，不接受本国政府的制约。国际法院设在荷兰海牙。国际法院有权审理争端当事国提交的诉讼案件，判决由出庭法官的过半数作出，判决是终局判决，不得上诉，对当事国有约束力。一方不履行判决应负的义务时，他方可以向安理会申诉，不过由于当事国是自愿接受法院管辖的，因此很少出现诉讼当事国拒绝法院判决的情况，法院也可以应联合国大会和安理会的请求就任何法律问题提出咨询意见。

6. 秘书处

秘书处是联合国的常设行政机构，其任务是为联合国其他机关服务，并执行这些机关制订的计划和政策。秘书处由秘书长和其他国际公务员组成，秘书长是联合国的行政首长，由大会根据安理会的推荐任命，任期5年，可以连选连任；秘书处的工作人员由秘书长根据大会所定章程委派、雇佣。

联合国还有专门机构，它们依据政府间缔结的协定建立，在经济、社会、文化、教育、卫生及其他领域负有广泛国际责任，并根据与联合国经社理事会缔结的协定与联合国发生联系；它们有自己的组织章程、成员、立法和执行机构、议事规则、秘书处和预算等，所以是单独和独立的国际组织。我国自2001年加入世界贸易组织后，参加了联合国所有18个专门机构。

第三节　国际法律责任

一、国际法律责任的概念及特征

(一)概念

国际法律责任是指国际法主体对其国际不法行为或其他损害行为所应承担的法律责任(又称国家的国际责任)。

(二)特征

(1) 主体是国际法主体。
(2) 原因是国际不法行为或损害行为。
(3) 是一种法律责任。

(三)国际法律责任的发展

(1) 主体扩大。
(2) 范围与内容发生变化。

(3) 国际法律责任的根据扩大，由过失向无过失转化。

① 过失责任。

含义：国家对其国际不法行为所承担的责任。

要件：a.损害事实的存在；b.加害行为违反现行法的规定或属于法律禁止性的行为；c.加害人主观上有过错；d.加害行为与损害结果之间有因果关系。

② 无过错责任：结果责任、绝对责任、危险责任。

(4) 追究国际法律责任的形式、方法扩大。

(四)国际法律责任的意义

(1) 是一国承担国际责任的法律依据。

(2) 是促使各国履行国际义务的外在动力。

(3) 有利于维护受害者的合法权益。

(五)国际法律责任的免除

1. 对方的同意

(1) 含义：受害主体一方以有效方式表示同意加害主体一方实施某项与其所负之义务不符的特定行为时，即排除加害主体一方行为的不当性，从而免除其法律责任。

(2) 条件。

第一，应是无瑕疵的自由同意。

第二，行为不能超过同意的范围。

第三，不违背强行法的范围。

2. 对他方不法行为的对抗措施

(1) 含义：受害方针对加害方所犯的国际不法行为而采取的对抗行为。

(2) 分为一般对抗措施和自卫行为。

(3) 条件：①对抗措施应由他方的不法行为引起的；②对抗措施应与他方的不法行为的严重程度相对应；③采取的对抗措施必须符合国际法。

《联合国宪章》规定的条件：①自卫必须是而且只能是对已经实际发生的武力攻击进行反击。②自卫只有在安理会采取必要办法，以维持国际和平与安全以前才能行使。③当事国所采取的自卫措施或办法必须立即向安理会报告。

3. 不可抗力和偶然事件

(1) 不可抗力是指人们没有办法抗拒的强制力。

(2) 无法预料是指该国无力控制、无法预料的事件。

4. 危难与紧急状态

(1) 危难：指构成国家行为的行为者，在遭遇极端危险的情况下，为了挽救其生命或

受其监护的其他人的生命，只能采取不遵守该国国际义务的行为的情况。

(2) 紧急状态：是指一国为了保护该国的基本利益、对抗某项严重的迫切危险，而采取违背该国所承担的国际义务的措施的状况。

(六)国际法律责任的承担

(1) 权利的限制。

(2) 精神的满足。

(3) 物质的赔偿。

① 引起物质赔偿的是国际不法行为。

② 赔偿针对的主要是物质损害，有时也包括非物质损害。

③ 责任形式主要有：赔偿、实物给付、恢复原状。赔偿要与损失相称、赔偿不得采取羞辱责任国的方式。

(4) 国际刑事责任。

(5) 停止不法行为。

(6) 补偿。是指责任国对其国际不法行为所造成的损害，没有或无法以恢复原状的方式给予赔偿时，对受害国实际遭受的损失予以货币补偿。

(7) 保证不重犯。

(七)国家责任的执行

(1) 一国责任的援引。受害国有权援引责任国的责任，主张责任国履行责任。

(2) 反措施。如果责任国不履行责任，受害国可以采取与责任国责任相称的反措施，促使其履行责任(限于采取反措施的一国暂时不履行其对责任国的义务)。

二、国际不法行为

(一)含义

一切国际法主体所做的违背其国际义务的行为，包括国际不法行为和国际罪行。

(二)国际不法行为的构成

1. 主观方面

(1) 某一行为可归于国家而成为国家行为，表现在：①一国的国家机关的行为。例如，立法、行政、司法。②行使政府权力要素的人或实体的行为。③由另一国交由一国支配的机关的行为。④逾越权限或违背指示的行为。⑤受到国家指挥或控制的行为。⑥正式当局不存在或缺席时实施的行为。如果一个人或一群人在正式当局不存在或缺席和在需要行使政府权力要素的情况下实际上正在行使政府权力要素，其行为应视为该国的国家行为。⑦叛

乱运动或其他运动的行为。成为一国新政府的叛乱运动的行为，应视为该国的国家行为；在一个先已存在的国家的一部分领土或其管理下的某一领土内组成一个新的国家的叛乱运动或其他运动的行为，应视为该新国家的行为。⑧经一国确认并当作其本身行为的行为。

(2) 一国牵连入他国的国际不法行为。①一国援助另一国实施国际不法行为。②一国指挥和控制另一国实施国际不法行为。③一国胁迫另一国实施国际不法行为。

2. 客观方面：违背国际义务

(1) 违背国际义务的行为(包括行为义务、结果义务)：①违背条约义务；②违背习惯义务；③违背单方面承诺义务。

(2) 违背有效的国际义务。

(3) 违背国际义务的时间问题：①非持续性违背国际义务。如侵犯领空。②持续性违背国际义务。如强占领土。

(4) 复合行为违背国际义务。①含义：是指在时间上连续不断地在不同情况下采取的一系列的单独行动，汇集起来形成一种积聚的行为。②构成：可能是合法的行为，也可能是非法的行为。 例如，灭绝种族、种族隔离、危害人类罪、系统性的种族歧视行为以及一项贸易协定所禁止的歧视行为等，都属于违背国际义务的复合行为。③持续时间。发生了足够次数的作为或不作为，从而导致构成复合行为的结果，则其违法行为应从一系列行为中的第一项行为发生的时候，作为其延续时间的开始。

第四节 世界贸易组织及其规则

世界贸易组织(World Trade Organization，WTO)是负责管理全球贸易体制顺利运行的国际组织，既指世界贸易组织又指国际贸易条约群和多边贸易谈判的场所。世界贸易组织在现代国际社会起着重要的作用，不仅促进国际贸易乃至各国的经济繁荣，还直接关系到国际经济领域秩序和政治秩序的稳定，世界贸易组织的法律制度是现代国际经济法的组成部分。

一、多边贸易体制与世界贸易组织建立

第二次世界大战结束后诞生的多边贸易体制是以 18～19 世纪经济学家亚当·斯密和李嘉图的贸易自由和比较优势理论为基础的，就是一国可找出自己的优势最大或最小的产品，大量生产出口；同时进口自己不具优势或劣势最大的产品，可以增加国家的财富。

19 世纪末，在欧洲出现第一次贸易自由化浪潮。第一次世界大战破坏了传统的贸易关系，各国奉行贸易保护主义，为刺激出口，竞相使本国货币贬值，增加出口，提高关税，限制外国产品进口，转嫁本国的经济危机。

为走出困境，扩大国际市场，1934 年美国与 21 个国家签订了一系列双边贸易协定，将关税降低 30%～50%，对于缓解经济危机起到了作用。第二次世界大战的爆发，使各国经济更加恶化，美国为在战后扩大世界市场份额，试图从金融、投资、贸易三个方面重建

国际经济秩序。1944 年 7 月，成立了国际货币基金组织和世界银行，同时，倡导组建国际贸易组织。

1946 年 2 月，联合国经济与社会理事会成立了筹备委员会，着手筹建国际贸易组织。1947 年 11 月至 1948 年 3 月，在哈瓦那举行的联合国贸易和就业会议，会议起草并签署了《关税与贸易总协定临时适用议定书》，这个临时协议适用了近半个世纪。1947—1994 年，关税与贸易总协定总共进行了八轮多边贸易谈判，缔约方之间的关税水平大幅度下降，非关税措施受到约束。

20 世纪 80 年代，以非关税贸易措施为特征的贸易保护主义重新抬头，完善关税与贸易协定体制的职能，很难在关贸协定的框架内建立。后来，在长达 8 年的乌拉圭回合谈判中，通过了《建立世界贸易组织协定》，到 1995 年世界贸易组织取代关税与贸易总协定而成立。世界贸易组织是有法人地位的国际组织，管辖范围除货物贸易外，还包括服务贸易和与贸易有关的知识产权，并建立高效率的贸易争端解决机制。

世界贸易组织基本宗旨是规范和制约成员体的对外经济行为，促进世界贸易的自由化进程，但不能直接干预成员体内的非经济事务。

二、世界贸易组织的基本原则

世界贸易组织的基本原则贯穿于世界贸易组织的各个协定和协议中，构成多边贸易体制的基础，可以说世界贸易规则是从这些原则“生长”出来的，这些原则是世界贸易法的核心。

(一)最惠国待遇原则

最惠国待遇是指一成员方将在货物贸易、服务贸易和知识产权领域给予任何其他国家(无论是否为世界贸易组织成员)的优惠待遇，立即和无条件地给予其他各成员方。最惠国待遇在本质上意味着一成员方平等地对待其他成员方，在不同成员之间实施非歧视待遇。

(二)国民待遇原则

国民待遇是指对其他成员方的产品、服务或服务提供者及知识产权所有者和持有者所提供的待遇，不低于本国同类产品、服务或服务提供者及知识产权所有者和持有者所享有的待遇。如果说最惠国待遇要求“进门”时一视同仁，国民待遇要求进门后在进口方境内所享有的待遇“不低于”境内相同情形下的待遇。因为，如果对进口产品征收某种国内税，而对同类国产产品却不征收，进口产品的销售就会受到影响。

(三)自由贸易原则

自由贸易原则是指通过谈判，实质性地削减关税和减少其他贸易壁垒，扩大成员方之间的货物和服务贸易。自由贸易不是没有规则的贸易，而是要以共同规则为基础；以谈判为手段，争端解决为保障，以贸易救济措施为“安全阀”， 即可以援用例外条款或采取保

障措施消除或减轻贸易自由化带来的负面影响；以过渡期方式体现差别待遇，承认不同成员之间经济发展水平差异，允许发展中成员有更长的过渡期。所以，自由贸易原则要求贸易更讲规则，自由贸易原则要求实行“关税减让”和“一般禁止数量限制”。

(四)公平竞争原则

公平竞争原则是指成员方应避免采取扭曲市场竞争的措施，纠正不公平贸易行为，创造和维护公平、公开、公正的市场环境。在货物贸易领域，降低关税、取消数量限制等都体现了公平竞争原则。各成员的出口贸易经营者不得采取不公正的贸易手段，进行或扭曲国际贸易竞争，尤其不能采取倾销和出口补贴的方式在他国销售产品。倾销和出口补贴是扭曲价格造成不公平贸易的手段，允许进口国征收反倾销税和反补贴税，抵消对本国产业的实质损害，同时，对成员方实施反倾销和反补贴措施规定了严格的条件和程序，防止这些措施被滥用。

在服务贸易领域，要求成员方提供国民待遇和市场准入机会，不低于服务贸易承诺表中所作的承诺。

(五)透明度原则

透明度原则，是指要求各成员方应迅速公布所制定和实施的有关管理对外贸易的各项法律、法规、行政规章、司法判决和政策措施等及其变化情况(如修改、增补或废除等)，同时还应将这些贸易法律、政策及变化情况通知世界贸易组织。成员方所参加的有关影响国际贸易政策的国际协议，也在公布和通知之列。透明度原则可以保证贸易环境的稳定和可预见性。

世界贸易组织的基本原则是清晰明确的，是国际贸易的“交通规则”。世界贸易组织要求成员方切实履行其所承担的各项义务，但也允许成员方在确有困难的情况下有所变通，因此，世界贸易组织协定和协议中大都包含例外、免责的规定，正是这些规定，使世界贸易组织法律制度看起来非常复杂。

三、加入世界贸易组织对中国法制建设的影响和中国的对策

经过 14 年艰苦的谈判，2001 年 12 月 11 日，《中国加入 WTO 议定书》生效，中国成为世界贸易组织第 143 个成员。加入世界贸易组织的协议不是民事领域的协议，不适用《民法通则》142 条“中华人民共和国缔结或参加的国际条约同中华人民共和国的民事法律有不同规定的，适用国际条约的规定”的规定。我国履行加入世界贸易组织的承诺，要通过立法把世界贸易组织规则转化为国内法，需要制定、修改或者废止的有关法律、行政规章和部门数百件。加入世界贸易组织前后的几年中，为迎接加入世界贸易组织，我国在法律方面的工作加紧进行。

(一)加紧制定了一些新的法律法规

加紧制定了一些新的法律法规主要在服务贸易、保障措施、反垄断、反补贴等方面，如颁布了《中华人民共和国反倾销条例》《中华人民共和国反补贴条例》《中华人民共和国保障措施条例》《中华人民共和国外资金融机构管理条例》《中华人民共和国货物进出口条例》等法规，这些法规使我国应对加入世界贸易组织的冲击得以有章可循，有利于维护国家的经济利益和经济安全。

(二)修改了先行法律法规中与世界贸易组织不符的内容

对《中外合资经营企业法》《中外合作经营企业法》《外资企业法》《海关法》《进出口商品检验法》等进行了修改，逐步给外资企业以“国民待遇”；同时，逐步放宽了对非国有企业的限制，使内外资、国有和非国有企业在平等的地位上竞争；在知识产权立法方面，修改了《专利法》《商标法》《著作权法》，提高了保护水平，进一步完善了保护知识产权的各项制度。

(三)废止了与世界贸易组织规则不符的行政法规和规章

废止了与世界贸易组织规则不符的行政法规和规章主要是一些计划经济时代制定的法规、规章及其他规范性文件。废止这些法规规章，履行加入世界贸易组织的义务，促进了政府职能转变和政企分开，破除地方保护主义或部门保护主义，有利于建设精简、高效、法治的政府。

加入世界贸易组织促进了我国社会主义市场经济法律体系的建设；强化了社会的规则意识，培养了公民的法律意识；促进了政府转变职能和管理方式，实行依法行政；促进了我国司法体制改革。

思考与练习

1. 国际法的概念及与国内法的关系是怎样的?
2. 国际公法的特征是什么?
3. 国际法的基本原则是什么?
4. 简述联合国的常设机构。
5. 加入世界贸易组织对我国的法制建设有什么样的影响?

参考文献

1. 张文显. 法理学[M]. 高等教育出版社，2003.
2. 陈新民. 公法学杂记[M]. 中国政法大学出版社，2001.
3. 季卫东. 法治秩序的建构[M]. 中国政法大学出版社，1999.
4. 李昌道. 美国宪法史稿[M]. 法律出版社，1999.
5. 江平，李显冬. 法学概论[M]. 首都经济贸易大学出版社，2003.
6. 陈光中，陈桂明. 法学概论[M]. 中国政法大学出版社，2002.
7. 李大水. 民用诉讼实务[M]. 东方出版社，1997.
8. 江伟. 民事诉讼法[M]. 高等教育出版社，2000.
9. 齐树洁. 民事程序法[M]. 厦门大学出版社，1998.
10. 金正佳，翁子明. 论建立行为保全制度[M].《人民司法》1997 年第 1 期.
11. 张卫平，陈刚. 法国民事诉讼法导论[M]. 中国政法大学出版社，1997.
12. 张卫平. 论诉讼标的及其识别标准[M].《法学研究》1997 年第四期.
13. 李仁玉. 民法 2001 年全国律师资格考试指定用书[M]. 法律出版社，2001.
14. 李景森，贾俊玲. 劳动法学[M]. 北京大学出版社，2001.
15. 王作富. 刑法[M]. 中国人民大学出版社，1999.
16. 高铭暄，马克昌. 刑法[M]. 北京大学出版社，高等教育出版社，2000.
17. 高铭暄. 新编中国刑法学[M]. 中国人民大学出版社，1998.
18. 许崇德. 宪法[M]. 中国人民大学出版社，2004.
19. 周叶中. 宪法[M]. 高等教育出版社，2000.
20. 廖真贵. 宪法概论[M]. 高等教育出版社，2004.
21. 龙宗智，杨建广. 刑事诉讼法[M]. 高等教育出版社，2003.
22. 程荣斌. 刑事诉讼法[M]. 中国人民大学出版社，1999.
23. 樊崇义. 刑事诉讼法学[M]. 中国政法大学出版社，1999.
24. 卞建林. 刑事诉讼法[M]. 法律出版社，1997.
25. 王利明. 合同法要义与案例析解[M]. 中国人民大学出版社，2002.
26. 陈大文. 法学概论[M]. 高等教育出版社，2003.
27. 陈光中. 法学概论[M]. 中国政法大学出版社，2000.
28. 胡锦光，刘飞宇[M]. 行政法与行政诉讼法(第三版). 中国人民大学出版社，2005.
29. 胡锦光. 行政法案例分析[M]. 中国人民大学出版社，1999.
30. 陈安. 国际经济法学[M]. 北京大学出版社，2004.
31. 张玉敏. 民法[M]. 高等教育出版社，2011.
32. 夏吟兰. 婚姻家庭法[M]. 社会科学文献出版社，2010.
33. 王利明. 民法[M]. 中国人民大学出版社，2007.
34. 曾宪义. 民事诉讼法(第三版)[M]. 中国人民大学出版社，2013.
35. 江伟. 民事诉讼法(第三版)[M]. 中国人民大学出版社，2007.
36. 田平安. 民事诉讼法原理(第三版)[M]. 厦门大学出版社，2007.
37. 隋彭生. 合同法(第五版)[M]. 中国人民大学出版社，2012.
38. 崔建远. 合同法(修订本)[M]. 法律出版社，2000.
39. 胡锦光，刘飞宇. 行政法与行政诉讼法[M]. 中国人民法学出版社，2015.
40. 方世荣. 行政法学与行政诉讼法学[M]. 人民法院出版社，中国人民公安大学出版社，2003.

41. 应松年. 行政诉讼法学(修订第二版)[M]. 中国政法大学出版社，2002.
42. 徐静村. 刑事诉讼法学(上、下)[M]. 法律出版社，2004.
43. 陈光中. 刑事诉讼法[M]. 北京大学出版社，2009.
44. 陈浩铨. 刑事诉讼法哲学[M]. 法律出版社，2008.
45. 梁治平. 法律解释问题[M]. 法律出版社，1998.
46. 宪法学习式法规[M]. 法制出版社，2011.
47. 张千帆. 宪法学导论(第 2 版)[M]. 法律出版社，2008.
48. 韩大元. 宪法学基础理论[M]. 中国政法大学出版社，2008.
49. 高铭暄，马克昌， 赵秉志. 刑法学[M]. 北京大学出版社，高等教育出版社，2016.
50. 隋彭生. 公司法(第五版)[M]. 中国人民大学出版社，2014.
51. 曲振涛. 经济法(第五版)[M]. 高等教育出版社，2015.
52. 施天涛. 公司法论(第三版)[M]. 法律出版社，2014.
53. 张楚. 知识产权法(第三版)[M]. 高等教育出版社，2014.
54. 赵威. 经济法(第四版)[M]. 中国人民大学出版社，2012.
55. 刘春田. 知识产权法(第三版)[M]. 中国人民大学出版社，2014.
56. 程晓霞. 国际法(第五版)[M]. 中国人民大学出版社，2015.
57. 邵津. 国际法(第五版)[M]. 北京大学出版社，2015.
58. 周忠海. 国际法(第二版)[M]. 中国政法大学出版社，2013.